習近平政権の権力構造

1人が14億人を統べる理由

桃井裕理＋
日本経済新聞社データビジュアルセンター

Power Dynamics within Xi Jinping's Regime

How One Man Rules 1.4 Billion People

日本経済新聞出版

習近平政権の権力構造

1人が14億人を統べる理由

日本経済新聞出版

はじめに

習近平氏は2期10年で何を成し遂げたのか
――習氏のプロファイリングからわかること

2022年10月、中国にかつてない強大な政権が誕生した。中国共産党の習近平総書記による3期目の政権だ。同政権は強大なだけでなく、次のような点で「異例づくし」だった。

▼鄧小平氏が文化大革命を教訓として独裁を防ぐために定めた党総書記の任期「2期10年」を撤廃し、終身を睨む長期政権を敷いた。
▼鄧氏が築いた中国共産党の「集団指導体制」を事実上終わらせた。
▼党、軍、政府を含む国家統治のすべての機関が習氏個人の指導下に置かれた。

▼江沢民前々政権、胡錦濤前政権で生まれた派閥勢力を完全に排除した。
▼党の指導部である中央政治局を全員、自身に忠誠を誓う人物で固めた。

中国は人口14億人を抱える世界第2位の経済大国だ。そこでこのような芸当をやってのけた習氏が、「希代の政治家」であるのは間違いない。

ところが、習氏の執政能力をめぐる国際社会の評価は千差万別だ。どちらかといえば疑問符を付ける見方が目立つ。そして、中国で問題が発生するたびに、「習氏は失脚の危機に直面している」といった報道も盛り上がる。

いったい、習近平という政治家は凄いのか、凄くないのか、習政権は安定しているのか、脆弱なのか——。こんな基本的な問いかけにすら世界の対中認識は定まらず、中国の実相をますますわかりづらいものにしている。

この問題への解を見つけるためには、習氏が「本来の任期」であった2期10年の間に何を成し遂げたかについて、もう一度丹念に分析する必要がある。

習氏は、3期目という「存在しなかった未来」をどのようにしてその手にたぐり寄せたのか。

この問いに、多くの人はこう回答するだろう。「『反腐敗闘争』を通じて政敵を失脚させ、誰も歯向かえない一強体制を実現した」

正解だ。しかし、全体像ではない。この見方は、いわば焼畑農業で森や草地に火を放つ段階だけを見ているのに近い。習氏の権力闘争の本質は、焼畑農業の後段階にある。焼け跡を畑として耕し、種を播き、農作物を育てる。その作業があって初めて果実を手にすることが可能となる。

習氏は、反腐敗闘争を通じて政敵を排除した後、党や軍、政府の組織を徹底的に改革した。改革は、大規模であると同時に細部に及んだ。党の形を抜本的に変え、意思決定のメカニズムを再構築し、人の心や思考回路にまで手を入れた。結果として、習氏一人にあらゆる権限が集中し、すべての意思決定が一元化された国家ができあがった。同時に、政権内の人間が習氏に忠誠を誓わざるを得ない「仕組み」も完成された。そして、習氏の築いたシステムは、中国共産党内で繰り返されてきた権力闘争の連鎖に終止符を打った。

すなわち、習氏が権力を勝ち得た本質は、政敵を排除した破壊のプロセスにあるのではない。「どのようにしても1人に権力が集中し、固定化されるシステム」を考案し、2期10年かけて構築した。その創造のプロセスにこそ、習政権の本質がある。

そうした権力構造は、政治の動きを表層的に追うだけでは把握しづらい。改革を一つ一つ取り上げ、組織論や経営戦略論に近いアプローチも交えながら、システム全体を分析する必要がある。

本書の第一章「習氏の権力掌握への道」は、習氏が2期10年にわたって展開した戦略の全体像をビジュアルで概観した。

続く第二章「習氏の権力掌握術――その緻密な組織・人事戦略」では、改革の背景にある思想や戦略を踏まえながら、習氏の築いたシステムの構造を分析した。

これらの考察を通じて、改めてわかったことがある。

一つは、習氏が国家指導者に就いた時点で、今日に至る政権のグランドデザインをすでに描いていたという事実だ。今になって振り返ると、10年間で手掛けた多くの改革や政策は、すべてが大きなパズルのピースであり、それぞれが目的と役割を備えていた。個別に発表された当時はわからなかったが、完成して初めてパズルに何が描かれていたかが判明した。

つまり習氏は権力に魅せられて次第に強権的な指導者へと変わっていったのではない。党総書記に就いたその日から、確固たる信念のもと、10年後の党の形を見据え、着々と権力掌握へのミッションをクリアしていったのだ。

もう一つ気づいたのは、習氏の組織運営や人材管理の根底に流れる独自の政治思想の存在だ。

習氏が、毛沢東流の統治手法を好むのはよく知られている。毛沢東時代の古い制度や運動を持ち出して、自身の権力確立に利用した事例は少なくない。人心操縦術からも、毛沢東への傾倒が滲む。

孫子や韓非子といった中国の古代哲学の影響も垣間見える。特に、組織運営の根底には、人間不信のリーダー論ともいわれる韓非子の思想が色濃く反映されている。韓非子はこう説いた。

「人主の患《うれい》は人を信ずるにあり。人を信じれば則ち人に制せらる」

こうした現実主義は、ルネサンス時代の政治思想家、マキャヴェリの「君主論」とも似通う。マキャヴェリは、統治者が権力を維持するためになすべきこととして、「敵の排除と味方の確保、民衆や兵士からの畏怖と敬愛、政敵の抹殺、旧制度の改革、忠実でない軍の再編」を挙げ、中央集権化による統治を訴えた。そのまま習氏が歩んできた道と重なる。

習氏は、幼い頃から父親を通じて中国共産党の権力闘争に接してきた。習氏がマキャヴェリを学んだとは思わないが、過酷な原体験を通して自然と会得した感覚だろう。これらの様々な要素が混然一体となり、習氏独自の政治思想が形づくられている。

では、習氏の現在の政策に対する考え方はどのようにして生まれたのだろうか。第三章では「政治家『習近平』はどうつくられたか――思想と政策の源流を探る」として、習氏の生い立ちや若い頃の体験を踏まえながら、「共同富裕」や「歴史政策」など習氏が掲げる政策の背景を分析した。

習氏の人生への考察からは、別の疑問も導き出された。習氏の飽くなき闘争への原動力は、いったい、どこからきているのだろうか。習氏の若い頃からの考え方を探るにつけ、権力欲や栄耀栄華への渇望を原動力とする見方からは遠ざかる。習氏の言葉や行動のここかしこからは、中国共産党への強い憧憬や信仰が垣間見えるためだ。

この事実は、世界にとってより厄介な状況を意味する。権力欲で動く指導者は行動が読みやすい。だが、習氏には「合理的な判断」とは異なる物差しと動機が存在する。世界の不確実性が高まるのは避けられない。

第四章では、「習近平氏を待つ課題――100年目標の行方」と題し、「台湾問題」「半導体サプライチェーン」「不動産問題」「人口減少」の4点から習政権が直面する課題を分析した。

権力の掌握ではずば抜けた能力を発揮した習氏だが、政策面ではいまだに独自の成果を出せていない。中国が直面する課題は本来、誰が国家指導者であろうと、解決の難しい難題ばかりだ。中国の「ベスト&ブライテスト」を集結し、世界とも連携する必要があるだろう。だが、習氏はたった一人で現実に立ち向かわなければならない体制を自らの手で築いてしまった。中国の成功も失敗も、習氏の肩にかかっている。これも、世界が直面する強烈な不確実性の要因となるだろう。

習氏にとって最初の2期10年は、中国共産党を「本来あるべき姿」に作り変える助走期間だった。3期目以降こそが、真の習近平時代の始まりといえる。

そこで習氏がどんな理想郷をめざし、中国と世界にどんな波乱をもたらすのか――。習氏という一人の人間のプロファイリングなくして、世界の先を一歩も読むことができない時代が到来しようとしている。

目次

第二章　習氏の権力掌握術

——その緻密な組織・人事戦略

第三章 政治家「習近平」はどうつくられたか――思想と政策の源流を探る

第　一　章

習氏の権力掌握への道

ビジュアルデータ篇

習近平（シー・ジンピン）総書記（国家主席）

3期目政権が始動した。
習氏はなぜ揺るがぬ長期政権を実現できたのか。
中国14億人の頂点に立つ彼はどのような人物なのか。
習政権の権力構造を読み解いた。

（「中央」は原則、党の組織を指す。写真・図表の人物名は敬称略）

1.

党内権力の「破壊と再構築」

習氏の権力掌握の道のり――。
それはすなわち江沢民（ジアン・ズォーミン）元国家主席が築き上げた中国共産党内の権力構造を破壊し、再構築する過程そのものだった。

江氏は利権の分配で権力を固めた

江沢民

党の権力は分散

江氏は中国の急速な経済成長とともに生まれた様々な利権を周辺に分配することで、自身の権力を固める手法をとった。「執政10年院政10年」と喩えられる権勢を支えた力の源泉だ。結果として党内には権益などに基づく派閥が跋扈《ばっこ》し、汚職や腐敗も横行し、党の指導力は有名無実化していった。江氏の後を継いだ胡錦濤（フー・ジンタオ）氏も江氏が築いた党内構造を覆すことができなかった。

習氏は粛清で党の再生を図った

党への権力回帰

習氏は党総書記に就任後、「反腐敗闘争」を掲げ、江沢民時代に権力や利権を握った幹部らを根こそぎ失脚させていった。表面的には江派と習氏の権力争いにみえるが、習氏側からみれば、分散した利権や権限を党のもとに回帰させ、党の指導の一元化を図る「中国共産党再生への道のり」だった。

＊写真2点は共同通信社提供

あらゆる権限は総書記のもとに

「反腐敗闘争」は苛烈なものだった。中央から地方まで利権に連なる様々な階層の党・政府幹部が次々と処分された。習氏の総書記就任以来、立件対象となった高級幹部は2万人を超える。テレビで腐敗幹部本人が刑務所からみじめな様子で登場するドキュメンタリー番組がたびたび放映され、庶民の留飲を下げる役割を果たした。

党内を震撼《しんかん》させたのが2014年に起きた周永康・元中央政治局常務委員の失脚だ。「最高指導部である中央政治局常務委員は裁かれない」という不文律を覆し、周氏の党籍を剝奪して無期懲役とした。党幹部らのマネーロンダリングを担っていた企業家たちへの処分はなお厳しく、死刑を含む厳罰に次々と処せられた。

なかでも国有不良債権処理会社のトップを務めた頼小民氏は二審で死刑判決が確定した後、わずか8日後に処刑された。習氏は粛清で空いたポストに子飼いの側近たちを就けていくと同時に、組織改革・軍・司法・財政・インターネット管理など様々な重要分野で「小組」という党内特別組織をつくり、自らトップに就任した。「小組治国」とも呼ばれる統治スタイルだ。この間、正式な国家・政府の意思決定システムとは異なるラインで、実質的な権限の集中が進んだ。つまり、江政権以来、固定化していた権力構造の破壊は完了した。そしてここから、習氏の真骨頂ともいえる「揺るがぬ政権」に向けた壮大なシステム構築が始まった。

習氏の就任以来、
政府*・党幹部の汚職などによる立件件数

立件 380万件

「省部級以上・庁局級」の立件は…

2万2392人

＊省部級以上＝中央官庁や省などのトップ級以上
＊庁局級＝官庁や地方政府の高級幹部など

出所：中央規律検査委員会・国家監察委員会
＊2012年12月〜21年5月

幹部失脚と並行して
様々な部門で習氏がトップに就任

習氏の肩書は小組では組長、
委員会では主席または主任

党総書記
党中央軍事委主席

2012

「主な幹部の失脚
時期は調査開始や公表時、
刑や処遇は最終的な内容」

薄煕来
Bo Xilai
元中央政治局員
元重慶市党委書記
習氏のライバル

無期懲役

徐明
Xu Ming
大連実徳集団董事長
薄氏のマネー
ロンダリング係

獄中死

2013

国家主席

中央外事工作領導小組→委員会

中央対台工作領導小組

中央全面深化改革領導小組→委員会

中央財経領導小組→委員会

2014

中央国家安全委員会

中央ネットワーク安全情報化領導小組→委員会

中央軍事委深化国防・軍隊改革領導小組

周永康
Zhou Yongkang
元中央政治局常務委員
警察・司法のドン
石油閥

無期懲役

令計画
Ling Jihua
胡政権の大番頭
山西閥
（エネルギー関係と癒着）

無期懲役

*薄熙来、周永康、令計画の写真は、ロイター／アフロ

2016

中央軍事委統合作戦指揮センター総指揮

2017

中央軍民融合発展委員会

肖建華
Xiao Jianhua
明天集団の創設者
江派・曽慶紅氏のマネロン係

懲役13年
（22年8月判決）

呉小暉
Wu Xiaohui
安邦保険集団董事長
鄧小平の元親族、江派と関係

懲役18年
857億元の財産没収

孫政才
Sun Zhengcai
元中央政治局員
前重慶市党委書記
江派のホープ

無期懲役

中央全面依法治国委員会
中央審計委員会

2018

頼小民
Lai Xiaomin
中国華融資産管理董事長
江派・曽慶紅氏のマネロン係

死刑

軍の腐敗と縦割りを一掃
「建国以来」の大改革へ

人民解放軍を掌握できるかどうかは最高指導者の権力を左右する重要な要素だ。軍に基盤がなかった江氏は、軍においても幹部らに大きな利権を与えることで彼らの忠誠を得た。そのつながりは強く、江氏と同じく軍に基盤がなかった胡錦濤氏は任期中、思うように軍を統制できなかった。当時、膨張する軍事費を背景に軍の腐敗はすさまじく、中央軍事委員会委員・政治工作部主任という要職にあった張陽氏は「いつも人民元を麻袋に入れて山積みにしている」という噂から「麻袋上将」というあだ名で呼ばれるほどだった。

一方、習氏は父親が革命の英雄であり党の八大元老でもある習仲勲氏であり、もともと軍のプリンス的存在という優位性があった。さらに福建省時代には、台湾海峡と対峙する南京軍区で地元の軍人らとの親交を深めてきた。習氏はそうした背景を生かしつつ、軍にも「反腐敗闘争」を仕掛け、江氏に連なる人脈を徹底排除していった。14〜15年にかけては、軍の実権を握っていた元制服組ツートップの粛清も断行した。

軍を牛耳る江派幹部を粛清

郭伯雄 Guo Boxiong
元中央軍事委副主席
制服組トップ
← **無期懲役**

徐才厚 Xu Caihou
元中央軍事委副主席
制服組トップ
← **調査中死亡**

房峰輝 Fang Fenghui
元統合参謀部参謀長
← **無期懲役**

張陽 Zhang Yang
元政治工作部主任
← **調査中自殺**

改革でトップダウン実現
対米「強軍」戦略を推進

軍閥のように権勢を誇っていた腐敗幹部らを排除したことで、習氏は「建国以来」といわれる大規模な軍改革に踏み出すことが可能となった。「総参謀部、総政治部、総装備部、総後勤部」の4総部をなくし、様々な現場が中央軍事委員会に直接ぶらさがる形とした。全国7つの軍区は5つの戦区に変え、米軍のようにそれぞれに作戦能力を与えた。陸軍偏重のスタイルから、陸海空軍やサイバー部隊を含む戦略支援部隊、ロケット軍を並列とし、武装警察（武警）やその傘下にある海警局も軍事委員会の管轄とした。すなわち軍事委主席である習氏があらゆる軍事勢力を統括するとともに、習氏の指導のもとで従来の「防御型の軍隊」から「南シナ海や東シナ海で米軍に対抗しうる軍隊」へと発想の転換を図った。

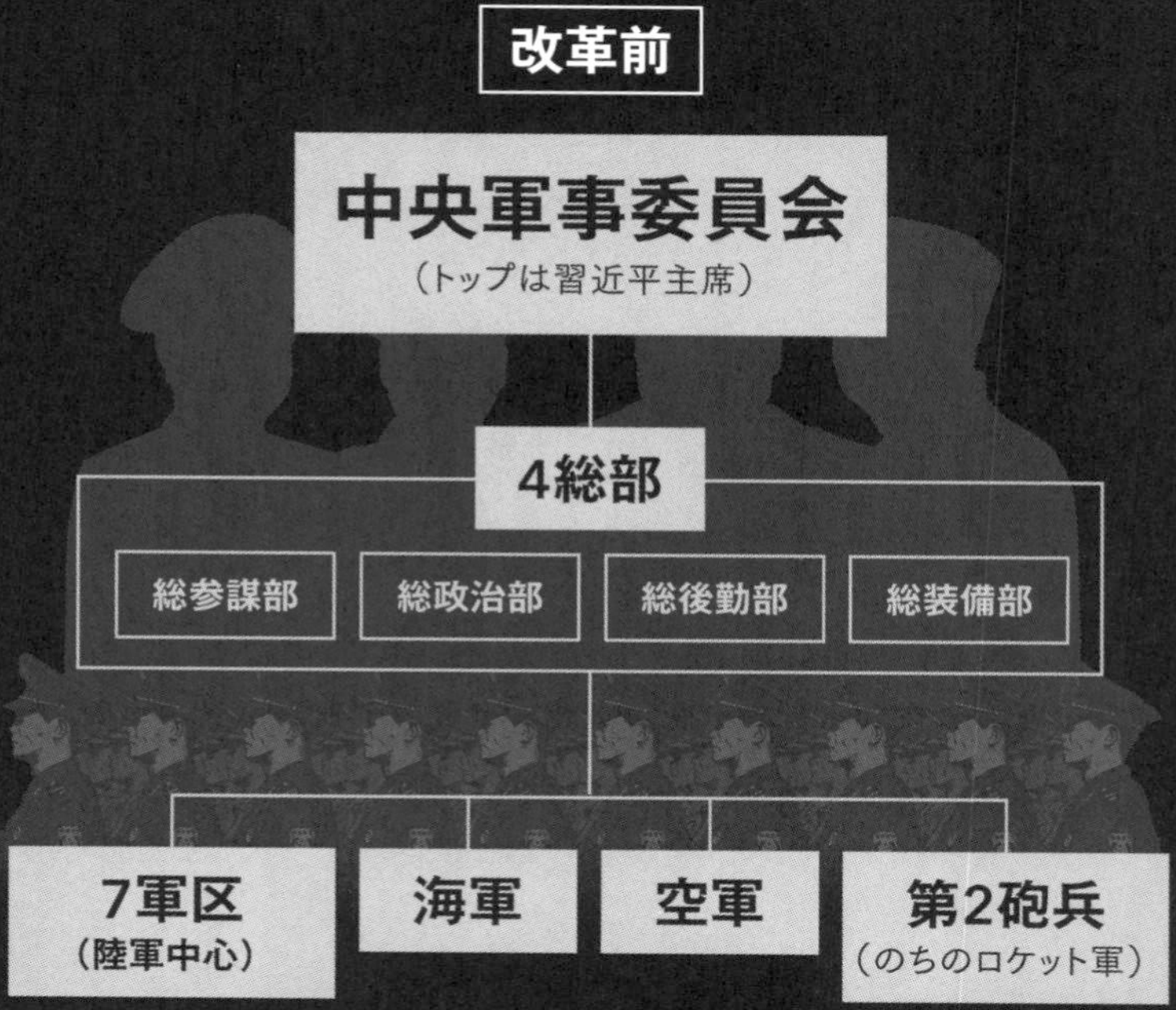

人民解放軍への強力なグリップ――、それは今に続く習氏の権力の重要な柱といえる。縦割りを打破し、トップダウンを実現したことで、それまでなかなか進まなかった軍民融合や統合作戦能力の深化など習氏の「強軍思想」を挙国体制で進めることも可能となった。

2.

党指導部、習派がずらり

習近平3期目政権の指導部は習氏に近いとされる「習派」が完全に席捲した。最高指導部である政治局常務委員は習氏を入れて7人中6人、序列24位以内の政治局員は24人中19人を「習派」が占めた。残りの5人は専門省庁出身のテクノクラート（技術官僚）や三代の政権に仕えた理論家の王滬寧氏などであり、経歴の分析上、「無派閥」に分類したが、5人全員が習氏への忠誠を誓っており、広義においては「習派」といえる。彼らもすべて習派とみなすと、中央政治局内に習派以外の勢力は皆無となる。中国共産党始まって以来の未曽有の事態が出現した。

習派の特徴は、主要メンバーそれぞれが個別に習氏との縦の関係を構築し、派閥としての結束が弱い点にある。かつての江沢民派は利権でつながり、共産主義青年団派は固い仲間意識で結ばれていた。習派にはそうした横のつながりは基本的にない。

習派における人脈相関図

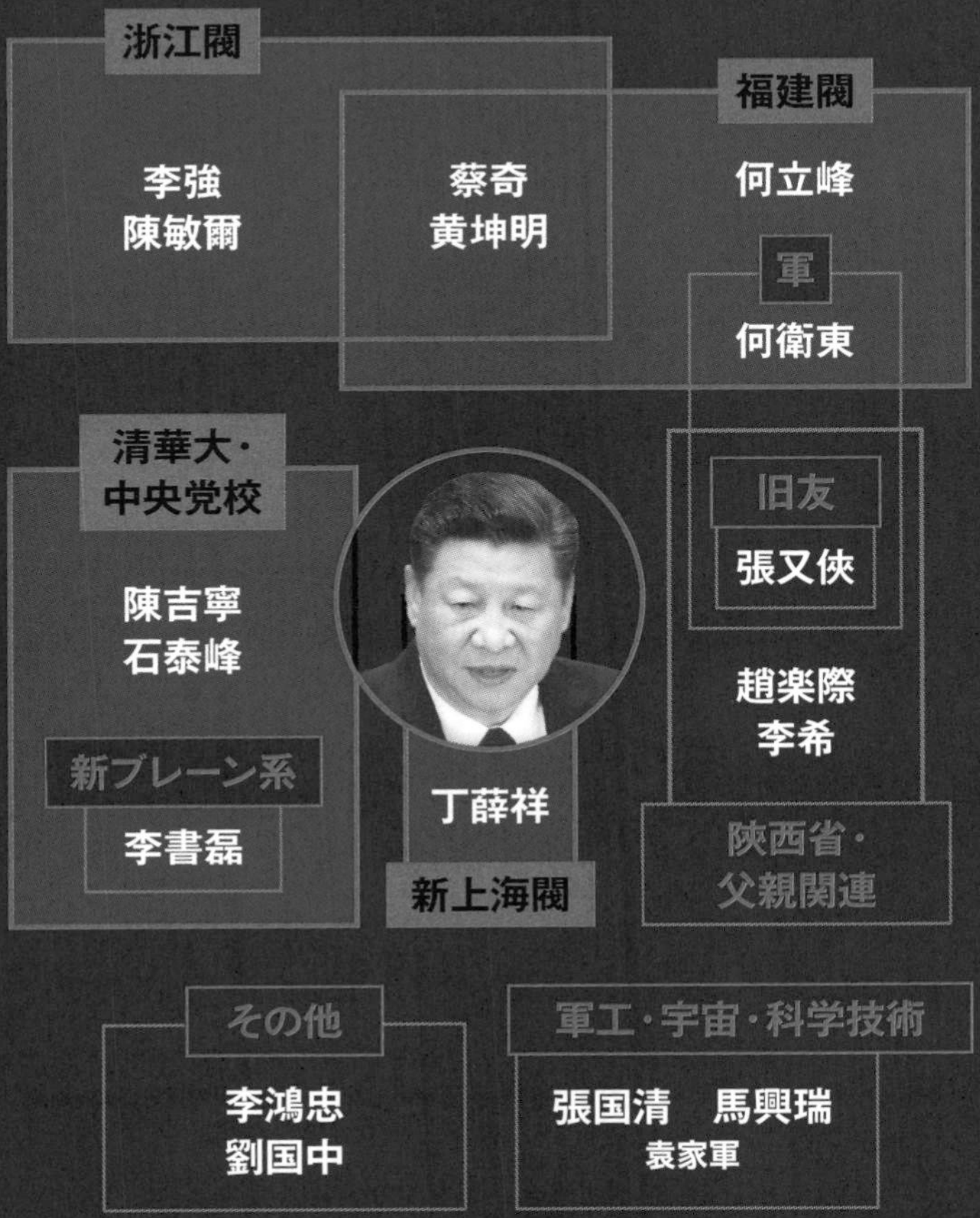

新指導部の顔ぶれ

政治局常務委員

1

習近平（69）
国家主席・中央
軍事委員会主席

2

李強（63）
首相

3

趙楽際（66）
全国人民代表大会常務委員会
委員長

4

王滬寧（67）
全国政治協商会議
主席

5

蔡奇（67）
中央書記処書記（筆頭）、
中央弁公庁主任

6

丁薛祥（60）
副首相（筆頭）

7

李希（66）
中央規律検査委員
会書記

韓正（68）
国家副主席

秦剛（57）
国務委員・外相

＊写真左上の数字は序列の順位。カッコ内は年齢

中央政治局員　中央政治局員外の主な役職

中央政治局員

馬興瑞(63)

王毅(69)

尹力(60)

石泰峰(66)

劉国中(60)

李幹傑(58)

李書磊(59)

李鴻忠(66)

何衛東(65)

何立峰(68)

張又侠(72)

張国清(58)

陳文清(63)

陳吉寧(59)

陳敏爾(62)

袁家軍(60)

黄坤明(66)

＊年齢、肩書は2023年3月現在。
写真は、李強、陳敏璽、丁薛祥、蔡奇は共同通信社提供、
黄坤明、王小洪、苗華はロイター／アフロ

これまで少数派だった習派が大所帯になるにつれ、主要メンバーに連なる新たな人脈や習派内派閥も生まれつつある。限られたポストを奪い合うライバル同士の争いや習派内のせめぎあいも予想され、求心力をどう保つかも新たな課題に浮上する。

今回、中央政治局員に選ばれた習派内の人脈相関図を分析した。「福建閥」や「浙江閥」「新上海閥」は習氏がかつて赴任していた地域で出会った部下たちのグループで、いずれも習氏の最側近といわれている。「清華大学」関係は、習氏の大学時代の寮のルームメートで中央組織部長を務めた陳希氏に連なる人脈が引き上げられている。「中央党校」は、習氏が中央党校の校長だった際の2人の副校長が指導部入りを果たした。軍幹部では父親同士も戦友で習氏の子供の頃からの友人である張又侠氏が72歳にもかかわらず、大方の予想を裏切って中央軍事委員会副主席に留任した。

それ以外では、習氏の本籍地である陝西省や父親にゆかりのあるグループも台頭している。同グループは習氏との個人的なつながりは薄いが、習氏が若い頃に下放された村や習氏の父親である習仲勲氏の陵墓を革命精神を学ぶ「聖地」にするなどの働きで出世の糸口をつかんだ。「その他」に分類した李鴻忠氏も習氏と直接の縁はないが、習氏への強い忠誠アピールが評価につながったといわれる。一方、軍民融合を推進する習氏の下で軍事産業や宇宙航空関係の企業トップ経験者が相次いで指導部や地方政府のトップに引き上げられており、彼らは「軍工系」や「航天（宇宙）系」と呼ばれている。

習氏の人材登用の特徴は「内堀」と「外堀」で人材を使い分けている点にもある。中央政治局常務委員をはじめ習氏の周囲を固める「内堀」には、経験や適性よりも習氏への厚い忠誠心を持つ人材を重視した。代わりに「外堀」には、優秀なテクノクラートを積極登用している。中央政治局や国務院（政府）の部長（閣僚）級、地方トップを見渡しても、軍工系や航天系、原子力関連、衛生医療など各界の逸材が目立つ。彼らの多くは習政権下だからこそ異分野から政界に転身するチャンスを得ただけに、習氏に忠誠を誓っているのは間違いない。

副首相に選ばれた4人のうち、筆頭副首相の丁薛祥氏とマクロ経済・金融担当の何立峰氏は習氏が過去の勤務地で出会った信頼できるなじみの部下たちだ。張国清氏は軍工系の代表格で、科学技術政策や軍民融合を担うとみられる。劉国中氏は習氏の若いころの「飲み友達」といわれる栗戦書氏が抜擢した人物だ。

2012年の第18回党大会で習氏が総書記に就いたとき、習氏にはまだ「習派」と呼ぶべき確たる勢力はなかった。習氏は党の八大元老の

習氏は中央政治局に側近を次々に引き入れた

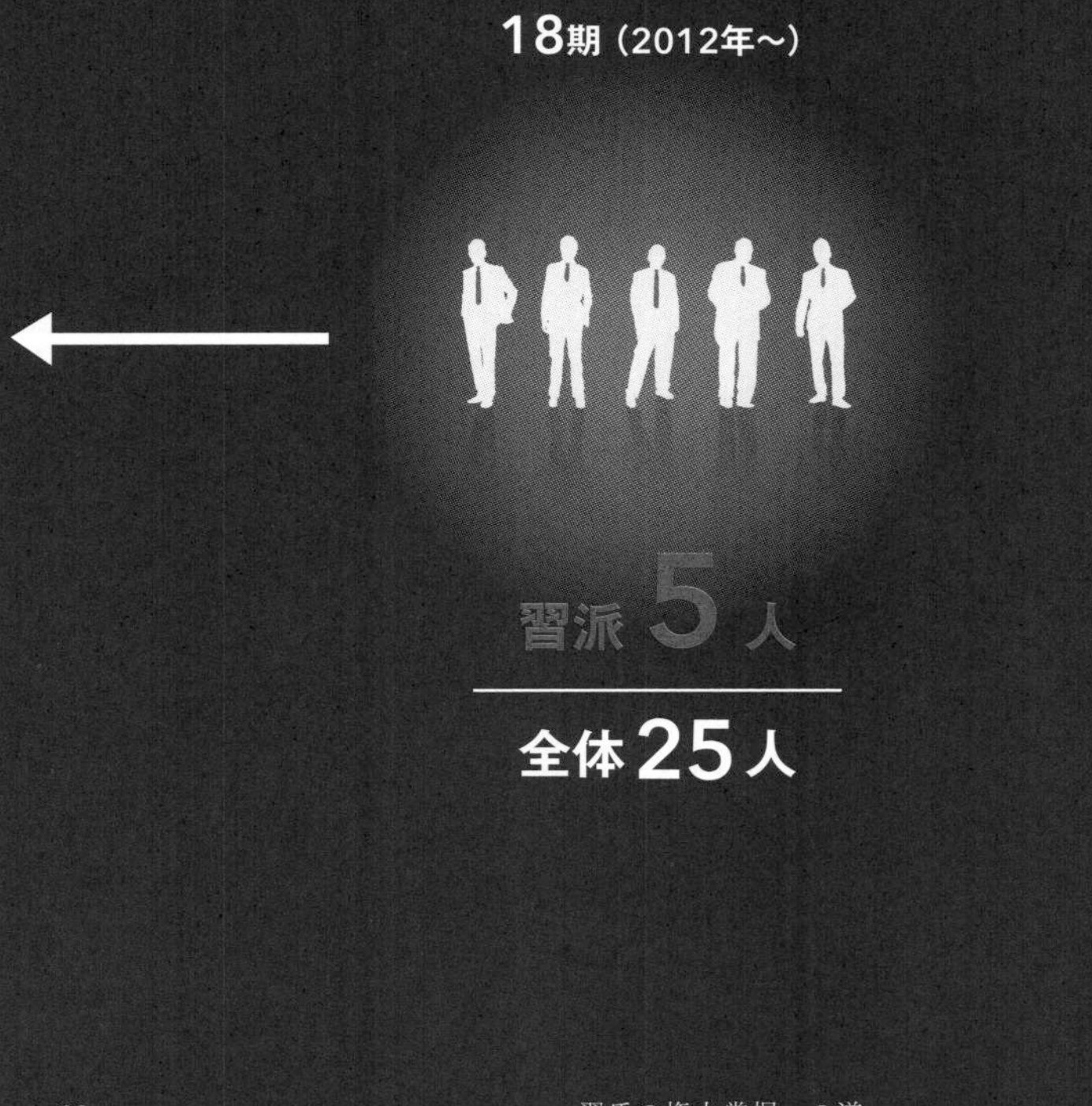

一人である習仲勲氏を父に持つ「太子党」のプリンスだ。とはいえ、若い頃から地方生活が長く、他の太子党の友人らと派閥としての強いつながりはなかった。

それでも習氏が総書記になれたのは、江沢民元国家主席派と胡錦濤前国家主席傘下の共産主義青年団派（団派）のつばぜり合いのなか、江氏らが団派への対抗馬として習氏を推した背景がある。習氏自体は江派というわけではない。総書記就任当時、習氏が指導部で心を許せたのは、中央政治局常務委員入りした王岐山氏や中央政治局員・中央弁公庁主任に就いた栗戦書氏ら2人の旧友ぐらいだった。

2017年に2期目に入ると、政権の様相はがらりと変わった。中央政治局25人中、習氏の勢力は6割まで拡大した。1期目は旧友が習氏を支える形が目立ったが、2期目に入ると、習氏が福建省や浙江省、上海市に赴任した際に出会った腹心の部下たちが続々と中央政治局に加

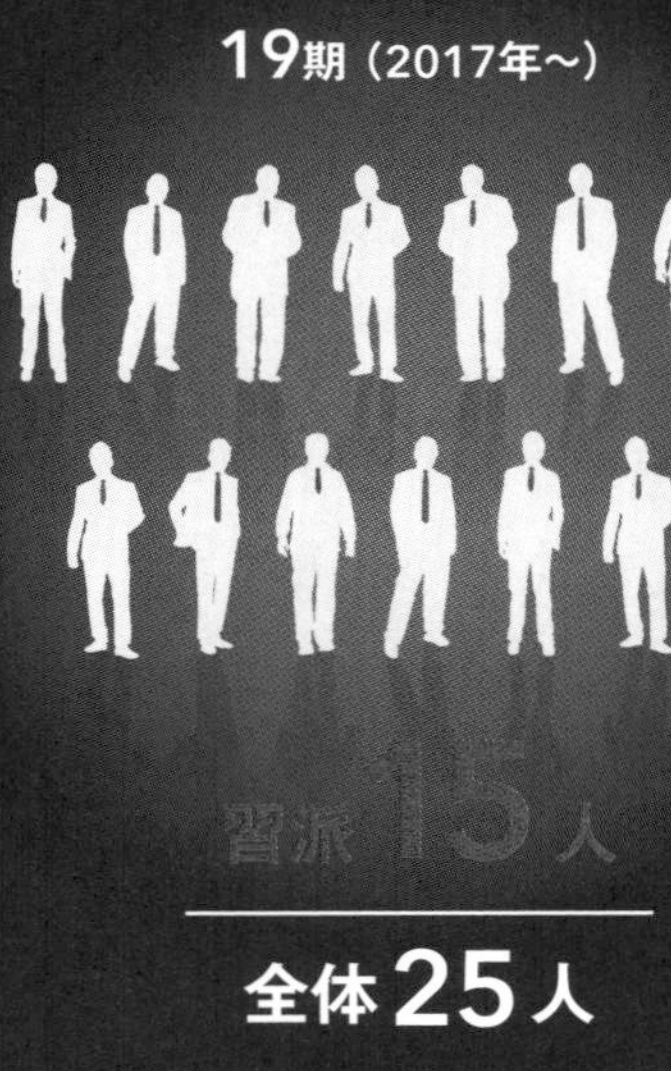

わった。代表格は李強・上海市党委書記や陳敏爾・重慶市党委書記、丁薛祥・中央弁公庁主任ら（肩書はいずれも19期）で、習氏に絶対的な忠誠を誓う忠臣といえる。これにより明確な習派が形成された。

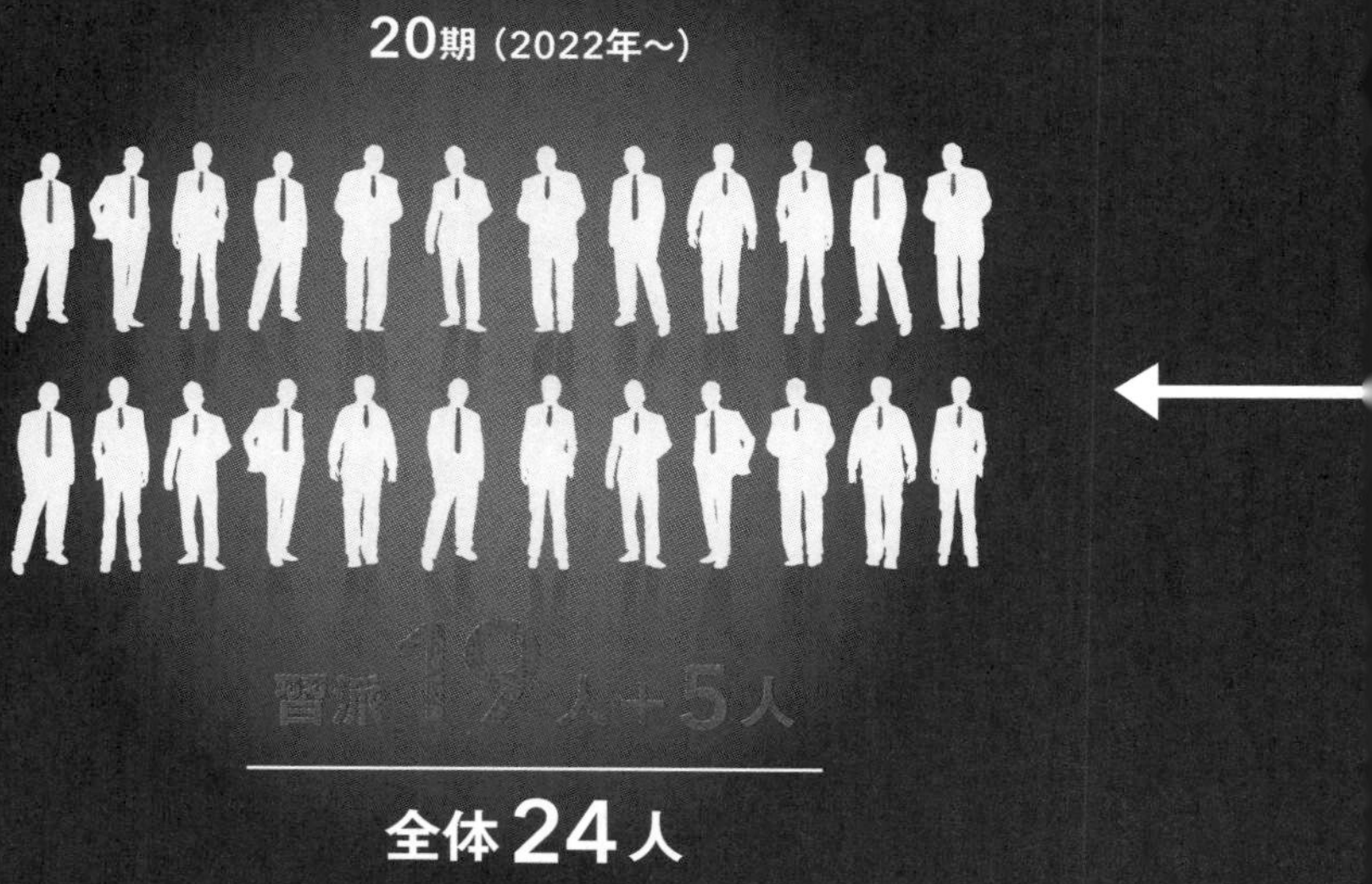

3.

習派形成の軌跡
側近軍団の顔ぶれ

それでは習氏は自らの派閥を
どのように形成していったのだろうか。
習氏の軌跡と人脈をたどる。

旧友&父親

軌跡

北京市
←陝西省延安市
←清華大学
←中央軍事委員会
←河北省正定県

習氏は15歳の時に知識青年として農村に赴き、多感な7年間を陝西省延安市梁家河村という貧しい村で過ごした。その時、隣村にいた友人が王岐山氏だ。栗戦書氏は習氏の最初の地方勤務地、河北省正定県の隣県で党書記を務めた「酒友」として知られる。貧困村での経験が習氏に与えた影響は大きく、当時の友人は習氏にとっても特別の存在だ。

清華大学時代のルームメートだった陳希氏は長年清華大に勤めていたが、習氏の中央入りとともに党・政府幹部として目覚ましい出世を遂げた。幼なじみの張又俠氏は軍制服組として習

この時期に関連して仲間にした人物

王岐山（74）
第19期国家副主席
文革期に同じ延安市に下放された兄貴分

陳希（69）
第19期中央組織部長・中央政治局員
清華大学時代の寮のルームメート

栗戦書（72）
第19期中央政治局常務委員・全国人民代表大会常務委員長
最初の地方任務地・正定県の隣県トップ

張又侠（72）
中央軍事委員会副主席・中央政治局員
幼なじみで父親同士も親友

李希（66）
中央政治局常務委員・中央規律検査委員会書記
父親の蜂起地や延安の村を聖地化

劉鶴（71）
第19期副首相・中央政治局員
中学時代の同窓生

氏の軍改革で重要な役割を果たした。中学時代の同窓生である劉鶴氏は、マクロ・金融政策のブレーンを務めた。いずれも1期目から習氏を政権内部で支えた。さらに張氏は3期目政権発足時に72歳の高齢だったにもかかわらず、中央政治局員と中央軍事委員会副主席に再任された。

上の顔ぶれのうち李希氏だけは習氏と直接の関係はなく、知り合った時期も遅い。李氏は甘粛省や陝西省で地方幹部をしていた際、習氏の父親の習仲勲氏の武力蜂起を聖戦と位置づけたり、習氏が過ごした梁家河村の聖地化を図ったりして習氏の側近になった。習氏の父親や農村時代に対する思いの深さが推察できる。

＊年齢・肩書は2023年3月現在
＊陳希、栗戦書の写真は共同通信社提供

青春と父親への思いは深く

福建時代

軌跡

厦門市←寧徳市←福州市←福建省長・省党委副書記

福建省に赴任した習氏は厦門市の副市長を皮切りに、転勤を重ねながら出世の階段を上り始めた。そのころ公私両面でつきあった側近らへの信頼は厚い。

2期目の政権では、彼らに経済、プロパガンダ、司法・公安、軍など党の柱というべき分野でそれぞれに要職をゆだねた。特に3期目政権では、何立峰氏はマクロ経済・金融の司令塔、王小洪氏は公安を一手に束ねるトップを務める。何衛東氏は中央軍事委員会副主席の1人として制服組トップに就いた。何氏は台湾が支配下に置く金門島を管轄する旧南京軍区第31集団軍出身のベテラン軍人で、習政権下では第31集団軍を出てめざましい出世を遂げ、台湾海峡に面した東部戦区の司令員も務めた。同じく中央軍事委員会委員に就いた苗華氏とともに、習氏が福建省時代に交流を重ねた軍人たちとみられており、軍では「台湾海峡閥」ともいわれる。

このグループは福建の川の名である「閩江」

を使って「閩江旧部」とよばれている。「閩江旧部」の面々は、3期目政権において名実ともに屋台骨を担っている。

この時期に関連して仲間にした人物

何立峰（68）
副首相・中央政治局員
厦門大卒経済博士で30代からの側近

黄坤明（66）
広東省党委書記・中央政治局員
聖地「古田会議」址のある地方出身

蔡奇（67）
中央政治局常務委員・中央書記処書記（筆頭）
中央弁公庁主任
省幹部や市トップを歴任後、浙江省に転任

王小洪（65）
公安相兼党委書記・中央政法委員会副書記
福州市時代の公安幹部で家族ぐるみのつきあい

苗華（67）
中央軍事委員会委員・中央軍事委政治工作部主任
福建省の軍組織出身

何衛東（65）
中央軍事委員会副主席・中央政治局員
第31集団軍出身、東部戦区司令員も歴任

出世街道を支えた「閩江旧部」

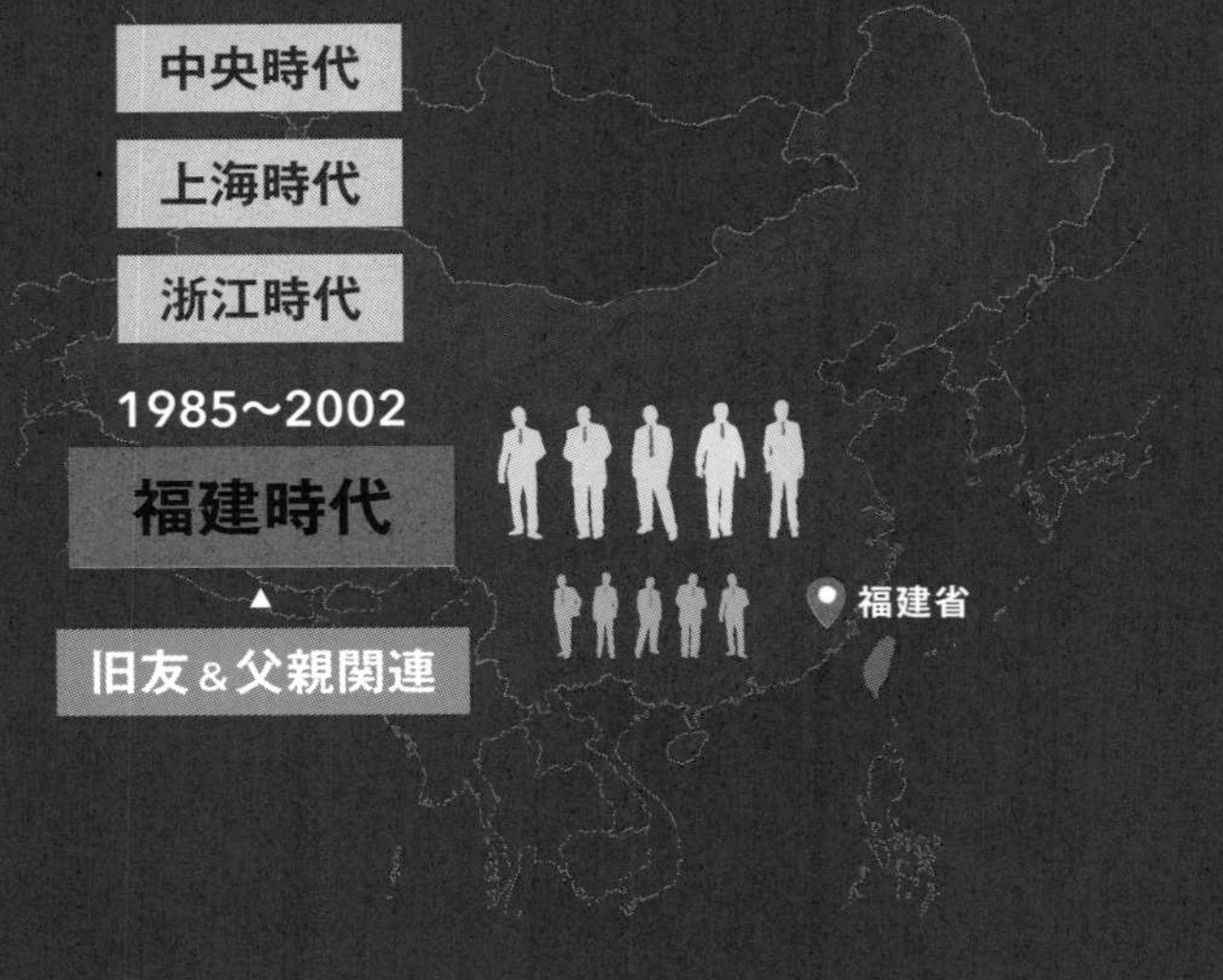

＊年齢・肩書は2023年3月現在
＊王小洪、黄坤明、苗華の写真はロイター／アフロ。蔡奇の写真は共同通信社提供

浙江時代

軌跡

省長←省党委書記

2002年に浙江省に転勤した習氏はすでに太子党のプリンスとして注目を集める存在になっていた。この時期に習氏の側近となった李強氏や陳敏爾氏は、習氏の優秀なスタッフとして習氏の信頼を得た。特に李強氏は2年半にわたり党の秘書長として習氏の「女房役」を務めた。しかも李氏は習氏自身の強い意向で秘書長に抜擢されたといわれている。その絆は強く、李氏は副首相や中央のポストでの経験もないままに、異例の抜擢で首相の座を射止めた。

黄坤明氏や蔡奇氏は習氏とほぼ同時期に福建省から浙江省に異動し、傘下の市トップとして習氏を支えた。このグループは浙江の別名である「之江」を使って「之江新軍」とよばれている。

*年齢・肩書は2023年3月現在
*李強、陳敏爾、蔡奇の写真は共同通信提供。黄坤明の写真はロイター／アフロ

この時期に関連して仲間にした人物

李強（63）

中央政治局常務委員・首相

党委書記時代の秘書役

陳敏爾（62）

天津市党委書記・中央政治局員

党委書記時代のコラム連載をサポート

黄坤明（66）

広東省党委書記・中央政治局員

省内の市トップを歴任

蔡奇（67）

中央政治局常務委員・中央書記処書記（筆頭）・中央弁公庁主任

SNSを活用する省組織部長として有名に

優秀なスタッフ陣「之江新軍」

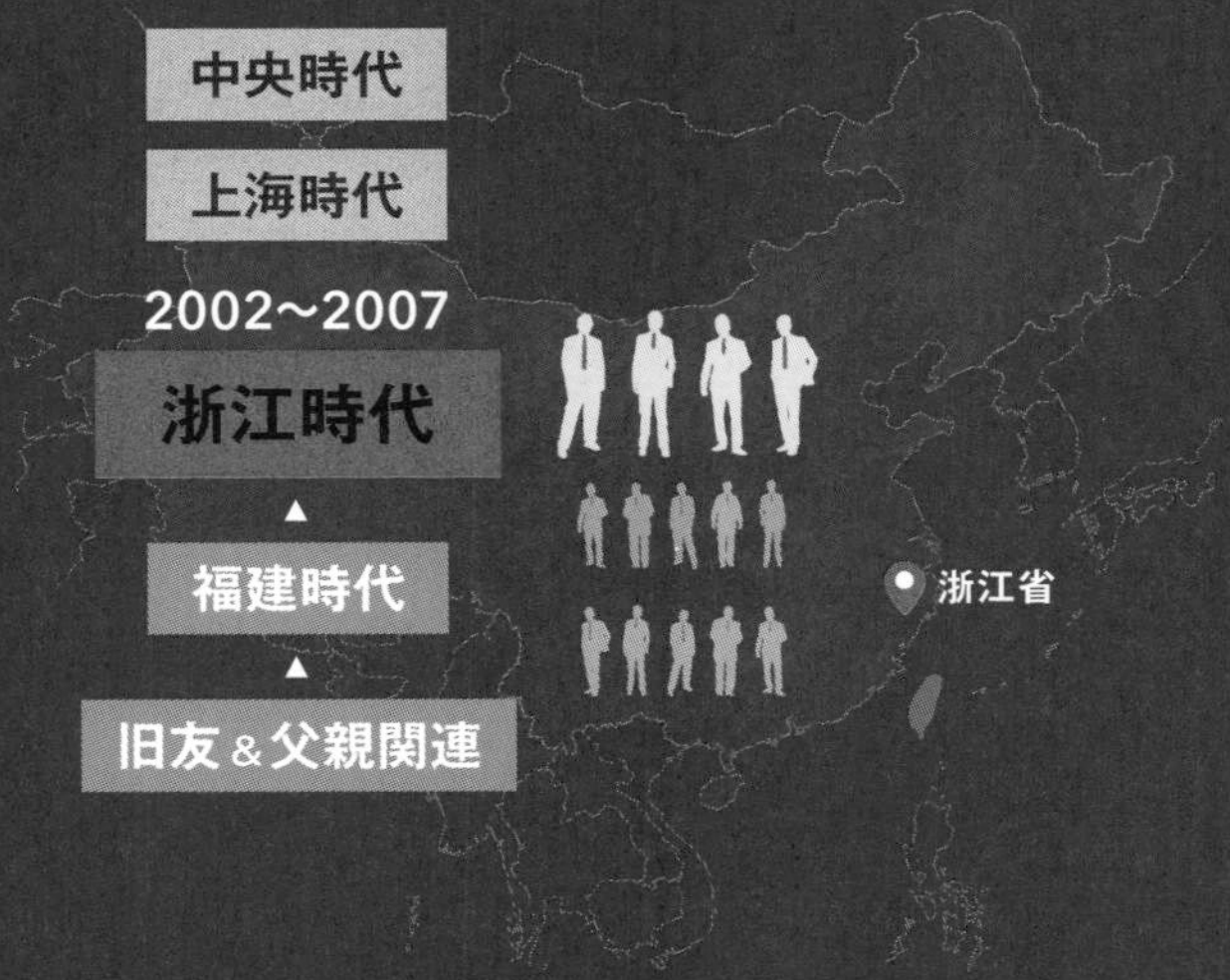

上海時代

軌跡　市党委書記

浙江省党委書記として同省のめざましい経済発展を実現した習氏は2007年3月、中央への登竜門となる上海市党委書記に就任した。同年10月の党大会で習氏は中央政治局常務委員入りを果たしたため、上海勤務はわずか7カ月間だったが、習氏はそこで秘書を務めた丁薛祥氏を見いだし、党総書記就任とともに中央に引き上げた。丁氏は3期目政権で中央政治局常務委員入りしたうえに、筆頭副首相ともなった。習政権下でも指折りの〝シンデレラボーイ〟といえる。

3期目政権で国家副主席に就いた韓正氏も、上海市で習氏と出会い、最高指導部への道を拓いた人物だ。他の地方出身者に厳しいといわれる大都会・上海で、党委書記となった習氏を上海市長として親切にサポートしたという。2期目では中央政治局常務委員・筆頭副首相に抜擢された。

＊年齢・肩書は2023年3月時点
＊写真は共同通信社提供

この時期に関連して仲間にした人物

丁薛祥（60）
中央政治局常務委員・副首相（筆頭）
党委書記の秘書役

韓正（68）
国家副主席
上海市長時代に習氏をサポート

発掘された敏腕秘書

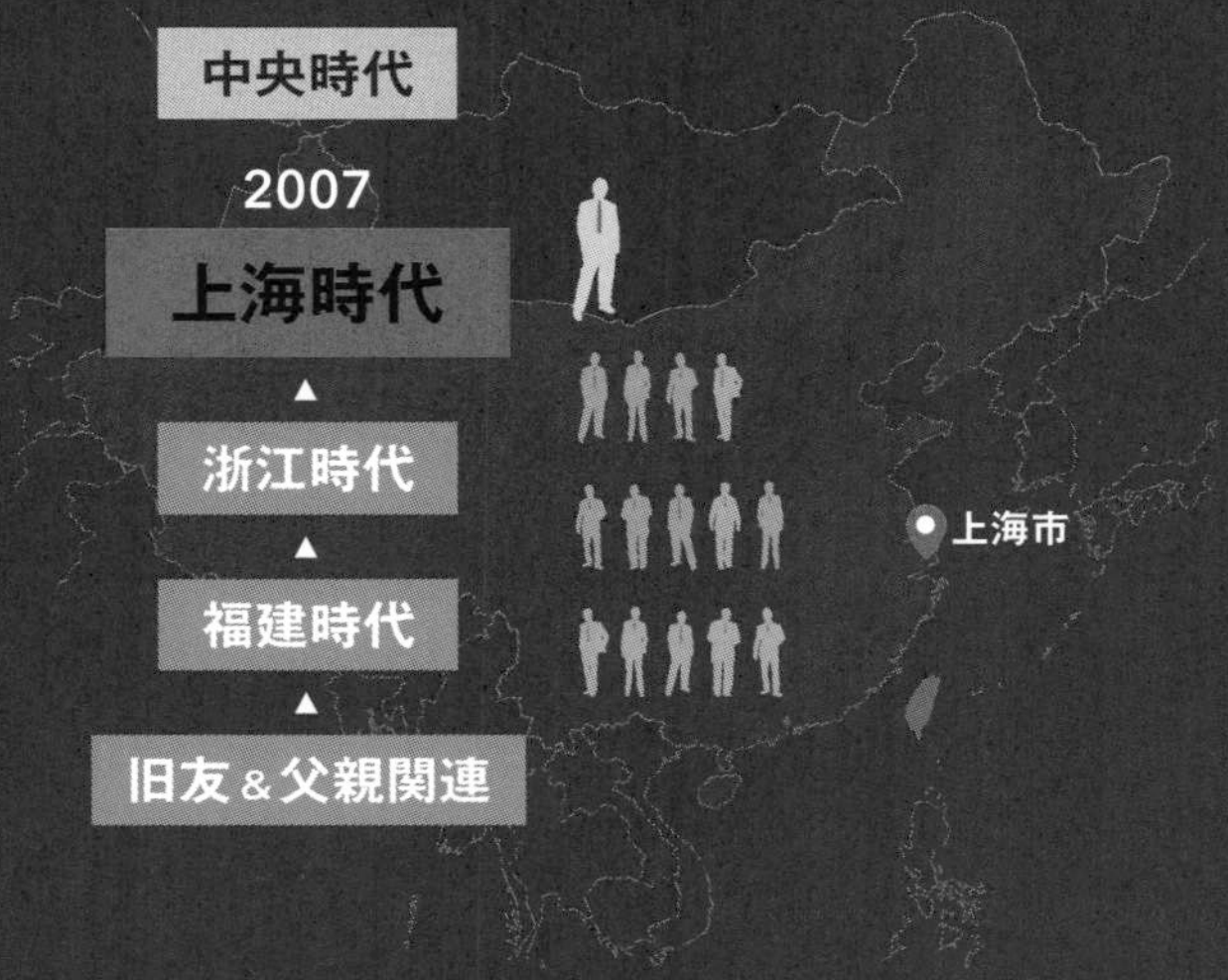

中央時代

軌跡

2007年〜
中央政治局常務委員
中央書記処書記
中央党校校長

2008年〜
中央政治局常務委員
中央書記処書記
国家副主席
中央党校校長

習氏は行く先々で有能な人材や信頼できる部下を見いだしては自身の側近としてきた。彼らは習氏とは完全に上下の関係にあり、今後、中国共産党の集団指導体制がさらなる1強体制へと移行していくのは避けられない。

一方、習派は利権で密接につながった江派や仲間意識の強い共青団派とは異なり、派閥としての横のつながりは薄く、むしろ習氏の「寵愛」を競うライバル同士の関係にある。今後、指導部の大半が習派で占められていくなかで、習派というグループがどう変質していくかは政権の先行きを左右する一つの要素となりそうだ。

2010年～
中央政治局常務委員
中央書記処書記
国家副主席
中央軍事委員会副主席
中央党校校長

2012年～
党総書記
中央軍事委員会主席
国家副主席

2013年～
党総書記
国家主席
中央軍事委員会主席

各地の「忠臣」が中央に集結へ

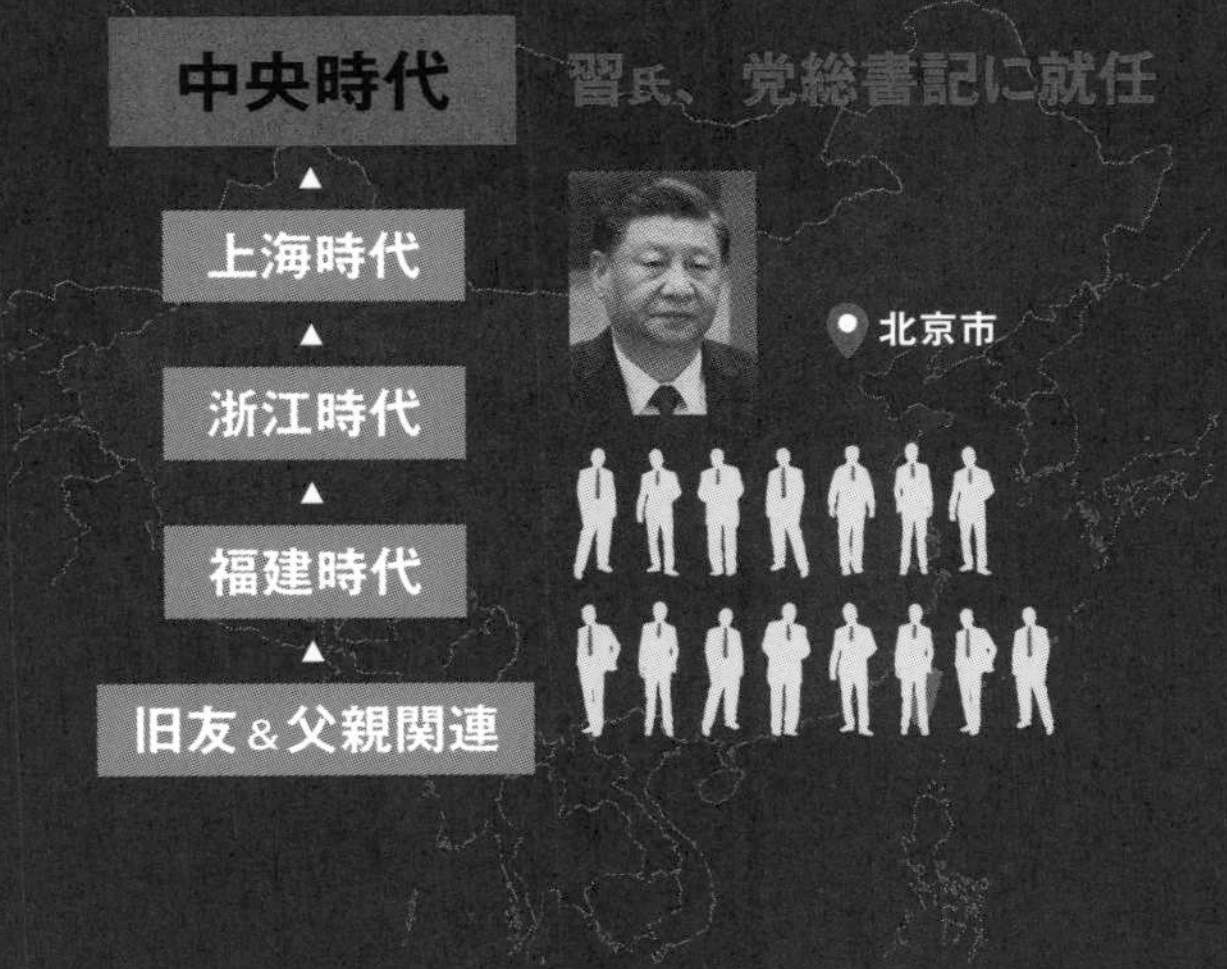

＊写真は共同通信社提供

習氏待つ一極体制のリスク
世界の不安定要因に

習氏は10年をかけて党の統治を立て直した。今や党の指導は中国社会のすみずみまでいきわたるようになったが、3期目以降の習氏を待つのは一極体制のリスクだ。米中対立や台湾問題、国内経済の失速など、中国を取り巻く環境は厳しさを増している。14億人国家のかじ取りを一手に引き受けた習氏は「正しい選択」を続けていけるのか――。世界はいまだかつてないリスクに直面しようとしている。

- Chinese dream -

中華民族の偉大な復興の実現
それこそが
中国人民が近代以来抱いてきた
最も偉大な夢であり
「中国の夢」である

習近平

第　二　章

習氏の権力掌握術

その緻密な組織・人事戦略

革命聖地「古田会議会址」には、「古田会議は永遠に光を放つ」との言葉が掲げられている

古田会議会址には、会議が開かれた革命当時の様子が再現されている

無期懲役になった郭伯雄・元中央軍事委副主席
（ロイター／アフロ）

摘発後、病死した徐才厚・元中央軍事委副主席
（ロイター／アフロ）

全人代で中央軍事委員会に選出されて宣誓する張又侠氏（手前）、
何衛東氏（2列目左から3番目）ら中央軍事委メンバー（2023年3月11日）（ロイター／アフロ）

右こぶしを顔の横に掲げ、中国共産党の入党の誓詞を読み上げる党員たち

軍事委員会主席責任制の
学習読本

習近平思想を学ぶための小学校、
中学校の教科書

習近平氏が２０１２年11月、党総書記として初めて世界の前に姿を現した時、多くの人がこう考えた。

「中国共産党史上、もっとも弱い国家指導者となるだろう」

なぜなら、習政権は最初から傀儡となるべくしてつくられた政権だったからだ。習氏を引き上げたのは江沢民元国家主席だが、習氏は江派でもなければ、江氏に後継者と見込まれていたわけでもなかった。では、なぜ習氏は候補に選ばれたのか。江沢民氏が院政を継続するうえで習氏が極めて「座りのよい人材」だったためだ。

習氏は革命の英雄を父に持つ「太子党のプリンス」で、長老らの受けがよく、敵も少なかった。人柄は地味だが、温厚とみられていた。これといって目立った功績はなかったが、貧困地域と経済発展地域の双方で幹部経験を積み、指導者に求められるキャリアを備えていた。

当時、党内では前国家主席の胡錦濤氏が率いる中国共産主義青年団（共青団）派が勢いを増しており、江沢民氏はその抑え込みを図っていた。万が一、胡錦濤氏が推す共青団エリートの李克強氏が党総書記に就けば、江沢民氏の影響力減退は避けられない。李克強氏を退けるには、習氏は恰好の候補者だった。

それから10年後、習氏は大方の予想を裏切り、毛沢東以来の強力な政権を築き上げた。習氏が権力掌握のために展開した戦略は、「党の制圧作戦」と呼べるほど緻密に組み立てられたものだった。習氏は詰め将棋のように一手一手、必要な布石を打っていった。さらに、習氏は三正面作戦を展開した。

中国共産党の統治における重要機関は、主に3種類ある。①国務院（政府）、②人民解放軍、③政法機関——の３機関だ。

「政法機関」というのは、警察や公安、情報機関、司法組織をすべて含む概念で、社会を統制するうえで重要な役割を果たしている。そして、人民解放軍や政法機関は強大な力を持つにもかかわらず、江沢民政権以降、党の指導に従うどころか独立王国化していた。それゆえに、習氏は党総書記になっただけでは何の実権も手に入れることができなかった。

就任当初の習氏にとって、こうした統治機構のすべてが「アウェイ」だった。しかも、それぞれの組織を制することが他の組織を制する手段ともなったため、3機関への工作を同時に展開しなければならなかった。

この章では、習氏がそれぞれの組織に仕掛けた「作戦」を順番に検証しながら、習氏流の組織運営や人事戦略を読み解いていく。

作戦1 人民解放軍を掌握せよ

実践「政権は銃口から」——毛沢東伝説を塗り替えた「新・古田会議」

党総書記と中央軍事委員会主席に就任後、習氏が最優先で取り組んだのが人民解放軍の掌握だ。中国において共産党と人民解放軍は密接不可分の関係にある。毛沢東は「政権は銃口から生まれる」と語った。新中国は人民解放軍が生み出したものであり、軍に支持されない指導者は党の支持も得られない。軍を掌握できるかどうかは、指導者の命運を左右する。

日本ではそれほど注目されていないが、習氏と軍の関係性を決定づけた重要な転換点がある。

2014年10月末、福建省上杭県古田鎮という小さな村で開かれた「全軍政治工作会議」だ。習氏はこの山間《やまあい》にある鄙《ひな》びた村をわざわざ大規模な全軍会議の場所として選び、軍の上級幹部400人を招集した。[*1]

習氏はなぜ「古田」にこだわったのか。実は古田鎮は、中国共産党史と人民解放軍史の双方に燦然《さんぜん》と輝く党の「聖地」として知られている。1929年12月、当時、党代表だった毛沢東は同地で開かれた「古田会議」において、軍長の朱徳らと激しい議論を戦わせ、「党の軍に対する絶対的指導」や「政治建軍（政治が軍をつくる）」といった原則を確立した。この会議を通じて、毛沢東の指導的地位も大きく向上した。

「新・古田会議」の開催を通じ、習氏が自らを毛沢東に擬《なぞ》らえる狙いがあったのは明らかだ。同会議で習氏は「党の絶対的指導」という言葉を繰り返し、毛沢東の原則を受け継ぐ指導者であることを強調してみせた。

「党の軍に対する絶対的指導を堅持することこそ、強軍の魂だ。党が軍を指導する制度を徹底的に落し込み、党が銃を指揮する原則を確実に根付かせなければならない」

この会議は習氏の権威を演出すると同時に、軍内の抵抗勢力に対する「闘争宣言」という性格も帯びていた。習氏は居並ぶ軍幹部らを前に、ある軍人の実名を出してこう演説した。

「政治建軍を進めていくうえで、特別に重く受け止めなければならないのは、『徐才厚』の案件だ。この教訓を深く反省し、その影響は徹底的に排除しなければならない」

徐才厚氏とは、人民解放軍の制服組ツートップである軍事委副主席を務めた江派の代表格だ。2012年に引退したが、在任中には同じ軍事委副主席を務めた郭伯雄氏とともに軍の権力を乱用し、蓄財に走った。

徐才厚氏や郭伯雄氏に連なる勢力は軍全体に勢力を広げており、軍は党中央の力の及ばない伏魔殿となっていた。中央軍事委員会主席に就いた習氏にとって、徐才厚氏や郭伯雄氏らの勢力は、軍の改革や綱紀粛正を行ううえで最大の抵抗勢力だった。この一派を排除できるかどうかが、習氏にとっては指導者としての生き残りを占う最初の試金石だったといえる。

習氏は新・古田会議を開く4か月前、すでに大胆な一手を打っていた。徐才厚氏を収賄容疑などで逮捕したのだ。制服組トップである軍事委副主席は軍においては特別の存在であり、その逮捕は驚天動地の事態だった。

反腐敗闘争において「ハエもトラも叩く」と宣言していた習氏は、言葉どおり、軍の「大トラ中の大トラ」を捕らえた。そのタイミングで開かれた新・古田会議は、習氏が「トラの首」をひっさげた状態で全軍幹部の前に姿を現し、これまで水面下で進行していた闘争を本格的な全面戦争へと転換する決意を知らしめる号砲だった。

「徐才厚の影響は徹底的に排除する」

習氏のこの言葉を聞いて、徐氏と関係のあった軍人らは肝を冷やしただろう。「習氏のお手並み拝見」と様子見を決め込んでいた多くの軍人たちも、江沢民氏や胡錦濤氏の政権下では許された放漫な時代が終わったことを実感したはずだ。

習氏の言葉は脅しではなかった。翌2015年7月に郭伯雄氏が逮捕された。郭氏はその後の裁判で無期懲役となった。先に逮捕されていた徐才厚氏は病死した。同年8月には、かつて総後勤部副部長だった谷俊山氏が執行猶予2年付きの死刑判決を受け、個人財産もすべて没収された。

人民解放軍の機関紙「解放軍報」によれば、習氏が軍事委主席に就いてからの5年間で4000件の腐敗案件が立件され、1万3000人が処分を受けた。そして、軍の最高位である上将のうち7人が処分されたという。[*2]

ここにユニークな試算がある。軍で処分された人数のうち、どれだけが幹部職だったかについては明らかにされていない。だが、中央規律検査委員会などの監査機関は2017年10月、習氏の1期目の5年間で440人の「党や政府、軍の高級幹部」が立案されたと発表した。軍でいえば、この階級は「少将以上の将軍」にあたる。[*3]

一方、人民日報は同期間に軍を含まない「高級幹部」が280人処分されたと報道した。[*4] この2つのデータにおける「幹部」が完全に重なるかどうかはわからないが、おおよそ同じ集合であるとは考えられる。そこで「党や政府、軍の高級幹部（440人）」から軍を含まない「高級幹部（280人）」を引き算すれば、その差からおおよそ百数十人規模の将軍が処分されたと推測することが可能だ。

米国を含め、海外の軍隊で将軍クラスが一時期に100人以上が処分されれば、軍隊の運営そのものに支障が出かねない。習氏の闘争が、人民解放軍にどれほどの大きな衝撃をもたらしたかがわかる。

習氏は、2期目が目前に迫る2017年8月にも大きな粛清を仕掛けた。房峰輝・統合参謀部参謀長と張陽・政治工作部主任という「大トラ」2人が相次いで取り調べを受け、失脚したのだ。張氏は17年11月に自殺したことが報じられた。房氏は翌18年、収賄罪で送検され、最終的には無期懲役となった。

房氏と張氏は世代的に江派直系ではないものの、元制服組ツートップの徐・郭両氏に連なる抵抗勢力の中核だった。習氏はその頃、軍の大規模な組織改革と人員削減に着手しつつあった。軍内に動揺が広がりやすいタイミングであり、現役の有力幹部を血祭りにあげて引き締めを図ったとみられる。

相次ぐ無期懲役や死刑判決、財産没収――。最高幹部にも容赦なく下される厳罰をみて、軍内の空気は如実に変化した。とはいえ、粛清に取り掛かったばかりの1期目は、習氏にとっても危険に満ちた時期だった。徐、郭、房、張らの勢力は党や社会の様々な勢力と癒着し、黒社会にもまたがる利権構造を築いていた。規律検査には妨害工作も相次ぎ、調査の現場では大きな危険が伴ったという。

反腐敗運動の先頭に立った習氏の旧友の劉源氏は後年、党メディアのインタビューでこう語っている。「私が党中央に腐敗の問題を提起した当時、徐才厚は私を暗に脅してきた。『誰が誰を引きずり下ろすかなんてまだわからないぞ』と」[*5]

一歩間違えれば、習氏の側が失脚する事態も十分に考えられた。実際、前任の胡錦濤氏は軍の深刻な腐敗を問題視していたにもかかわらず、伏魔殿にまったく手を付けることができなかったのだ。

なぜ習氏は、軍で反腐敗闘争をやり遂げることができたのか。

1つの理由は、習氏の恵まれたバックグラウンドだ。習氏の父親は革命の英雄の1人である習仲勲氏で、1980年代には「八大元老」として党最高指導部以上の権勢を振るった。仲勲氏は陝西省など中国西北部で革命根拠地を築き、国民党の追撃を逃れての「長征」を終えた毛沢東らが陝西・延安で態勢を立て直す基盤をつくった。今の人民解放軍にとっても仲勲氏は英雄の1人であり、尊敬される軍人だ。習近平氏は軍の「プリンス」であり、いわば「オーナー側の人間」といえる。

人民解放軍は太子党の牙城でもあった。当時の軍の将軍には、毛沢東や劉少奇、胡耀邦、李先念といった元勲の子息や女婿が勢ぞろいしていた。一般に、太子党は「党」と呼ばれているものの、利害も考えもバラバラで、政治的な派閥となるような結束力はない。一方で、特権意識が強いため、徐才厚氏や郭伯雄氏といった「成り上がり者」の傘下には入っておらず、徐氏らが軍の利権を壟断し、組織を牛耳る状況への不満や反発もあった。

そのため、太子党の軍人らは態度の濃淡こそあれ、相対的に習氏の粛清や改革には従ったとみられる。なかでも、元国家主席で文化大革命により失脚した劉少奇の四男で習氏の旧友でもある劉源氏は、胡錦濤政権時代から徐氏らの腐敗を批判し、対立していた。習氏が中央軍事委主席になると、習氏を強く支持して反腐敗闘争の先頭に立った。

習氏は生まれだけでなく、キャリアにおいても軍との関係が深かった。1979年に清華大学化学工程学部を卒業した後、最初に配属されたのは中央軍事委員会で、中央政治局委員・副首相・中央軍事委員会秘書長だった耿飈氏の秘書を務めた。習氏の経歴にはわざわざ「秘書（現役）」と記されている。文官ではなく、軍籍を持つ軍人という意味だ。要人の秘書であれば、軍の内部事情も垣間見ただろうし、様々な人物とも知り合って人脈も広げることができただろう。

福建省時代には、党幹部の仕事と軍務を兼任しながら、台湾海峡と対峙する福建省の軍人らと交流を深めた。そのころ結婚した彭麗媛夫人は人民解放軍所属の国民的人気歌手で、彭氏は現在も少将の肩書を持つ。結婚当時は地方の一幹部に過ぎなかった習氏が軍のスターと結婚できたのも、習氏が軍のプリンスだったからだろう。

一方、江沢民氏や胡錦濤氏は軍への基盤が皆無であったため、軍との関係構築には苦労した。江沢民氏は、軍人らの歓心を買うことで軍の掌握を図った。軍事費を毎年10％近く増やし、軍人らにふんだんに予算と利権を与えた。海外では中国の急速な軍事費拡大に注目が集まったが、すべての予算が必ずしも効率的に軍備増強に使われていたわけではなかった。関連企業との癒着やサイドビジネスを通じ、軍人のポケットマネーに入る部分も少なくなかったためだ。裏金の一部は軍のポストの売買にも流れた。ポストを買って軍内の地位が上がれば、さらに大きな利権が手に入った。

江沢民氏はそうした状況を知りながら、幹部らの腐敗を放置したと同時に、多くの上将や中将を自らの手で抜擢し、江派のネットワークを軍内に構築していった。2002年に党総書記を引退した後も中央軍事委主席の座からは退かず、党と軍の実権を握って院政を敷いた。合計15年間にわたって軍のトップであり続けた。

続いて中央軍事委主席となった胡錦濤氏は江沢民氏以上に苦労した。党総書記に就任後、3年目にしてようやく主席の座を江氏から譲られたものの、軍は江派の牙城となっていた。しかも江氏の放任のもとで完全に党を軽視しており、「党の絶対的指導」からは程遠い状態だった。

胡錦濤氏は「軍を掌握できない党総書記」として政権基盤を確立することができず、最後まで江沢民氏の院政をはねのけることはできなかった。そのころ盛んに言われたのは、「政策は中南海を出ない（胡錦濤氏が政策を提案しても実現しない）」との言葉だ。開明的な政策を抱きながらも、一切実行できなかった胡錦濤政権の実態をよく表している。

江沢民氏や胡錦濤氏が辿った道筋と比較すれば、習氏のバックグラウンドがいかに恵まれていたかが実感できる。習氏は自身の優位性を生かしながら軍の抵抗勢力を抑え込み、2014年秋に「新・古田会議」の開催にこぎつけた。そこで軍の幹部らを前に「党への絶対服従」の徹底を宣言した。

福建省にある古田会議の史跡にいくと、毛沢東の写真に加え、習氏の写真や言葉がたくさん掲げられている。習氏は、毛沢東の伝説を上書きしたのだ。

習氏は1期目の5年間の間に、軍人らを従わせることにほぼ成功した。だが、その服従は粛清への恐怖ゆえの面従腹背であり、いつ覆るかはわからないものだった。そのため、2期目政権に向けては、軍人たちの忠誠を簡単には覆らないよう「制度」で固めることが作戦の中心となった。習氏は満を持して軍の大改革へと歩みを進めた。

「党軍関係」から「習軍関係」へ――服従を〝制度化〟する

習氏が2015年から17年にかけて手掛けた人民解放軍の改革は、「建軍以来」といわれる大規模かつ大胆な内容だった。改革の目的は2つある。1つは、中央軍事委主席である習氏にあらゆる権限を集中させることだ。従来の人民解放軍は、中央軍事委主席に権限が集まる組織形態とはなっておらず、主席が軍を従わせられるかどうかは、「主席個人の力が強いか弱いか」という属人性に強く左右されていた。

もう一つの目的は、軍を現代の戦争形態に合わせて再編成し、戦闘能力を高めることにあった。具体的には、陸、海、空軍や宇宙、サイバーなど軍の部隊の専門性を高めるとともに、各領域を横断する統合作戦能力を確立した。もちろん、統合作戦能力の頂点には習氏が立った。

習氏は2015年11月26日に開いた中央軍事委員会改革活動会議で、改革内容を発表した。その後に追加した項目も含めると、全体像は主に次のような内容となる。[*6*7]

①中央軍事委員会主席に軍政・軍令にまたがるあらゆる権限を集中
②軍の実権を握っていた4総部「総政治部・総参謀部・総後勤部・総装備部」の廃止
③陸軍、海軍など軍種別に管理する系統（軍政）と統合作戦の指揮系統（軍令）を分離

④7大軍区を廃止し、5つの戦区に統合
⑤軍を監視する規律検査委員会と政法委員会を独立機関として設置
⑥「中央軍事委員会統合作戦指揮センター」の創設と総指揮（司令官）への習氏の就任
⑦陸軍中心主義の是正
⑧ロケット軍司令部と戦略支援部隊の創設
⑨軍の「有償サービス（サイドビジネス）」の全面停止
⑩中央軍事委と国務院の二重管轄下にあった武装警察部隊（武警）は中央軍事委直轄とし、海警局は国家海洋局の傘下から武警の指揮下に配置を変更

画期的だったのは、軍隊を管理する「軍政」と作戦指揮を担う「軍令」という二つの指揮系統を明確に分けたことだ。そして、中央軍事委主席と軍の各部門の間に立ちはだかっていた4総部を廃止した。先に4総部を廃止した意味について概観する。

4総部とは、「総政治部・総参謀部・総後勤部・総装備部」を指す。この4組織が江沢民政権以降、軍内で伏魔殿の本殿と化していた。各総部のトップは中央軍事委員会のメンバーでもあったが、それぞれが独自の権限と利権を壟断し、独立王国を築いていた。

つまり軍を中央軍事委員会が制御する体制は崩れていた。加えて、制服組ツートップである軍事委副主席も4総部と癒着しながら、中央軍事委主席以上の権限を振るっていた。本来、中央軍事委主席は憲法によって人民解放軍を指揮する強い権限を与えられている。しかし、制服組ツートップと4総部に阻まれて、軍隊に影響力を及ぼしにくい組織形態となっていた。

図表2-1

習氏の改革以前の人民解放軍

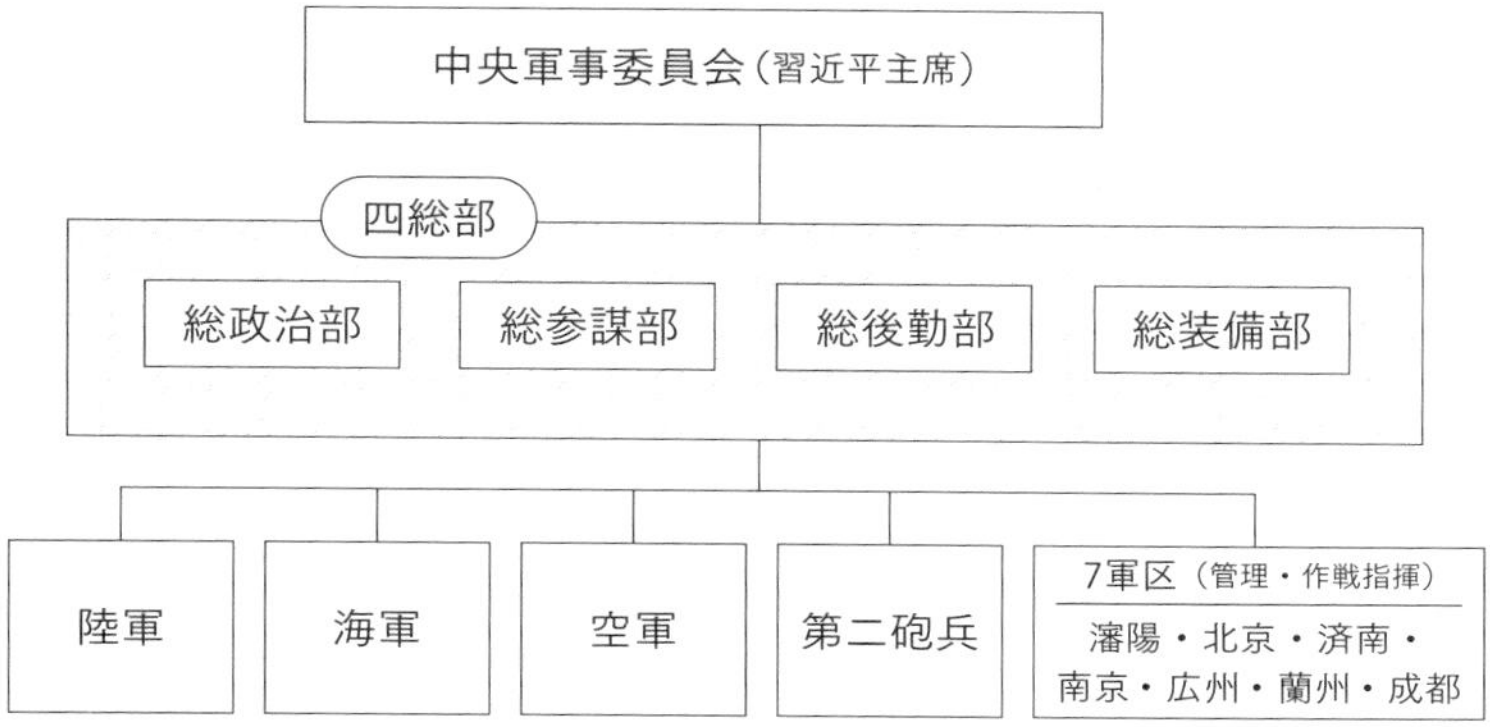

（出所）筆者作成

そこで、習氏は4総部を取り除き、軍事委主席が軍の各部門・機能と直接つながる組織形態に変革した。

従来の組織は、指導者の属人性やその時々の情勢により、権限や指揮命令系統が変動しやすい形となっていた。改革後は、軍事委主席に意思決定の権限が集中し、軍隊が必ず軍事委主席の指導に直接従う形となった。

4総部が手掛けていた管理機能や政治・思想工作などの業務は、新設された15機関が担うこととした。具体的には「弁公庁、統合参謀部、政治工作部、後勤保障部、装備発展部、訓練管理部、国防動員部」の7部庁、「規律検査、政法、科学技術」の3委員会、「戦略計画弁公室、改革編制弁公室、国際軍事合作弁公室、審計署、機関事務管理総局」の5組織からなる。

各組織は権限も機能も限定的で、大きな権力は持ちにくい形とした。それぞれが中央軍事委に従属し、必要な業務を担う「手足」としての役割を果たす。

さらに習氏は軍の「作戦指揮系統」を軍の日常的な業務とは完全に切り離した。

従来は、「日々の業務を担う組織」と「戦う組織」が混然一体となっていた。それに加えて軍隊はこぞってサイドビジネスや汚職に励んでいたため、極端にいえば、「平時は金儲けをし、戦争が始まったらようやく武器を握る」といった状態となっていた。それでは米軍に肩を並べる一流の軍隊となることはできない。そこで習氏は管理系統と作戦指揮系統を分け、作戦指揮系統に属する軍隊は、「日々是戦場」の精神で臨む態勢とした。

その中核となる改革が、7大軍区の廃止と5戦区の設立だ。南京軍区や北京軍区など従来の軍区は、幹部らが地元の企業や黒社会と癒着してサイドビジネスなどを展開する腐敗の温床となっていた。

新たに作られた5戦区は「戦う軍隊」に特化した。各戦区は中央軍事委員会の直轄組織として陸、海、空軍などの各種部隊を統合して指揮する。その上部組織となる中央軍事委員会には「統合作戦指揮センター」を新設し、軍事委主席である習氏が「総指揮」に就任した。一方、陸軍の指導機構や海軍、空軍、ロケット軍の各司令部といった組織は作戦指揮を行わず、軍隊の管理に徹することとした。

習氏は、軍内の綱紀を維持するためのシステムも確立した。

従来は総政治部傘下の一部門に過ぎなかった規律検査委員会と政法委員会を独立させ、中央軍事委員会が直轄する重要機関に位置付けた。従来の両委員会は腐敗の温床である総政治部の中にあったため、綱紀粛正の担い手として意味をなしていなかった。さらに、規律検査委員会書記となった張昇民氏が中央軍事委員会入りしたことで規律検査委員会の威光は急浮上した。

「軍の有償サービスの停止」も命じた。人民解放軍はそのゲリラ的な生い立ちから、伝統的に食糧や軍

図表2-2

改革後の人民解放軍の組織図

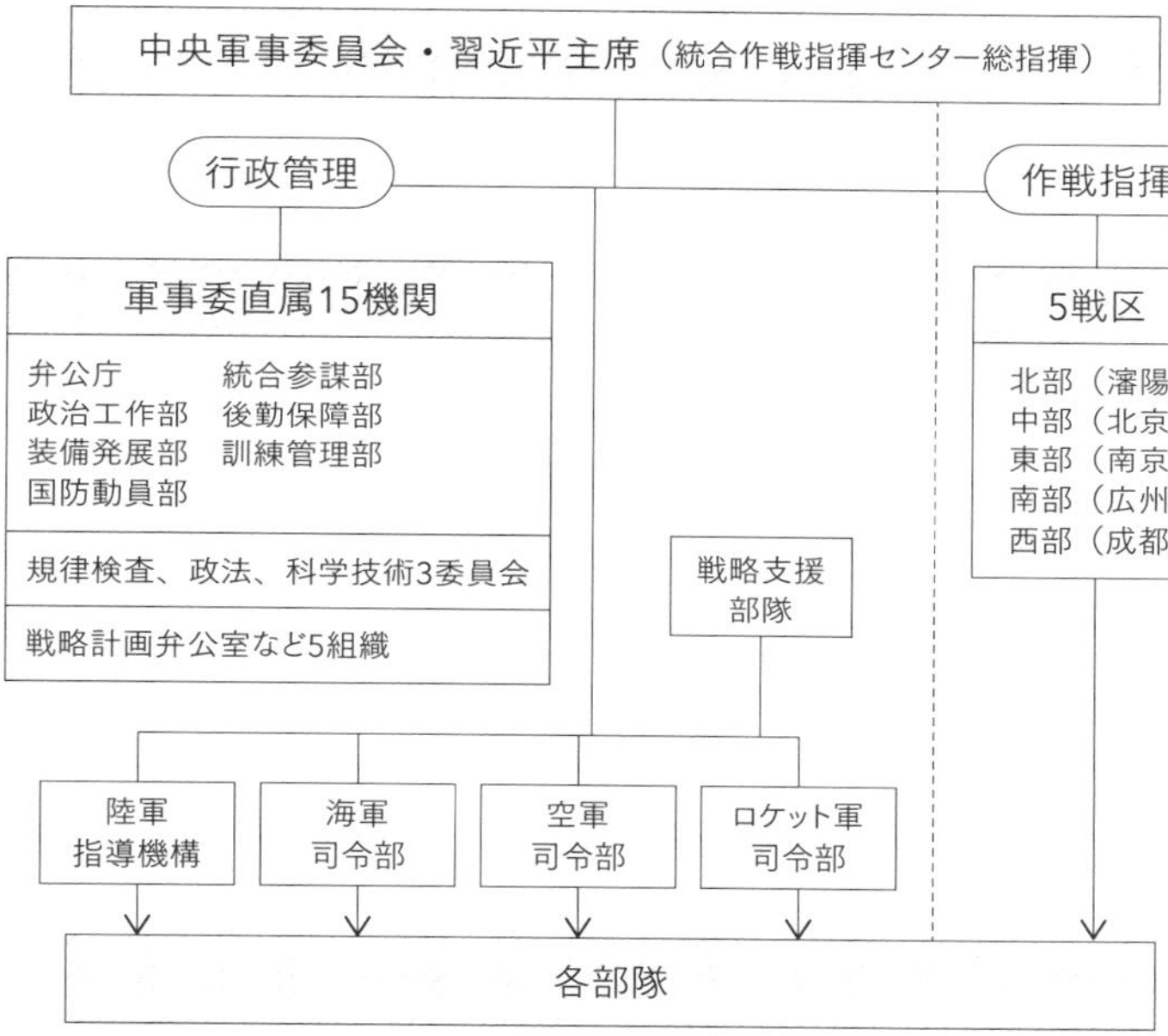

（出所）筆者作成

備を自力調達する生産活動が奨励されてきた。その慣習から改革開放後はサイドビジネスが盛んになり、様々な腐敗や密輸の温床となった。

これについては早くから問題視されており、１９９０年代には軍の経済活動が禁止されたが、その後も抜け道的なビジネスや汚職はなくならなかった。汚職で得た資金はポストの売買や派閥闘争の軍資金に使われたため、軍内は文字通り札束が飛び交う異常な組織と化していたといわれる。習氏はこうした活動を全面的に禁じた。

習氏は中央軍事委員会のあり方にも手を加えた。２０１７年10月の党大会後に発足した第19

図表2-3

第20期中央軍事委員会の顔ぶれ

（主 席）

習 近 平

（副主席）

張 又 俠

習近平氏の幼なじみ。中越戦争で功績。作戦系出身

（副主席）

何 衛 東

台湾の金門島を管轄下に置く第31集団軍のたたき上げ。作戦系

（委員）

李尚福	劉振立	苗華	張昇民
（国防相）	（統合参謀部参謀長）	（政治工作部主任）	（規律検査委員会書記）
衛星発射の専門家。装備発展部長時代に米国の制裁対象のリスト入り	「最年少」の更新続けた陸軍エリート。中越国境紛争で一等戦功を獲得	習氏福建時代の第31集団軍政治部主任。習氏2期目の軍改革を支える	第二砲兵生え抜き。習氏2期目の軍における反腐敗闘争を指揮

期中央軍事委員会は主席と2人の副主席を除き、一般委員が8人から4人に半減した。委員の数が減った分だけ、主席への権限集中が加速した。さらに、第20期中央軍事委員会のメンバーは完全に習氏の腹心で固め、習氏1強を完成させた。

最期の仕上げは、習氏の権威を法制度として定めることだった。そこで習氏が用いたのが、「中央軍事委員会主席責任制」という制度だ。

同制度は1980年代に憲法で定められたが、江沢民政権や胡錦濤政権では有名無実化していた。習氏はこの骨董品のような制度に着目し、権力構造を変える「仕掛け」として持ち出した。

最初の舞台は、習氏が2014年10月末から開いた「新・古田会議」だった。当時の中央軍事委副主席の範長龍氏が会議の場で「軍事委主席責任制をしっかりと守り、徹底しなければいけない」と発言した。[*8] 同会議の閉幕直後には、もう一人の副主席だった許其亮氏が人民日報の論文で「党の軍に対する絶対指導を最高レベルで実現するものだ」と訴え、同制度の重要性を提起した。[*9]

これを号砲として、軍内では軍事委主席責任制に関するキャンペーンが一斉に展開された。政治工作部は『軍事委主席責任制学習読本』などの教科書を作成し、各地で勉強会も開かれた。一大キャンペーンの末、同制度は2017年の第19回党大会で党規約に明記された。

注目すべきは、習政権が同制度に施した「解釈」だ。解放軍報は2015年1月28日、1面トップに掲載した重要論文で、同制度の要点として以下の3点を挙げた。[*10]

【中央軍事委員会主席責任制】

●全国の軍・武装部隊は軍事委主席の統一的な指導と指揮の下にある

●国防と軍隊建設のすべての重大問題は軍事委主席が決裁・決定を行う
●中央軍事委の全面的な業務は軍事委主席が主導し、責任を負う

これは何を意味するのか。

文言どおりに受け止めれば、中央軍事委主席である習氏は、軍にかかわるあらゆる問題をたった1人で決定できることになる。党総書記や国家主席ですら持ちえない強大な権限といえる。

最高指導部である中央政治局常務委員会は合議制であり、意見が割れればメンバー7人の投票で最終的な意思決定がなされる。委員の数が常に奇数であるのはこのためだ。もちろん3期目政権の常務委員はすべて習氏の腹心であるため、実質的には習氏の決断が優先されるが、制度のうえでは今でも歯止めが用意されている。

一方、中央軍事委員会では、憲法と党規約の双方において、主席があらゆる問題を単独で意思決定できると定められた。理論上は、習氏の一存でいつでも人民解放軍を動員できることを意味する。台湾有事の可能性などを考えれば、周辺国のリスクは限りなく大きい。

第19回党大会では「習近平強軍思想」も党規約に盛り込まれた。習氏が党大会の活動報告で語った「政治建軍、改革強軍、科技興軍、依法治軍」という「16文字方針」の堅持も明記され、イデオロギー面からも習氏の威光はますます強まった。

様々な仕掛けを経た2017年11月、いよいよ習氏による軍の掌握が完成する瞬間が訪れた。中央軍事委員会は党規約の改正を受けて、「軍事委員会主席責任制の全面的で踏み込んだ貫徹に関する意見」と題した新たな指令を出し、全軍にこう求めたのだ。

「習近平の新時代における中国の特色ある社会主義思想を指針とし、習近平の強軍思想を全面的に貫徹し、軍隊に対する党の絶対的指導の根本的原則と制度を全面的に貫徹し、政治、思想、組織、制度、気風における軍事委員会主席責任制の貫徹に強力な保証を提供し、全軍の絶対的忠誠、絶対的純潔、絶対的信頼を確保し、習主席の指揮にしっかりと従い、習主席に対して責任を負い、習主席を安心させる」[*11]

軍を指導しているのは、もはや党でもなく、軍事委主席というポストでもない。習氏個人が軍を指導する枠組みが完成した。

その事実の一端を示しているのが２０２２年10月に中国のインターネット上に出回ったある動画だ。1分程度の短い動画には、地方の新兵閲兵式の様子が映されていた。広場に並んだ新兵の前には赤い横断幕が掲げられていたが、そこに書かれたスローガンに多くの人が驚いた。なぜなら、定番の「党の指揮を聞き、党の指導に従う」ではなく、こう書かれていたためだ。

「習主席の指揮を聞き、習主席の指導に従う」

１９２９年12月、毛沢東が「古田会議」で得たものは「党の軍に対する絶対的指導」、すなわち「党軍関係」だった。習氏が今、手にしているものは、「党軍関係」をはるかに超越した習氏1人に服従する軍隊だ。

振り返れば、習氏がなし遂げた軍改革の布石はすべて２０１４年10月の新・古田会議のなかにちりばめられていた。あの日、軍の「聖地」で毛沢東の姿を擬らえながら軍幹部４００人の前に立ちはだかった時、習氏はすでに「習軍関係」という今日のゴールを想定していたのだろうか。

作戦2

党と政府に君臨せよ

毛沢東流「小組治国」から「党政分離」の終焉へ

習近平氏は軍の制圧を図りながら、党と国務院（政府）の双方で意思決定プロセスの掌握に乗り出した。その過程は、「党の集団指導体制」と「党政分離（党と政府の職能の分離）」という鄧小平氏の2つの政治改革の終焉をもたらした。

改革は1期目から3期目にかけて3段階に分けて実施された。

第一段階で活用されたのが、「小組」という中国共産党独特の組織だ。習氏は反腐敗闘争を通じた政敵の粛清と同時並行で、国政改革や経済、治安、インターネット政策、財政などテーマ別に小組や委員会を次々と作り、自らそれぞれの組織のトップに就任した。小組という組織は党内に昔からあったが、習政権下で設立された数は突出していた。党総書記が自ら多くの組長に就いたこと自体も、過去の政権ではみられない現象だった。その形態は、「小組治国」と呼ばれた。

そもそも小組とは何か。中国のポータルサイト「捜狐」のニュースサイトがまとめた特集「〝小組〟はどのように大国を治めるのか?」によると、「小組とは、党と政府の通常の統治方式の枠外で、補充的かつ特定の時期に組織横断で政策を調整する権利を持つ」という。習政権も小組の目的を「行政の縦割り

図表2-4
習氏1期目政権の「小組治国」のイメージ

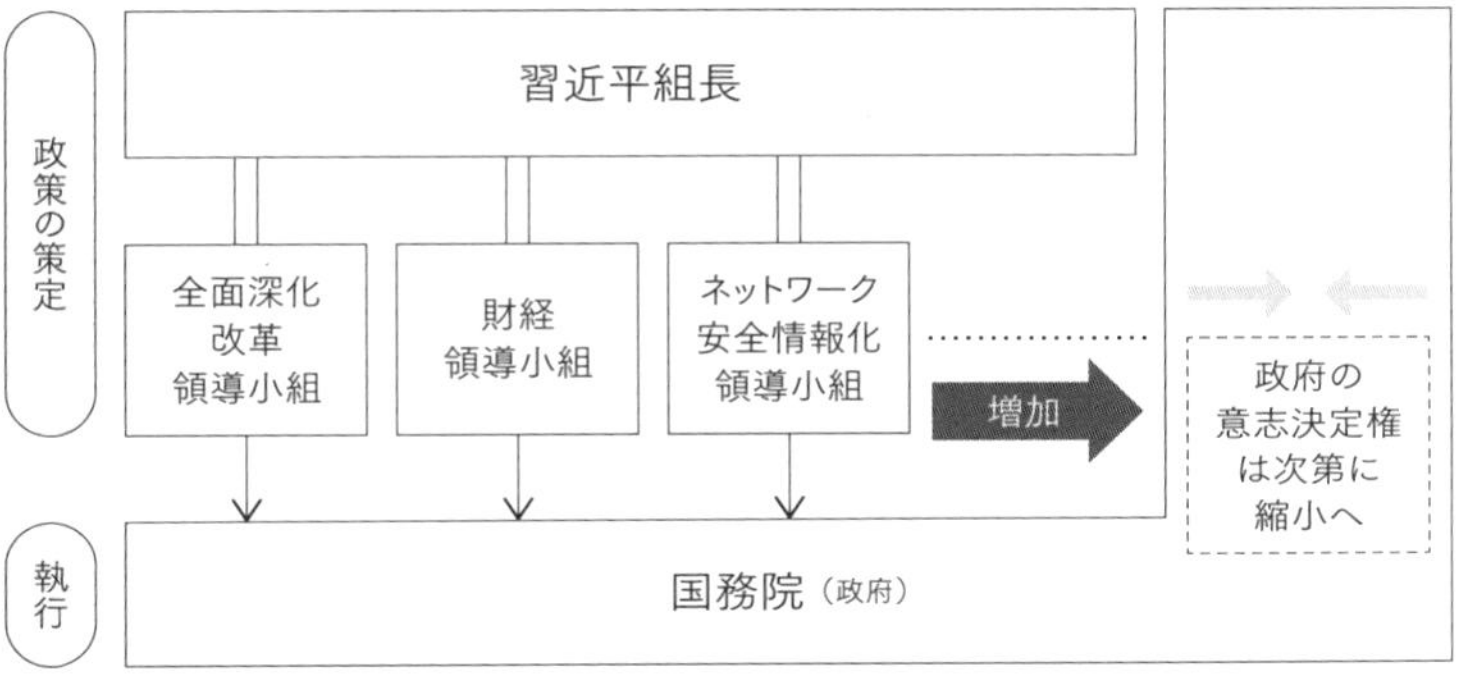

打破」と説明する。実際、各小組には関係省庁から必要な幹部が参加し、省庁の壁を越えて改革案や政策が議論された。[*12]

「部門横断の臨時プロジェクトチーム」などはどこの国にもあるが、中国において「小組」という組織は特別な意味を持つ。小組とは、毛沢東が発明したといわれる権力奪取のツールを指すからだ。

毛は、既存の制度や枠組みにとらわれない臨時的なグループをつくっては、党内の既存権力に挑戦する手法を好んだ。長征時にも、「3人組」などの小集団をよくつくった。その動きが激化したのが1940年代の延安時代だ。

毛は「整風運動（思想を正す運動）」を開始すると、中央総学習委員会を軸として様々な目的ごとに小さな臨時組織を次々とつくり、超法規的な立場から既存の権力者たちを粛清した。この整風運動を通じて毛は、ソ連のコミンテルンと近い有力勢力を蹴落とすことに成功し、独裁的地位を確立した。

毛沢東による「小組治国」は、大躍進政策の開始直後に成立した政治体制をもって一種の完成形に到達した。党中

図表2-5

1958年体制の党と政府の関係

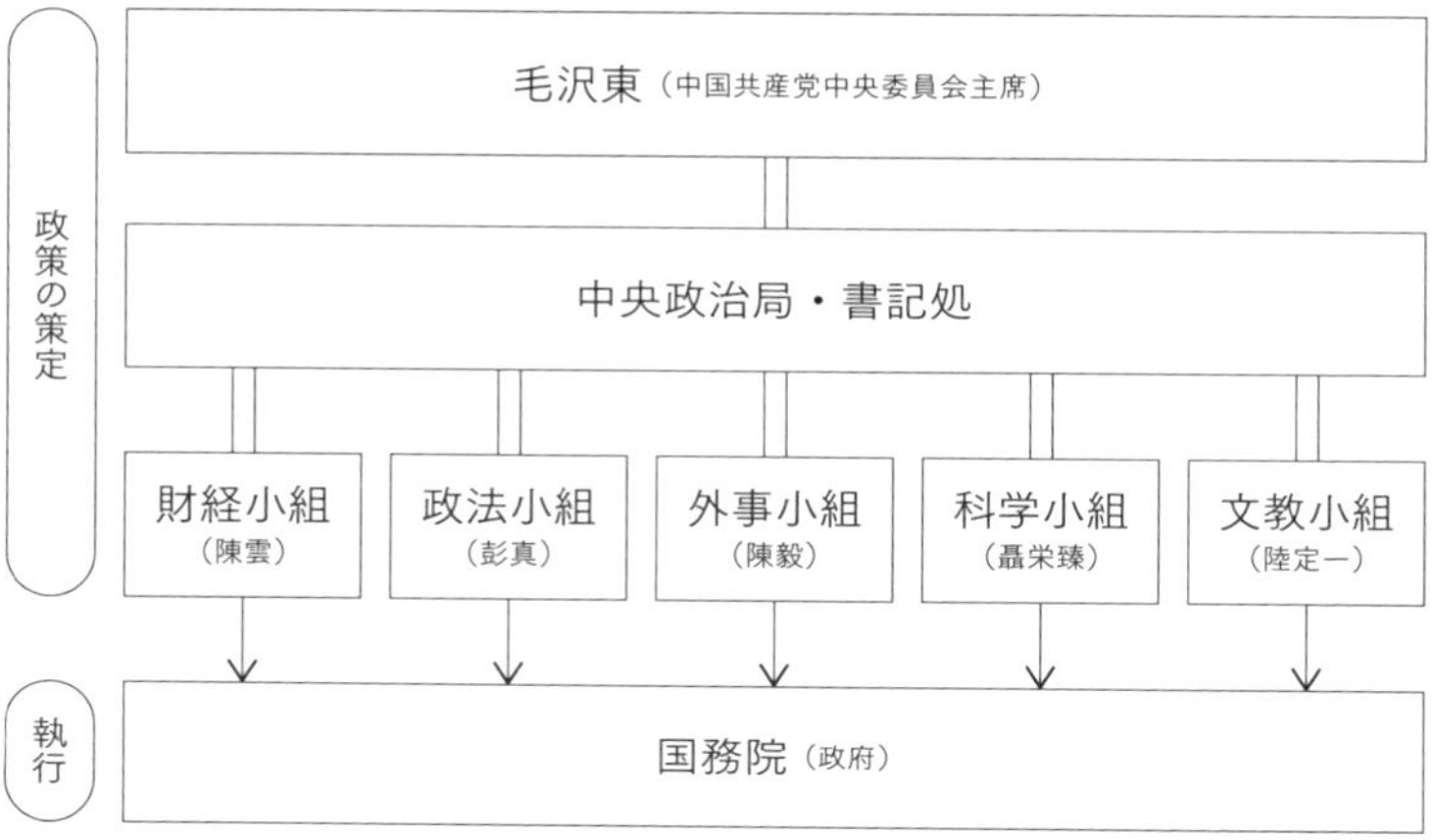

央は1958年6月に出した通知で、「財経」「政法」「外事」「科学」「文教」の5つの小組を設置することを宣言した。

その際、毛が自ら書いたという通知には、こう明記されていた。①小組は党中央のものであり、中央政治局と書記処が直轄する、②「政治設計院」という存在はただ1つしかなく、2つはない、③政策決定のプロセスはすべて一元化し、「党政不分」とする、④政策方針について政府機関は小組と討議できるが、決定権は党中央にある——。つまり政府機関は政策立案機関から、党の傘下にある純粋な執行機関に降格された。ここに党と政府の一元化、すなわち「党政不分」の方針が明確に打ち出されたのだ。

なぜ毛沢東は「党政不分」にこだわったのか。

毛沢東は新中国の建国までは党内で盛んに権力闘争を繰り広げていたが、建国以降になると政策決定の実権が次第に政府組織に移っていったためだ。そこで毛の飽くなき権力闘争への欲求は、党内闘争から、「膨張する政府組織を党=自分がどう抑え込むか」という「党政関係」に意識が移った。毛沢東は劉少奇らと駆け引きをしながら少しずつ体制を改革し、最終的に小組が完全に政府の上に立つ体制を打ち出した。

習氏と毛で違う点は、組長の人選だ。習氏はあらゆる主要小組のトップに就任しているが、毛沢東はその頃、すでに党の絶対的な権力者であったことから組長ポストは他の幹部らに任せていた。それでも毛は小組を通じてあらゆる政策決定権を政府から奪い、掌握した。その後、中国は大躍進政策の悲劇へと突き進んでいった。

結果的に、毛が政府を抑えて進めた大躍進政策は2000万人近いといわれる死者を出し、大失敗に終わった。そこで毛は党の実権をいったん劉少奇に譲らざるを得なかったが、そこから再起を図る際にも「小組」を活用した。史上もっとも有名な小組といわれる「中央文革小組」を立ち上げて、文化大革命を発動したのだ。超法規的な形で既存の権威や枠組みを打ち壊すのは、毛の常套手段だった。

習氏が小組を多用したのは、明らかに毛沢東の流儀を踏襲したとみられる。小組の便利さは制度改革が不要な点にある。習氏は「中央全面深化改革領導小組」を皮切りに、重要テーマごとに小組を次々に設立し、政府が持っていた政策決定権をじわじわと自身に引き寄せていった。

では、小組や委員会は、具体的にはどのような機能を果たしたのか。習氏の政策の看板的存在でもある「中央全面深化改革領導小組」を例にあげて概観する。

【中央全面深化改革領導小組】（2018年3月から委員会に改組）

この長い名前の小組は、名前を見ただけではどのような機能を持つ組織なのかわかりにくい。しかし、そのわかりにくさこそがこの小組のオールマイティ性を表すといえる。同小組は、この組織自体

図表2-6
習近平氏がトップを務めた党の政策関連組織

組織	設立	備考
中央全面深化改革領導小組	2013	2018年に委員会に改組
中央国家安全委員会	2014	習氏の肩書は中央軍事委員会と同じ「主席」であるため、他の委員会より格上
中央財経領導小組	1980	18年に委員会に改組
中央ネットワーク安全・情報化領導小組	2014	18年に委員会に改組 国家コンピューターネットワーク情報安全管理センターの管理を工業情報化省から移管
中央軍事委員会深化国防・軍隊改革領導小組	2014	
中央軍民融合発展委員会	2017	
中央全面依法治国委員会	2018	司法省に弁公室を設置
中央審計委員会	2018	審計署に弁公室を設置
中央外事工作領導小組	1981	2018年に委員会に改組
中央対台工作領導小組	1954	

＊習氏の肩書は小組では組長、委員会では主任、国家安全委員会のみ主席
（出所）筆者作成

が「ミニ政府」であるかのように、政治、経済、社会、文化、司法、環境など様々な分野の大規模な改革を立案・主導し、行政全面における習氏の主導権を象徴する存在となっていった。

同組織の設置は、2013年11月の中国共産党第18期3中全会で決定した。翌2014年1月に小組の第1回会議が開かれた。報道で明らかになっている範囲では、2018年に委員会に改組されるまでに40回の会議が開催され、約300の改革案が審議された。

この組織が習氏への権力集中を図るうえでいかにオールマイティな性質を持っていたかについては、メンバーの顔触れから

も読み取ることができる。

第1回会議の名簿をみると、組長の習氏のほか、李克強首相、劉雲山・中央書記処書記、張高麗副首相という3人の中央政治局常務委員が副組長に名を連ね、党中央、政府、軍、全国人民代表大会、全国政治協商会議、最高人民法院など有力機関のすべてから合計23人の要人が顔を揃えた。

あらゆる有力機関の幹部が顔を揃えたことで、同小組は森羅万象を扱う場となった。また、本来ならば、国家の政策立案機能を指揮するはずの首相が、多くのメンバーのなかの一人になりさがってしまった。そして習氏一人が組長として、政策立案の頂点に立つこととなった。

扱ったテーマは幅広い。公表されているものでは、「財税体制改革」「戸籍制度改革」「中央管理企業主要責任者報酬制度改革」「規律検査体制改革」「科学データ管理方法」「生態文明建設」「農村土地体制改革」「中央財政科学技術計画管理改革」「外国企業投資産業指導目録（改訂）」「中国の特色ある新型シンクタンク建設」「文化体制改革」「中国サッカー改革」「都市公立医院総合改革」などがある。政府が抱える主要な改革は、すべて同小組が手掛けていた可能性が高い。

小組に関する意思決定プロセスをみても、「党が決め、政府が実行する」という関係性がみてとれる。具体的には、①政府の管轄部門（省など）が改革案のたたき台を策定する、②中央全面深化改革領導小組で審議し決定する、③必要があれば党中央政治局常務委員会や全人代常務委員会などで採択、法制化する、④政府の管轄部門が実行する――といった流れが多い。

政策の実行時も、政府が進捗状況を関連小組に報告し、監督を受けている例もある。政府はもはや独自の意思決定機能は持たず、政策の事務局か単なる執行機関に過ぎない存在になった。

習政権以前は、党と政府の関係は一応「党政分離」という性格を保っていた。毛沢東の死後、この改革を進めたのは鄧小平氏だ。1980年8月18日、「党と国家指導制度の改革」を呼びかけ、「8・18講話」を行った。そこで鄧小平は、「権力の過度の集中」「多すぎる兼職や副職」「党政不分や党が政府を代行する問題」「長期的発想に基づく指導者の承継の必要性」との4つの課題を提起し、こう訴えた。[*13]

●権力の過度の集中は、集団の知恵の発揮を妨げ、個人の専断を容易に招き、集団指導を破壊し、官僚主義が生まれる主要な原因となる
●1人の知識や経験、精力には限りがある。上下左右で兼職しても深い仕事はできない
●党中央の一部の指導者が政府の職務を担うことはやめて党の仕事に集中し、各級政府が上から下まで有効な業務システムを確立するようにする。
●これまで各級の指導機関は多くの「管理すべきでないこと」、「管理できないこと」まで管理していた。今後は、もっと下の組織や人、企業、事業、社会単位に仕事を任せるべきだ。
●我々は歴史上、何度もあまりにも過度に「党の集中統一」や「分散主義への反対」を強調し、あまりにもわずかにしか分権や自主権の必要性や個人への過度の権力集中への反対を強調してこなかった。私は、党の集中統一や分散主義への反対が間違っているのではない。「過度」であることに問題があると言っているのだ。

「党政分離」をはじめとする政治改革は、胡耀邦氏らのもとで党内民主化の動きとともに進められたが、鄧小平氏が1989年の天安門事件の影響で政治改革に消極的になってしまったため、尻すぼみに終わ

ってしまった。

また、原則的には、中国共産党の統治下ではすべての組織は党の指導下にある。そのため最初から完全な「党政分離」という状態になることはあり得ず、党と政府の切り離せない関係はどこまでいっても厳然と存在していた。

とはいえ、鄧小平氏の意向により集団指導体制が確立され、江沢民政権や胡錦濤政権下では、経済をはじめとする政策決定のリーダーシップは首相に集約された。中央政治局常務委員会のなかで党総書記と他の常務委員は「同僚」の関係であり、便宜上の序列はあっても、各委員が各自の職責を果たしながら共に党を運営する形となった。首相を兼任する常務委員も、決して党総書記の部下ではなかった。

ところが、習氏は「小組治国」を使って、「党政分離」の形を切り崩した。これまで政府が手掛けていた重要政策は、いつしか中央全面深化改革領導小組をはじめとする各種小組が司令塔となるのが常態となった。気づけば、様々な政策立案機能は習氏の手元に移っていた。

続いて2017年に始まった2期目政権で、習氏は党と政府の関係を抜本的に変える大改革に乗り出した。それが2018年3月の全国人民代表大会(全人代)で決まった「党と国家機構の改革深化プラン(方案)」だ。[*14]

同プランの重要な柱の一つが、小組という臨時的な組織の多くを委員会に格上げし、恒久組織とするものだ。「中央全面深化改革領導小組」を筆頭に、「中央財経領導小組」「中央ネットワーク安全・情報化領導小組」「中央外事工作領導小組」の合計4つの組織が「委員会」に格上げされた。小組とは異なり、委員会は法律で定められた組織であり、委員も正式に全国人民代表大会で選定された。

新たな組織も次々と設立された。「中央全面依法治国委員会」や「中央審計委員会」が設立され、習氏

図表2-7
党の指導下の「党政分離」のイメージ

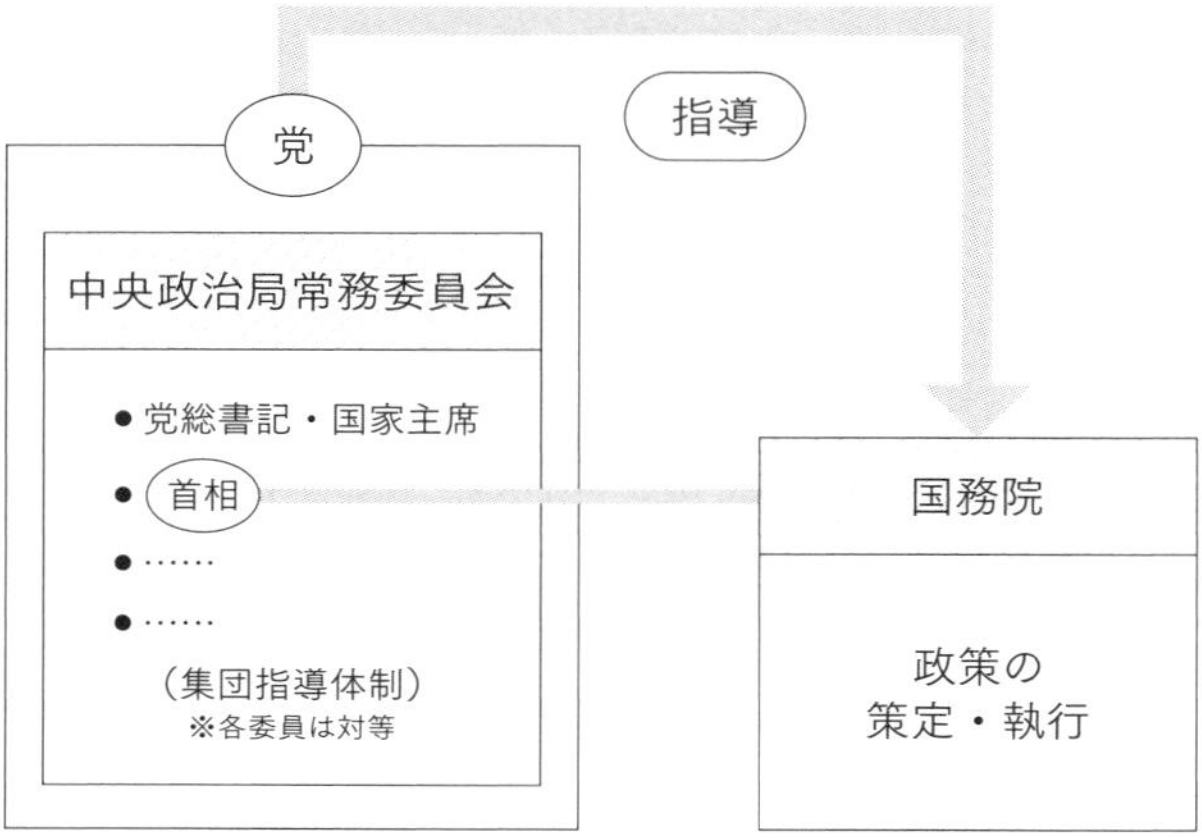

(出所) 筆者作成

が主任に就任した。

「全面依法治国」は習氏が唱える独特の法治思想であり、習政権の根幹をなす思想の一つといえる。『習近平の全面依法治国思想』として教科書も編纂され、2022年からは小中高校での授業が義務付けられたほどだ。

「中央審計委員会」は会計監査を手掛ける組織であり、政府の運営に対する党のグリップを強化するものだ。この2つの委員会の設立で、習氏は自身の権力が及ぶ分野をさらに拡大した。

党と政府の機能が重複している分野の整理整頓も図られた。基本的には、政府の機能が党に移行・吸収される形をとった。たとえば、工業・情報化省の傘下にあった国家コンピューターネットワーク・情報安全管理センターは、中央ネットワーク安全・情報化委員会弁公室の管轄下に移された。同センターは、ＩＴ関連の技術開発やインフラ建設を管理する部署だ。

一般的に委員会や小組の機能は多くの省庁にま

たがるため、事務局機能は党中央に置かれたが、委員会・小組と省庁が1対1である場合は、事務局をあえて関連省庁の中に置き、組織の融合を図った。たとえば、中央全面依法治国委員会の弁公室は司法省、中央審計委員会の弁公室は審計署、新設された中央教育工作領導小組の秘書組は教育省に置かれた。

それ以外にも「党と国家機構の改革深化プラン」による一連の改革は、党、政府、軍、政法（警察・司法）の全分野にわたり、国家統治のあり方を根底から変える大規模なものだった。すべてを記すことは難しいが、要点を次ページの図表2－8にまとめた（公務員の管理監督やメディア統制など同プランで実施された特定分野の個別改革については、後段で別途詳述する）。

習氏が実施した大規模改革の神髄を一言で表す言葉がある。

「党政軍民学、東西南北中、党是領導一切的（党・政府・軍隊・民間・学校などあらゆる分野、東西南北中などあらゆる地方について、党がすべてを指導する）」という表現だ。

習氏は第19回党大会の活動報告でこの精神を提起しただけでなく、「党と国家機構の改革深化プラン」の第1項目の冒頭にも明記した。

この言葉を発明したのは、実は習氏ではなく毛沢東だ。江沢民政権や胡錦濤政権では忘れ去られた言葉だったにもかかわらず、習氏は埃《ほこり》をかぶった大時代的な文言を再び表舞台に引っ張り出した。今では党規約にも明記され、党員が必ず学ばなければならない重要ワードとなっている。習氏はこの言葉を持ち出すことで、鄧小平の手掛けた「党政分離」の終焉と毛沢東のめざした「党政不分」への移行を暗示したといえる。

そして、3期目政権の始まりとともに総仕上げが行われた。

改革を担ったのは、2023年3月の全国人民代表大会で首相に就任したばかりの李強首相だ。李強

図表2-8
「党・国家機構の改革深化プラン」における主要な改革

改革内容	狙い
「中央全面深化改革領導小組」「中央ネットワーク安全・情報化領導小組」「中央財経領導小組」「中央外事工作領導小組」を委員会に格上げ	政府の政策決定プロセスを党に一本化
中央全面依法治国委員会、中央審計委員会、中央教育工作領導小組の設立	政府の政策決定プロセスを党に一本化
国家監察委員会を新設、監察省と国家腐敗予防局を廃止	公務員などへの監督機能を党が掌握
中央党校への国家行政学院の統合	公務員の研修機能の党への一本化
国家公務員局の機能を中央組織部に全面移管	公務員の人事権を党が掌握
報道・出版、映画の管理を政府の国家報道出版ラジオテレビ総局から切り出し、中央宣伝部に一本化	メディアに対する党の指導の強化
政府から民族、宗教、海外の華僑に関する業務を切り離し、中央統一戦線工作部に統合	対民族、宗教、華僑工作の党への統合
海警局を政府の国家海洋局の管理から武装警察部隊の傘下に移管	海警局に対する習氏や軍の影響力の拡大

（出所）筆者作成

氏は同年3月24日、国務院（政府）の組織のあり方や意思決定プロセス、職員の規律を定めた新版「国務院工作規則」を公布した。その改革は一見、地味だが、後年、中国共産党の歴史のターニングポイントとなるかもしれない内容だった。[*15]

実のところ、「国務院工作規則」の改定自体は珍しいものではない。前任の李克強首相も2013年と2018年に実施したが、従来制度をほぼ踏襲した内容だった。[*16]ところが、李強氏が発表した新規則はこれまでの政府の体制を換骨奪胎する変貌ぶりを示した。

まず大きく変わったのが、政府がどんな思想のもとで仕事をするかという根幹にかかわる「総則第2条」の内容だ。かつての李克強版は、次のような書きぶりだった。

【李克強版】

国務院の仕事は、習近平同志を核心とする党中央の強力な指導の下、中国の特色ある社会主義の偉大な旗を高く掲げ、マルクス・レーニン主義、毛沢東思想、鄧小平理論、『3つの代表』重要思想、科学発展観、習近平の新時代における中国の特色ある社会主義思想の指導により、真剣に党の基本理念や基本路線、基本戦略を貫徹し、党の全面指導を堅持し、強化する（以下略）

それが李強版では、こう変わった。

【李強版】

国務院の仕事は『習近平の新時代における中国の特色ある社会主義思想』の指導と党中央の権威と

集中的統一指導を堅持し、第20回党大会精神と党中央の決定を全面的に実現し（略）社会主義現代化強国を全面的に完成し、第2の100年奮闘目標を実現するため、中国式現代化によって中華民族の偉大な復興と団結・奮闘を全面的に推進する

違いは明白だ。李強版に明記されているのは習近平思想のみ。これまで明記されていたマルクスやレーニン、毛沢東から始まる党の重要思想や理論はすべて消えてしまった。さらに「100年奮闘目標」や「中国式現代化」「中華民族の偉大な復興」など習氏が提唱する理念や用語がふんだんにちりばめられた。

すなわち、李克強版は「政府は党の指導下にある」と定めているが、李強版は「政府は習氏の指導下にある」と宣言しているも同然だ。

総則第3条も一変した。李克強版は「国務院の仕事の守るべきルールは執政為民、依法行政、実事求是、民主公開、務実清廉である」と簡潔かつ道徳的な内容だったが、李強版はこう変わった。

【李強版】

国務院の職員は旗幟鮮明に政治を語らなければならない。（略）『習近平の新時代における中国の特色ある社会主義思想』によって頭脳を武装化し（略）、思想上も政治上も行動上も習近平同志を核心とする党中央と高度な一致を保ち、不断に政治的判断力や政治的理解力、政治的実行力を向上させ、党の指導を政府の仕事のあらゆる領域と過程に落とし込まなければならない

以前は一般的な官吏の心得だった第3条は、「習氏に対する政治的正しさ」を求めるイデオロギー条項に姿を変えた。

さらに李強氏は、政権の意思決定プロセスを激変させた。これは、党と政府のあり方における「暗黙の了解」を根底から覆した破壊的改革といえる。

これまで中国における政府の最高意思決定機関は、「国務院全体会議」と「国務院常務会議」だった。全体会議は半年に1回しか開かれないため、通常の政策や法律は週1回開かれる国務院常務会議で決定してきた。同会議は首相が招集し、副首相、国務委員、弁公庁秘書長が出席することになっている。従来の国務院常務会議の役割は、こう定義されていた。

【李克強版】

①国務院の仕事の中で重要な事項に関する討論と決定
②法律草案の討論と行政法規草案の審議
③その他重要事項の討論と通知

ところが、李強氏はこう変えた。

【李強版】

①党中央に審議・決定を仰ぐ重要事項に関する討論
②国務院全体会議が審議する必要がある重要事項に関する討論

③法律草案の討論と行政法規草案の審議
④国務院の名義で発出する重要文書の討論
⑤その他、国務院常務会議が決定・通知する重要事項

李強版によれば、重要事項を決めるのは党中央であり、国務院常務会議はもはや党中央が審議するための項目を整理するだけの通過機関にすぎない。つまり首相の実質的権限は、消滅したといえる。常務会議の開催頻度も、長年続いた「週1回」から「月2〜3回」に減らされた。これは会議の重要性が下がったことに加え、その事実を対外的にも知らしめる意図があると思われる。

一方で、首相の仕事として新たに追加されたものもある。「2か月に一度の勉強会の主催」だ。テーマは首相が決めるとされ、その内容は「習近平総書記の重要講話や指示、要求の貫徹と実現に関するものや、党中央や政府の決定、政策について知識を深め職務遂行能力を高めるもの」と定義された。

李強氏が、習近平氏の発言や論文を毎回のテーマとして取り上げるのは間違いない。それを名だたる政府幹部らが必死になって学んだ後、各省庁や地方政府を通じて全国津々浦々へと広がっていく仕組みになるだろう。政府は政策決定権を持たない執行機関にすぎない存在となっただけではなく、そのトップである首相の役割も、「政策の司令塔」から「習近平思想の伝道師」へと変わってしまった。

習氏は2012年秋に党総書記に就任して以降、10年間かけてじわじわと党と政府の関係を変えてきた。李強氏は習氏が手掛けてきた「党と政府の一体化」の総仕上げをしたにとどまらず、国務院の定義を「党の指導下」から明確に「習氏個人の指導下」に転換した。首相就任からわずか10日あまりで、鄧小平氏がめざした改革に終止符を打ったといえる。

もちろんこれは李強氏自身の意思というよりも、習氏の望みを踏まえた李氏の献身の証といえるだろう。最初の奉公として、自らの手足を断ち切ったうえで習氏に「献上」したと言い換えることも可能だ。

李氏は習氏が寵愛するだけあって、有能で人当りもよい人物なのだと思われる。そして、3期目政権がスタートして以降、李強氏の打ち出し方をみれば、習政権としては対外的にも「強いリーダーシップを持ち、経済に明るい首相像」を推進していく考えだとみられる。

しかし、重要なのは「李氏が首相として何をめざすか」だ。真っ先に政府を死に体とする改革を手掛けた点を見る限り、李強氏から「政策決定機関」のトップとしての矜持は伝わってこない。

李氏の眼中には、党も政府もなく習氏あるのみ。習氏の意向を素早くとらえ、先回りして仕事をすることはあったとしても、習氏の向こうを張って経済原則を守るような政権運営をする可能性は低いと考えるのが妥当だろう。足元でどのように開明的な経済政策を唱えようとも、その真のめざすところは、習氏ただ1人を「人民の領袖」として抱く偉大な国家づくりなのだと考えられる。

3期目政権のスタートと同時に、「党と国家機構の改革プラン」も発表された。これは2018年の「党・国家機構の改革深化プラン」を補完するもので、金融部門や科学技術部門、香港・マカオ政策など18年の改革プランに含まれなかった重要政策分野において党と政府の一体化が図られた。[*17]

日本ではあまり報道されなかったが、注目すべき点として「中央社会工作部」の設立がある。その目的は、次のように書かれている。

「人民の陳情や人民の意見を集める仕事を統一的に指導し、基層の統治と政権基盤の建設を主導するための党組織の建設を推進し、全国の業界団体と商工会議所の党活動の統一的指導を担当するとともに、改革の深化と発展を調整・促進し、混合所有企業や非公営企業、新しい経済組織、新しい社会組織、新

図表2-9

「党と国家機構の改革プラン」の主な内容（2023年3月）

内容	目的
中央金融委員会を設立	党が金融政策を統一的に指導
中央金融工作委員会を設立	金融部門における党の政治、 思想、組織建設などを指導
中央科学技術委員会を設立	党が科学技術政策を統一的に指導。 軍民融合を加速
中央社会工作部を設立	社会の基層における統治を強化
中央香港マカオ工作弁公室を設立	党が香港・マカオ政策を主導

（出所）筆者作成

しい雇用グループにおける党組織の建設を指導し、社会工作を指導する人材チームの建設を指導するなど、党中央の機能部門となる」

社会の様々な部門にある党組織の運営・指導や新たな組織づくりは中央組織部が担当してきたが、中央社会工作部は党のネットワークが及びにくかった、さらに広範な層への働きかけをめざしていると思われる。中国で急増しているフードデリバリーなどのギガワーカーといった新しい労働者や、住民組織への思想工作や統治の強化が目的だろう。

インターネットや新しい働き方の登場により、中国でも社会は自然と多様化の方向に向かっている。人々の生き方や考え方が多様化すれば、中国共産党のようなイデオロギーによる一党独裁はやりづらくなるのは間違いない。

習近平政権下で党内の統制はこれまでにないほど強まったが、なにしろ党員は14億人中1億人ほどしかいないのだ。中央社会工作部の設立は、放置しておけばバラバラになりかねない社会の基層をいかに引き締めるかという習政権の危機感の表れとみられる。

大きな柱となった金融業界と科学技術分野は中国が今後、米中対立が常態化した世界で生き残っていくうえで必要不可欠な産業だ。科学技術分野では、従来も軍民融合を掛け声に国有企業や民間企業、研究機関やベンチャー企業に国や地方関連のファンドマネーが流れていたが、党が全面的にその指導に乗り出したことで、一層、「挙国体制」での統合的な技術開発が進むだろう。

一方、金融分野は大きく流れが変わることになる。これまで金融業界は中国のなかでももっとも「西側的」な生き方が許された業界だった。世界の金融業界と渡り合う必要性があるためだ。業界の人々は英語や金融理論を理解し、欧米の人々とのコミュニケーションにも長け、高額の報酬も得ていた。

しかし、その特権にも終わりが見えつつある。号砲となったのが、2023年2月に中央規律検査委員会と国家監察委員会が共同で出した文書だ。「反腐敗闘争の攻略戦・持久戦に必ず勝つ」というよくあるテーマだったが、繰り返し金融業界に言及したうえ、その表現が激烈だった。

特に話題を呼んだのが、「『金融エリート論』『唯金銭論』『西側に見習え論』など誤った思想を打破する」という表現だ。「『例外論』『特殊性』『優越性』『業務上の需要論』など誤った論調は、必ず捨て去る」とも言明した。[*18]

その言葉を実行に移すかのように、翌月の「党と国家機構の改革プラン」では金融業界の指導が党に全面移管されただけでなく、業界における思想工作などを担うという中央金融工作委員会も設置された。金融業界のトップエリートとされた「西側的」な人材にとっては、生きづらい時代となる可能性が高い。

変化の象徴が中国人民銀行（中央銀行）のトップ人事だ。2023年3月に発表された習近平3期目政権の閣僚級人事で易綱総裁が留任し、一連の人事のなかでも最大のサプライズとされた。

なぜサプライズだったのか。易氏は2022年10月の共産党大会で党序列上位約380人の中央委員・中央候補委員から外れていたためだ。主要官庁のトップは大半が中央委員であるため、交代が濃厚とみられていた。

易氏は米国で経済を教えた経歴を持つ開明派で、海外での評価も高い。退任が確実視されていた同氏の続投により、西側には「習氏もやはり市場に配慮し、優秀な人材を尊重している」として安心材料とする見方も出たが、現実は違う。

前総裁の周小川氏も中央委員の退任後に総裁3期目を続投することが決まったが、その際には副首相級待遇を与えられた。中国共産党において、序列や待遇は重要だ。ヒラ党員でしかない易氏は実務家や対外的なスポークスマンとして便利に使われても、政策決定権はほぼないだろう。

つまり「ヒラ党員となった易氏を重用するのは能力重視だからだ」と考えるべきではなく「中国における中銀総裁はヒラ党員が務めればよいポストに陥落した」と考えるべきではないだろうか。中銀総裁の落日は明白だ。そして、それは金融業界の落日でもある。

今や政府にあるべき多くの重要部門には、ミラーリングのように党の側にも同等の機能を担う組織が設置された。そして政府にあった権限は党に吸い取られつつある。

統治の形は整った。習氏を次に待つミッションは、「人の心をどう従わせるか」となる。

「刑と徳」方式による官僚支配——韓非子に学ぶリーダー論

習氏は演説や対話でよく中国の古典を引用する。古典に通じていた毛沢東を模倣しているといわれることもあるが、習氏自身も歴史や古典好きである可能性は高い。なかでも習氏が重視している古代哲学が、中国戦国時代末期の思想家「韓非子」の教えとみられる。

人間不信のリーダー論とも呼ばれる韓非子の思想は、「冷徹なルールがなければ国や人を治めることはできない」とする「法治」を説き、秦の始皇帝に重用された。

習氏は「法治」を自身の統治の柱に据え、「全面依法治国思想」として学校で教える重要思想ともしている。この「法治」という表現が、民主主義国家の「法の支配」と混同されやすいことから、西側陣営からは「現実と違うではないか」と批判される材料にもなっている。

しかし、習氏が語る法治は、西側の「法の支配」とはまったく異なる概念だ。「法の支配」から考えるのではなく、韓非子をはじめとする「法家」の思想の流れを汲むものととらえれば理解しやすい。

習氏は、韓非子のこんな言葉を引用したことがある。

「国に常に強きものなく、常に弱きものなし。法を奉ずること強ければ則ち国強く、法を奉ずること弱ければ則ち国弱し」(国の強弱は定まったものではない。しっかりと法治をする国は強くなり、法治の弱い国は乱れる)

韓非子にとって「法」とは、権力者が厳罰をもって民の行動にタガをはめ、それによって社会全体の秩序と治安が保たれる状態を意味した。その韓非子の世界観は、中国共産党の絶対的指導のもとで「党政軍民学」が一糸乱れず統制されている状態と相通ずる。

韓非子の思想は、国家の統制に加え、「権力者が臣下をどう操縦し、権力を維持するか」を説いたリーダー学でもある。もっとも有名な件《くだり》は、「二柄論」だ。

「明主の其の臣を導き制する所は二柄のみ。二柄とは刑、徳なり。殺戮之れ刑と謂い、慶賞之れ徳と謂う。人臣為る者は誅罰を畏《おそ》れて慶賞を利とす。故に人主、自ら其の刑徳を用いれば、則ち群臣、其の威を畏れて其の利に帰せん」

（優れたリーダーがその部下をコントロールするためには、2つの柄を握るしかない。2つの柄とは、刑と徳だ。刑とは殺戮であり、徳とは褒賞だ。臣下は処罰を畏れ、褒賞を喜ぶ。ゆえに、リーダーが自分自身で刑と徳を実行するようにすれば、群臣はリーダーの威光を畏れ、リーダーの求めるように動く）

習氏が実施したいくつかの改革は、まさしくこの二柄論を実践している。党や軍で展開した「反腐敗闘争」は「刑＝殺戮」であり、多くの政敵が社会的に抹殺された。一方で、習氏は習派の部下を積極的に抜擢してきた。党の慣例や適材適所を超越した登用は「徳＝褒賞」であり、「習氏への忠誠に対する恩賞」だと誰がみてもわかるようになっている。

二柄論と習氏の統治の関連で重視すべき点は、「人主、自ら其の刑徳を用いれば」の件だ。習氏が手掛けた改革をみると、習氏がこの教えを忠実に実行していることがみてとれる。信賞必罰を厳格化しただけでは意味がない。「誰が刑罰と褒賞を決めているのか」を末端までが思い知ってこそ、意味があるのだ。

2018年3月、二柄論を組織の形に落とし込む改革が実施された。「党と国家機構の改革深化プラン」のなかの人事に関する組織改革だ。これにより、「則ち群臣、其の威を畏れて其の利に帰せん」との言葉が具現化された。政府の官僚が党と習氏に忠誠を誓い、習氏のために身を粉にして働く仕組みだ。

■国家監察委員会の設立

第1の改革として、あらゆる公職者を強大な力で監督する「国家監察委員会」を新設した。これまでも公務員の不正や汚職を調査・摘発する部門には、監察省と国家腐敗予防局があった。だが、これらの組織はあくまで政府の一部門であり、他の省庁に対する強制力は必ずしも強くなかった。

そこで、従来の2部門は廃止し、新たに政府から独立し、各省庁への強制力を持つ機関を設立した。「改革深化プラン」は、その狙いをこう説明している。

「反腐敗活動に対する党の集中的、統一的な指導を強化し、党による監督と国家機関による監督の有機的な統一を図り、公権力を行使するあらゆる公職者に対して網羅的な監察を実現する」

国家監察委員会には、監察省と国家腐敗予防局の職責および、最高人民検察院の汚職・腐敗の取り調べに関する職責を統合した。業務は党中央規律検査委員会と合同で行うこととし、党の権威や機能との一元化を図った。

憲法にも国家監察委員会に関する新規定を明記し、国家運営の基幹を成す組織として政府と並ぶ権威を与えた。全国津々浦々まで目を光らせるために、憲法には省や市、県などの地方にもそれぞれ監察委員会を設けると定めた。

主な憲法の規定はこうだ。

- 国家行政機関、監察機関、裁判機関及び検察機関は人民代表大会によって選出され、人民代表大会に対して責任を負い、人民代表大会の監督を受ける。（3条3項）
- 国家監察委員会は独立して監察権を行使し、行政機関や社会団体及び個人の干渉を受けない

（127条）

●県級以上の地方各級人民代表大会は監察委員会主任、人民法院院長及び人民検察院検察長を選挙、罷免する権限を有する（101条2項）

国家監察委員会の職責を規定する「監察法」も新たに制定された。そこに記された監察対象や委員会の職責は以下のとおりとなる。

【監察対象】

●すべての党・政府機関の公務員など
●授権や委託による公的業務への従事者
●国有企業の管理職
●公立の教育・研究・文化・医療・スポーツなどの組織の管理職
●住民自治組織の管理職
●法にもとづき公職に携わる者

【国家監察委員会の職責】

●尋問や資産の照会・凍結、住居などの捜索、証拠品の取得や差し押さえなどの権限を持つ
●重大な職務上の法律違反や犯罪の疑いがあり、逃亡や証拠隠滅の恐れがある場合は、留置措置を講じることができる

監察法の職責をみると、警察機関と同等の強い捜査・執行権限を持つことがわかる。党組織とは別の機関ではあるが、中央規律検査委員会と必ず合同で業務にあたることが定められているため、監察される側からみれば、党から監察を受けるのと変わらない。すなわち公務員の生殺与奪の権利を握るのは、党となる。公務員が生き残っていくためには、党の方針を窺いながら仕事をすることを余儀なくされることになった。

■国家公務員局の機能の全面移管

第2の改革として、政府の人事機能をすべて党の中央組織部に統合した。これまで国家公務員局が担っていた公務員の人事や賞罰、研修、給与・福利厚生に関する事務など人事に関する業務は、すべて中央組織部に移管した。国家公務員局は、看板だけが残ることになった。

「改革深化プラン」は、狙いをこう説明している。

「公務員に対する党の集中的統一的な指導を強化する」

一般の企業でもそうであるように、あらゆる組織の権力の根幹をなすのは人事権だ。昇格は「徳」、降格は「刑」であり、「2つの柄」の役割を果たす。習氏は公務員をコントロールする「魔法の杖」を李克強首相から取り上げ、自らの手中に収めた。そのような状況下では、政府の官僚らは、首相よりも習氏の顔色を窺いながら仕事をするようになるのは間違いない。首相のポストは事実上の「お飾り」になったといえる。

党の人事を担ってきた中央組織部は、党と政府の双方の人事を管轄することとなった。習氏は2期目政権で、中央組織部長に自身の腹心中の腹心といえる陳希氏を配した。陳氏は習氏が清華大学の学生だった頃のルームメートといわれる。ずっと清華大で務めていたが、習氏が2007年に中央政治局常務委員として中央入りを果たして以降、突然、短期間のうちに政府や党組織、地方でキャリアを重ね、習政権下で中央組織部に入った。

陳氏は習氏の意向を最大限実現しながら、習氏の勢力が拡大するよう、党と政府の人事で差配を振ったとみられる。

■エリート教育機関の統合

政府の人材育成機関だった「国家行政学院」を、党の幹部育成機関である「中央党校」に統合した。エリート教育においても、「党の集中的統一的指導」を強化するのが目的だ。将来の政府を担うテクノクラート（技術官僚）にイデオロギー教育を徹底する狙いも大きい。

党の方針と政府の人材教育の足並みが揃わなければ、将来の党の基盤にヒビが入る恐れもある。そこで2つの学校をまとめたうえで、左記の任務を定めた。

- 全国の高中級幹部や中青年幹部への研修
- 重大理論や現実の問題の研究
- 習近平の新時代における中国の特色ある社会主義思想の研究と宣伝
- 党中央への政策コンサルタントサービス
- マルクス主義理論の中核となる人材の育成

図表2-10

2018年「党と国家機構の改革深化プラン」後の党の人事支配

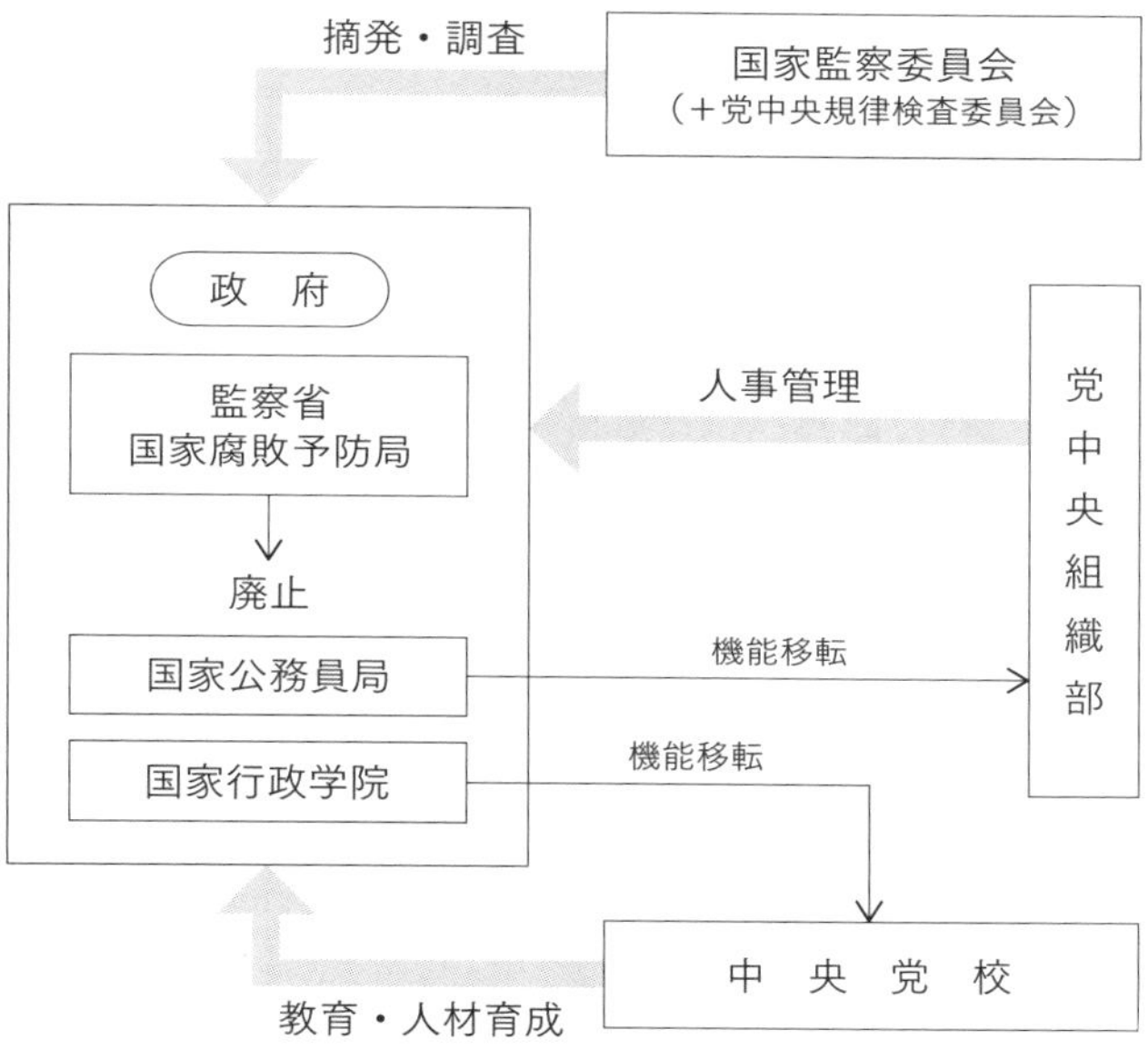

（出所）筆者作成

国家行政学院については、名前だけは残したうえで中央党校と並んで看板も掲げるとした。ただ、組織は中央党校に一本化し、党中央直轄の事業体とした。

習氏は監察権と人事権を政府から奪い、官僚を操縦する「2つの柄」を完全に握った。「党政不分」は人心の面からも補強され、習氏に逆らう勢力が生まれる余地はますます狭まった。

強大な権力は政治の安定を意味するが、その一方で弊害も生まれている。

今、中国の官僚たちは萎縮しているように見える。その影響が最悪の形で現れたのが、2020年から始まった新型コロナウイルスの拡大防止策として実施された「ゼロコロナ政策」だろう。新型コロナウイルスの感染拡大を防ぐため、約3年間続いた同政策で経済活動は低迷し、多くの人が職を失い、平凡な日常を奪われた。多くの官僚が理不尽な実態に気づいていながら、思考を停止し、ひたすら上からの命令に従った。習氏の政策に異を唱えることのリスクが高すぎるためだ。

中国の官僚には本来、優秀な人が多い。彼らが委縮することは人材の無駄遣いだ。それでもあえて統制を優先する習氏の心情も、韓非子の思想から読み解けば理解ができる。

韓非子に「侵官の害」という話がある。

「人主、将に姦を禁ぜんと欲せば、則ち刑名を審合すとは言と事なり」

(リーダーが臣下の姦計を防ごうとするならば、職責と成果、部下の言葉と実績を整合させる必要がある)

▼昔、韓の昭侯が酔って居眠りをした。冠係の役人が風邪を引くのを心配して着物をかけた。目をさました昭侯は「誰が着物をかけてくれたのか」と周りに尋ねたところ、冠係が気を利かせたと知った。そこで昭侯は冠係と着物係を罰した。

着物係が罰せられたのはなぜか。それはやるべき職責を果たさなかったからだ。では、君主を思って気を利かせた冠係が罰せられたのはなぜか。それは職責を超えた仕事をしたからだ。

権力者の側からみれば、臣下が職責を超えて臨機応変に任務を果たす状況は、思わぬ成果を期待できる反面、臣下が何をするかが予測できず、いつ裏切られるかわからない不確実性をはらんでいる。権力者にとっては、臣下が与えられた職責だけを朴訥にこなし、秩序が維持されている状況のほうが、ずっと安全性が高く望ましい状況なのだ。

突き詰めていえば、権力者にとって最大の目標とは、成果を最大にすることではなく、部下の裏切りを防ぎ、権力の座を脅かされることのない状態をつくりあげる点にある。

韓非子は、昭侯の考えをこう説明した。

「君主は寒さを厭《いと》わなかったわけではない。臣下が職責を侵す害のほうが、寒さよりも甚だしいと考えたためである。職責を超えれば死罪とし、言葉通りにできなければ処分する」

いま中国共産党の党員や中国政府の公務員に求められているのは、「冠以外の業務には絶対に手を出さない冠係」だ。

こうした規律が浸透するに従い、中国の官僚の間では委縮の状態を通り越し、「躺平《タンピン》（寝そべり）」という風潮も広がり始めた。せっかく能力を発揮して頑張っても、「侵官」だと言われれば死罪になりかねない。

「それなら躺平して無難に生きたほうがよい」と考えるのは自然の流れだ。中国の経済や社会が風邪を引こうとしている状態を目の当たりにしても、決して着物をかけたりしない――。そんな鉄のマインドがなければ、中国の苛烈な生存競争を生き残ってはいけないのだ。

だが、それは組織の劣化にもつながりかねない。習氏は2021年1月に開かれた中央規律検査委員会の全体会議でこんな苦言を呈した。[*19]

「ある者は任務への責任感に乏しく、仕事を怠け、苦難を厭い、表面だけ取り繕っている。ある者は複雑な問題や矛盾を前にして無策のまま手をこまねき、喫緊で重大な任務を前にして強い意志をみせず、辛い仕事に耐えられず、大事なところで粘れない」

「ある者は口先ばかり達者で、威勢ばかりよく、口は動くが手は動かさない。ある者は党が連携するよう命じても形ばかりで、きちんと連絡をとりあって実際に成果を出すことができない。ある者は党に指示されて初めてようやく動き出し、指示されなければ動こうともしない。私の指示は最後のデッドラインであるべきだ。まさか私の指示がなければ、いつまでも仕事をしないつもりじゃないだろうな」

習氏自身も官僚たちの現状と問題に気づいている。こうした演説からはいら立ちも垣間見える。だが、人心操縦に長けた習氏といえども、この問題の解決は難しいかもしれない。なぜなら、人々が指示を待たずに創意工夫して働く組織をつくるには、部下を信じて仕事を任せるリーダーの存在が不可欠であるからだ。これは韓非子のリーダー論とは真逆のノウハウであり、習氏が築いてきた「法治」の世界とも両立は難しい。

「2つの柄」を強く握りすぎれば組織の活力は失われ、力を緩めれば自身の支配力がリスクに晒される――。この二律背反の難題は、中国における民間のイノベーションと党の統治をどう両立させるかという命題とも通ずる。習氏がこのトレードオフとどう向き合うかは、中国の将来を左右する大きな課題となりそうだ。

指導部選出プロセスの〝民主〟――「長老排除」と「踏み絵」の発明

習近平氏は2017年の中国共産党大会で、もう一つ重要な改革を手掛けた。中国の指導部を担う中央政治局員の選出方法を変えたのだ。この改革を通じて、習氏は自身に忠実な人物を厳選して引き上げる仕組みづくりに成功した。同時に、幹部選出における党長老の影響力を削減した。

そもそも中央政治局員はいったい、どのようにして選ばれるのか。まずは5年に一度の中国共産党大会の仕組みを改めて概観する。

党大会には全国の党員から選ばれた代表が出席する。そして代表たちは中央委員（200人程度）、中央候補委員（150〜180人程度）、中央規律検査委員（130人程度）を選出する。この3つの委員については候補者リストのなかから投票で選ぶが、わずかに落選者が出る「差額選挙」となっている。その後、中央委員のなかから中央政治局員が選出され、そのなかから最高指導部である中央政治局常務委員が選ばれる。

指導部メンバーの選出プロセスは、基本的に秘密のベールに包まれている。一般には、現役の指導者らと党長老らが激しい権力闘争を展開しながらメンバーを調整しているといわれており、その象徴的な存在が河北省の海辺のリゾート地、北戴河で毎年夏に開かれる有名な「北戴河会議」だろう。

確かに、かつては現役と長老らによる話し合いで次期指導部メンバーを決めていた。だが、2人の党総書記がこのプロセスに大きな改革を施した。1人は民主主義的な指導者選出をめざした胡錦濤氏、そしてもう1人は、胡錦濤氏の唱えた「民主」の看板を活かしながら中身を換骨奪胎した習氏だ。

胡錦濤氏は、中央政治局員の候補者を「選挙」に似た形で絞り込む制度を創設した。それは「民主推薦」という制度で、投票によってこれまで顧みられなかった党員の意見を候補者選びに反映することを可能とした。

最終的には現行指導者と長老らの調整でメンバーが決まるものの、中国共産党にとっては歴史に残る変革だったといえよう。おそらく胡錦濤氏は、小さな一歩から始めつつ、いつかは民主主義国家のよう

図表2-11

中国共産党の組織図

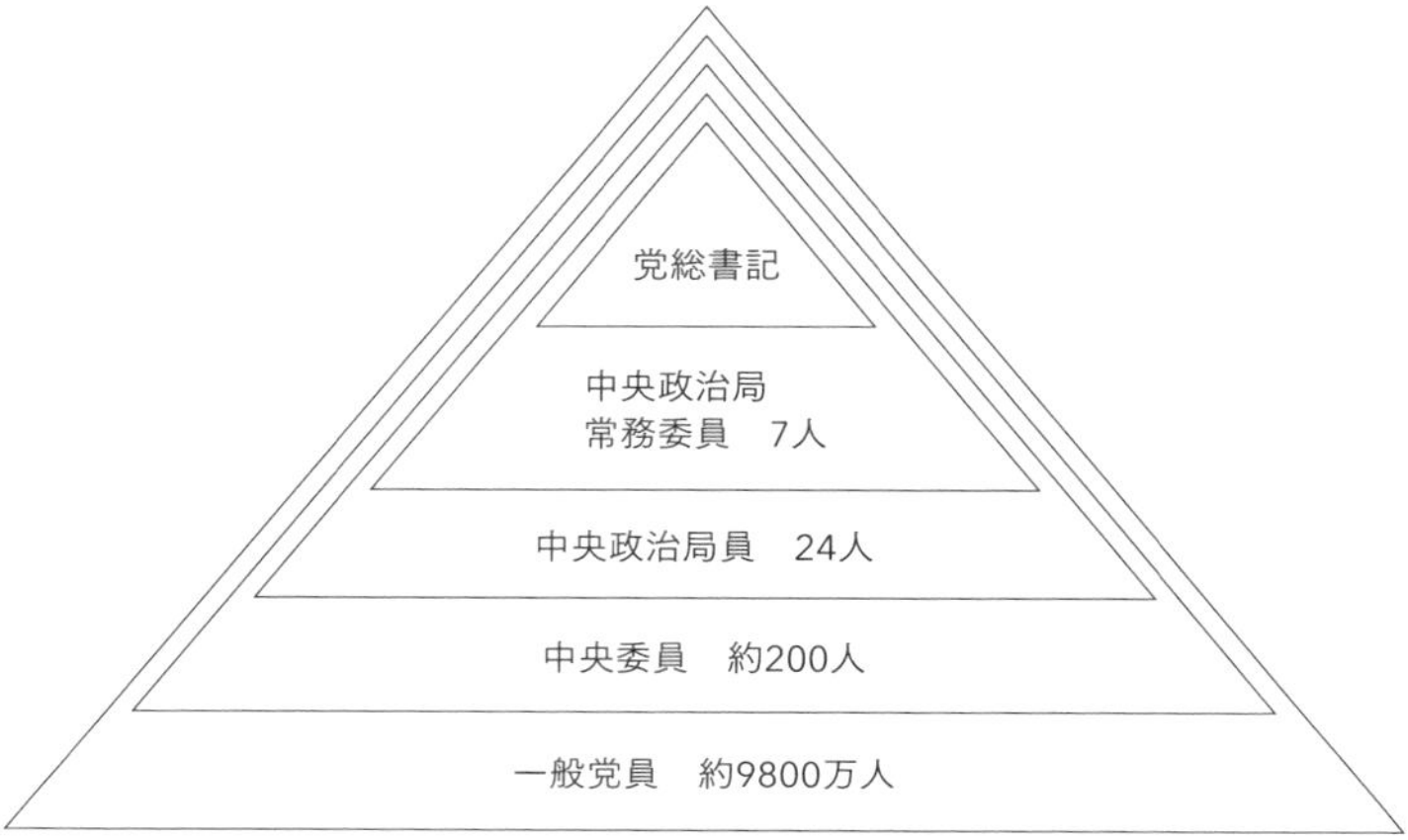

＊2022年末時点

な本格的な選挙に発展していくことを期待していたのではないだろうか。

新制度は、胡錦濤政権が2期目に入る2007年10月の第17回党大会に向けて準備が進められた。党大会後の人民日報の報道によると、次のようなプロセスで民主推薦が実施された。[*20]

①2007年6月25日に北京で現行の中央委員、中央候補委員ら約400人が参加し、次期中央政治局員の候補者をリストから投票で絞り込む「党員領導幹部会議」を開催した

②参加者には「63歳以下の正部長級と正大軍区級正職幹部など政治局員候補の条件にかなった200名近い人物リスト」を参考資料として提供すると同時に、表紙に「中央政治局員の候補として新たに提案する民主推薦票」と書かれたオレンジ色の投票用紙を配布

③参加者は新しい中央政治局員にふさわしいと考える人物に投票した

④現行の中央政治局常務委員会と中央政治局は民主推薦の結果を参考にしながら、様々な条件を勘案して新指導部メンバーの提案リストを作成した
⑤２００7年9月27日に中央政治局常務委員会で新指導部の候補者提案リストを承認
⑥10月21日の第17回党大会で新たな中央委員と中央候補委員を選出した
⑦10月22日の第17期中央委員会第一次全体会議（1中全会）で新指導部を決定した

胡錦濤氏は制度の導入にあたり、こう語った。

「鄧小平同志はかつて『中国の問題のカギを握るのは、優秀な中央政治局があるかどうかだ。それさえあれば問題は起こらず、中国は泰山のように安泰だ』と述べた。党中央が今回、民主推薦の導入を決めた意義は非常に大きい。こうしたやり方は優秀な人材を選び出し、党と国家のリーダーを生み出すシステムを整え、党内の民主制度の建設を進めることに役立つ」

民主推薦は票数や結果は公表されないため、民主主義社会における選挙と同等に語ることはできない。それでも、胡錦濤氏の言葉からは「党の民主化」にかける強い思いと、将来に向けての大きな布石を打ったとの自負が滲み出る。

ところが、丹精を込めてつくりあげた制度は、たった2回活用されただけで歴史から姿を消してしまった。２０１7年の第19回党大会に向けた指導部選出で、習氏が「民主推薦」をあっさり撤廃したためだ。

習氏は胡錦濤氏がつくった制度を単純になくしたわけではなかった。習氏は胡氏が唱えた「党内の民主制度の建設」という理念自体は否定せず、むしろその看板を積極的に活用した。「さらに民主的な手法

にする」との触れ込みで、「ヒアリング方式」という習氏独自の制度を導入したのだ。

新方式は胡氏の民主推薦と同様、「候補者選考プロセスに党員の意見を取り入れる」という目的を掲げた。だが、意見を取り入れる方式は、投票からヒアリングに変わった。なぜヒアリングが投票よりも「さらに民主的」なのか。習政権の主張によれば、票の売買や利害関係者への投票といった不正を防ぎ、党員からじっくりと話を聞くことで、より公平かつ正確に党員の民意を反映できるからだという。

人民日報は、民主推薦（この記事では「会議推薦」という用語を使用）を廃止した理由について、次のように説明している。[*21]

「第17回と第18回の党大会では『会議推薦方式』を採用したが、（選考結果への）票の配分を強調しすぎたため、弊害も生まれた。『関係票』や『人情票』が横行したほか、周永康、孫政才、令計画らが会議推薦方式を利用して票集めや収賄に手を染めていたことを党中央は調査で把握した」

周永康や孫政才、令計画は、いずれも習氏が反腐敗闘争を通じて失脚させた江沢民派や共青団派の大物だ。

この解説からは、民主主義社会の選挙制度に対する習氏の拭いがたい不信がみてとれる。習氏は選挙制度について、2021年10月に開いた全人代工作会議でこう語ったことがある。

「国民が選挙の時だけ聞こえの良いスローガンを聞かされ、選挙後は何の発言権もなく、票を集める時だけ甘やかされて選挙後は疎外される。これは真の民主ではない」

同じ会議でこうも述べた。「国の政治制度が民主的かという評価は、国家指導者層が法に従い、秩序をもって交代できるかどうかで決まる」。

海外では、この発言の「法や秩序をもって交代」という部分に注目し、「習氏は3期目就任をめざさないことを示唆した」といった推測が流れた。だが、その見方は習氏の意図とはまったく異なる。習氏にとって「法」が意味するのは、韓非子など中国の法家の流れを汲む思想であり、権力者のもとで社会が秩序だって統制されている状態を意味する。

つまり、この発言は、米国の大統領選のような「対立と混乱の極みのなかでの指導者の交代」を批判したものだ。自身の3期目就任は習氏にとっては憲法に則《のっと》った秩序ある動きであり、「民主的」だという評価になる。

そして、このロジックからいえば、「収賄などが横行した」という胡錦濤氏の民主推薦は「民主的ではない」との評価になる。

第19回党大会の終了後、人民日報はヒアリング方式の経緯と詳細を公表した。

①2017年のはじめ、習氏は次期指導部のメンバーの選出方法について中央政治局常務委員会で議論を開始した。「次期中央政治局員、中央政治局常務委員、中央書記処メンバー、中央軍事委員会委員、国務院の指導者、全国人民代表大会と全国政治協商会議の指導者の選定はヒアリング方式を採用し、一定の範囲内の党幹部から推薦や提案の意見を聞き取る」との案が全会一致で決定した。

②4月24日に中央政治局常務委員会でヒアリング方式のやり方を決定。「習氏の直接の指導」のもとでヒアリングを進めると定めた。

③4～6月にかけて習氏は党や国務院の指導者、中央軍事委員会委員、党の長老ら57人に直接ヒアリングを実施。党中央の指導者たちは党幹部や軍幹部合計258人、中央軍事委員会委員は軍幹部32人から意見を聴取。面談は中南海の応接室で実施した。

④9月29日に中央政治局常務委員会がヒアリングを基に次期指導部候補者リストを決定
⑤10月24日の第19回党大会で中央委員、中央候補委員を選出
⑥10月25日の第19期中央委員会第一次全体会議（1中全会）で中央政治局常務委員、中央政治局員が最終決定した。

習政権が主張するように、ヒアリング方式でも党員の意向を反映することは可能だろう。腐敗が蔓延していた胡錦濤時代に不正な投票行為があった可能性も否めない。その一方で、ヒアリング方式は大きな問題点を抱える。２０１７年時点において、習氏はすでに軍や党組織を掌握しつつあった。

そんな情勢下に「習氏の直接の指導のもと」で行われるヒアリングで忌憚のない意見を述べることができる党幹部がどれほどいただろうか。下手な意見を出せば、自らが左遷されたり、失脚したりしかねない。ヒアリング対象に選ばれた党幹部らは、おそらく必死に習氏がどの人物の選出を望んでいるかを忖度しただろう。候補者を評価する際にどんな表現を使うかも、決して気を抜くことはできない。自分の考え方が、習思想に沿っているかいないかの重要な判断材料になってしまうためだ。

聞き取り調査をする担当者にとっても、「どんな報告を習氏に届けるか」は死活問題だ。内容によっては、習氏の不興を買いかねない。

つまりヒアリング方式に参加した全員にとって、ヒアリングとは習氏への忠誠度合いをチェックするための「踏み絵」の意味合いを帯びていた。いくら手法が公正・公平でも、最初から結果にバイアスがかかる仕組みとなっていた。

ヒアリングの足枷はそれだけではない。習氏はヒアリング方式の実施にあたり、「政治局入りするにふ

さわしい党員の条件」について、次のように示していた。

1、党に忠誠を誓い、信念が固く、「4つの意識（政治意識、大局意識、核心意識、党にならう意識）」と「4つの自信（中国の特色ある社会主義路線への自信、理論への自信、制度への自信、文化への自信）」を堅持し、習近平の新時代における中国の特色ある社会主義思想を貫徹し、習近平同志を核心と位置付ける党中央と高度に一致し、マルクス主義政治家として資格を持つこと

2、リーダーとしての能力が高く、実践経験が豊富で、強烈な革命事業への心を持ち、改革創新と実事求是の精神があり、仕事に熱心で、正しい業績観を持ち、仕事の業績が突出していること

3、民主集中制を先頭で執行し、率先して習近平同志を核心とする党中央の権威と指導の一元化を守り、同志を団結させ、正義があり、心が広いこと

4、共産党員としての世界観、人生観、価値観を持ち、先頭に立って原則を堅持し、党の規律と規則を守り、真面目かつ清廉潔白で、党内外に比較的よいイメージと威信があること

2番目と4番目の条件は、仕事ぶりや人柄に関する一般的な評価といえるだろう。しかし、思想的要件となる1番目と3番目は、「習氏への忠誠心」が条件としかみえない。

比較のために、胡錦濤氏が第17回、第18回の党大会で民主推薦の選考基準として示した条件も振り返ってみよう。人柄や仕事ぶりに関する項目はほぼ同じ内容だったが、思想的要件については、こう書かれていた。

「中国の特色ある社会主義の偉大な旗を高く掲げ、鄧小平理論と〝三つの代表〟重要思想を堅持し、科

学的発展観を実施し、党の路線、方針、政策を堅持し、党中央と高度の一致を保つ」

胡氏は鄧小平、江沢民、胡錦濤と続く中国共産党の指導者の思想をすべて支持することを求めていた。習氏はそれら先人の思想には言及せず、自身の思想と自身の地位を支持することのみを要求した。「党中央との高度の一致」という文言も双方にあるが、習氏は「ただの党中央」ではなく、「習近平同志を核心とする党中央」と描写しており、やはり党ではなく習氏自身への忠誠心が条件であることがわかる。

人民日報は、ヒアリング方式をこう称賛した。「民主の方向性を堅持し、民主的方法を改善し、民主の質を高めた」。

ヒアリングの内容は公表されるわけではなく、結果的には「北戴河会議」をはじめとする現行指導者と党長老らの駆け引きによって最終メンバーは決められる。しかし、人民日報が「民主」と連呼するのをみていると、習氏のもう1つの狙いが透けて見える。

ヒアリング方式は、中国共産党にとっては曲りなりにも中央政治局常務委員会が定めた秩序による「党内民主」だ。その結果には一定の権威があり、党長老らも尊重しないわけにはいかないだろう。長老といえども、ヒアリング結果を無視したり否定したりすることは、党内民主を否定することにつながるためだ。

つまり、習氏にとって「党内民主」とは、長老らの意見を抑え込む強力な武器だった。だからこそ、習氏は胡錦濤氏が掲げた「党内の民主制度の建設」などという共青団色の強い理念を受け継ぎ、そのまま居抜きの形で活用したのだろう。

２０２２年10月の第20期党大会に向けた中央政治局の人選でも、習政権はヒアリング方式を継続した。新華社の報道によると、中央政治局だけでなく、中央政治局常務委員、中央軍事委員会、国務院（政府）

幹部の人選もヒアリング方式を導入したようだ。

そして、2022年10月に発足した第20期中央政治局からは共青団派が全滅した。最大の衝撃は、19期で副首相を務め、首相候補にも名前があがっていた共青団派のホープ、胡春華氏が政治局員の選から漏れたことだ。

胡春華氏は当時まだ59歳と若く、異例の降格だった。一般には「習氏が共青団派に打撃を与えるため、強権を発動して胡氏や他の共青団派メンバーを中央政治局から排除した」とみられている。だが、ひょっとすると、習氏はまったく強権など発動していなかったかもしれない。「民主的なヒアリング」をされた党幹部らが、誰も胡春華氏を推さなかった可能性がゼロではないためだ。

多くの党幹部は、習氏が共青団を評価していないことを知っている。胡春華氏を嫌っているというのも定説だ。そのなかで、誰もあえて胡春華氏を次世代の幹部として称えず、地雷を避けたとしても不思議ではない。そもそも共青団に近い幹部らが、ヒアリングの対象に選ばれなかった可能性も考えられる。ヒアリング対象は各組織が推薦してくるが、そこで共青団派を押し込んでくること自体、その組織の責任者は今後の習政権で出世の道は閉ざされたといってよいだろう。

ヒアリング方式には習氏にとってもう1つの利点がある。党幹部らの思想傾向を厳しくチェックし、人材を振るいにかける「踏み絵」となるだけでなく、ヒアリングという行為自体が党幹部らへの重要な思想工作となる。

中南海の応接室で最高指導部メンバーと向き合った党幹部らは、緊張を強いられながら、間違っても「誤った意見」を述べないように、必死で習氏の心のうちを忖度するだろう。その過程こそが思想教育であり、党の指導力を高めるための工作活動となる。効果は一石三鳥を超えるかもしれない。

民主推薦とヒアリング方式――。「党内民主」という同じ看板のもとにつくられた2つの制度の違いをみても、権力掌握の手法において、習氏はより戦略的であり、胡錦濤氏はナイーブでありすぎたと言わざるを得ない。

Column

得票順位が示した「不都合な真実」

中国共産党大会では、最終日に投票方式で中央委員の選出を行う。定員は200人前後だが、候補者リストには定員よりもわずかに多い候補者が記される「差額選挙」として実施される。当選者の名簿は名前の画数順で発表されるため、得票順位はわからない。

一方、得票順位がわかってしまう唯一の役職が中央候補委員だ。候補委員は中央委員の予備的な役職で、党大会の最終日に中央委員とセットで投票が実施される。秘密主義が徹底した中国共産党のなかでは稀有な存在といえる。

中央候補委員は毎年1回開かれる中央委員会全体会議に参加できるが、議決権は持たない。人数は150~180人程度。選挙の際には、中央委員と同じく「差額選挙」で落選者が出る。

中央委员会候补委员（共151人，按得票多少为序，得票相同的按姓氏笔画为序）：

欧泽高（藏族，已递补为中央委员）岳海岩（已递补为中央委员） 黄智权（已递补为中央委员） 王正福（苗族，已递补为中央委员） 汤洪高（已递补为中央委员） 杨健强（白族） 高祀仁 储 波 蔡长松 赵金铎（满族） 桑结加（藏族） 黄寅逵 乌云其木格（女，蒙古族） 任启兴 苏 荣 张华祝 陆 浩 郭金龙 管国忠（傣族） 王学萍（黎族） 艾斯海提·克里木拜（哈萨克族） 石玉珍（女，苗族） 张定发 贾治邦 黄瑶（布依族） 龚谷成 葛东升 马庆生（回族） 王 占 王广宪 全哲洙（朝鲜族）刘镇武 周声涛 胡永柱 石宗源（回族） 吕飞杰 刘泽民 吴玉谦 张宝明 钱冠林 高宜新 王武龙 王建民 李元正 季允石 房凤友 秦玉琴（女）王云龙 杨永良 宋照肃 张祥林 范钦臣 崔林涛 王启人（2001年7月逝世）王启民 列 确（藏族） 许其亮 孙春兰（女） 李清林 陈建国 秦光荣 高中兴 谢企华（女）丹 增（藏族） 朱成友 刘振华 沈滨义 宋秀岩（女）梁国庆 王金山 孙淑义 李乾元 赵忠贤 徐自强 石万鹏 陈佳洱 牛绍尧 杨晓堂 宋法棠 巴特尔（蒙古族）李肇星 李毅中 袁守芳 聂卫国 黄洁夫 陈良宇 陈梅芳（女）卢展工 刘 玠 刘廷焕 许永跃 李 克（壮族） 王如珍（女）钱运录 黄晴宜（女） 刘海燕 吴爱英（女）倪润峰 于 珍 孟建柱 高昌礼 白春礼（满族） 陈玉杰（女）岳喜翠（女）李纪恒 吴铨叙 克尤木·巴吾东（维吾尔族） 乔传秀（女）杜宇新 栾恩杰（满族） 熊光楷 罗保铭 韩桂芝（女） 吴光宇 金银焕（女）贾 军 郭树言 缪合林 黄华华 金人庆 李国安 吴贻弓 李志坚 武连元（回族） 夏宝龙 王旭东 陶建幸 苏新添 欧广源 沈跃跃（女）王太华 周正庆 裴怀亮 张高丽 王春正 马启智（回族） 王 刚 厉有为 吴金印 王太岚 王岐山 由喜贵 刘延东（女）袁伟民 邓朴方 习近平

（1997年9月18日中共十五次全国代表大会通过）

第15回党大会の中央候補委員当選者名簿（※下線は後から加えたもの）

当選者の名前は画数順ではなく、得票順に発表される。

なぜ中央候補委員だけ得票順位が公表されるのか。その理由は、候補委員には中央委員の欠員を補充するという重要な役割があるためだ。誰から補充していくかを明確にするため、選出時の得票順位が重要となる。

ところが、この得票順位を巡り、1997年に開かれた江沢民政権下の第15回党大会でちょっとした事件が起きてしまった。中央候補委員の当選者151人の名簿のうち、得票数の最下位に習近平氏、最後から2番目に鄧小平氏の子息である鄧朴方氏の名前が並んだのだ。

当時、習近平氏は福建省党委員会副書記で、それほど有名ではなかった。それでも中国共産党の大物の子息がそろって名簿の最後に名を連ねたことは話題となった。ちなみに最下位から6番目には、習氏の親友である王岐山氏の名前もあった。

おそらくこの順位は、習氏自身への評価というよりも、太子党への批判票と思われる。当時は、改革開放を背景に中国経済は急成長し、血筋よりも個人の力を尊重する風潮が広がっていた。また、習氏は省の副書記として中央候補委員となる資格はあったものの、年齢はまだ44歳と若かった。高年齢の候補を優先して投票した代表もいただろう。

とはいえ、得票数は党内の支持率ともいえる。今や「人民の領袖」となった習氏にとって、第15回党大会の候補委員名簿は、あまり知られたくない「不都合な真実」かもしれない。

権力の可視化――集団指導体制に終止符を打った儀式とは

自らに権力が一極集中する仕組みをつくった習氏は、次のステップとして「権力を可視化する制度」の確立に乗り出した。掌握した権力を「権威」の形にして人々に示し、自らが党内で唯一無二の存在であることを認めさせる制度づくりだ。

なかでも中央政治局で新設された「報告制度」は、党の指導体制に地殻変動を起こした。2017年10月の第19回党大会後、中央政治局会議は「中国共産党中央政治局の党中央による集中統一指導の強化と擁護に関する若干の規定」と題された文書を策定し、中央政治局員は「毎年1回、党中央と習近平総書記に書面で職務に関する報告をしなければならない」と定めた。

一見すると、「ただの業務報告」のようにもみえるが、この新規定は党の集団指導体制に名実ともに終止符を打った。

鄧小平は文化大革命への反省から、一人の人間への権力集中を避けるため、最高指導部メンバーの権威を横並びとした。便宜上、序列は定められているが、党総書記といえども中央政治局常務委員会のなかの一機能に過ぎず、各委員はそれぞれ同僚関係にある。意思決定の際は必ず合議を経なければならず、党総書記が独断で意思決定することはできない。だからこそ、常務委員会メンバーの人数は必ず奇数とされている。

一方、最高指導部を含む中央政治局のメンバーが習氏に報告をするということは、「習氏が上司で他の全員は部下」というレポートラインが定まることを意味する。しかも、規定が求めた報告は、一般的な「業務報告」などではない。「中央政治局員の使命」に基づいて、仕事ができたかどうかを報告するよう義務付けられた。

その使命とは、これだ。

「習近平同志を核心とする党中央の指導のもとで職責を果たすと同時に、習近平総書記の党の核心としての地位を断固として守る」

つまり、首相を含む各政治局員は、「習氏の指導にかなう職責を果たせたかどうか」「習氏の地位を守ることに貢献できたかどうか」について1年間の自身の実績を書き連ね、習氏にレポートを提出しなければならないのだ。この体制を「集団指導体制」と呼ぶことは、もはや不可能だろう。

報告は例年2月頃に実施されている。各メンバーの報告内容は公開されないが、新華社は全員の報告を総括した「主な内容」を紹介している。2022年2月28日に報道された内容は、以下のようなものだ。

1、「二つの確立（習近平同志の党中央および全党の核心としての地位の確立、習近平の新時代における中国の特色ある社会主義思想の指導的地位の確立）」の意義を深く理解し、「二つの擁護（習近平総書記の党中央および全党の核心としての地位の擁護、党中央の権威と集中的統一的指導の擁護）」に対する政治、思想、行動上の自覚を増強し、習近平同志を核心とする党中央と高度な一致を保った。

2、「習近平の新時代における中国の特色ある社会主義思想」を先頭に立って学ぶとともに、実践を徹底した。

3、党中央の意思決定機関と習近平総書記の重要な指示や精神を実現し、防疫や経済社会の発展、安全を指揮し、闘争精神能力を高め、党中央が与えた職務を真剣に完成した。

4、党の風紀を正し、反腐敗闘争を推進した。

5、形式主義、官僚主義、特権思想に断固として反対し、親族や関係者を厳しく管理し、自主的に各方面の監督を受けた。

この内容を一言でいえば、「今年1年間、自分がいかに習近平同志に忠実であったか」に尽きるだろう。いわば報告制度は、各政治局員による「服従の誓い」の儀式といえる。しかも、その事実は新華社を通じて全国民に公表され、首相も含めた全メンバーが習氏の「使用人」に過ぎないことが白日の下に晒される。集団指導体制の一角を自負していた政治家にしてみれば、これほど屈辱的な仕打ちはないだろう。それでも、人は繰り返し特定の行為を強制されると、次第にその状態に慣れてしまう習性を持つ。最初は反発を心に秘め、面従腹背を貫いていても、服従状態が長く続くうちに反抗心があきらめに変わってしまう可能性は十分にある。報告というルールや行為自体が、思想工作の1つのプロセスなのだ。

報告制度を権威確立の手段に使う手法も、毛沢東が発明したものだ。1948年、毛沢東は「報告制度の確立について」という指示を起草し、主要部局の責任者に中央主席（毛）と党中央への報告を2カ月に一度、義務付けた。

中国共産党も初期の頃は集団指導体制のような組織であり、毛も複数のリーダーの中の1人に過ぎなかったが、毛沢東は報告制度を含む有形無形の「仕掛け」を施しながら権威を確立し、いつの間にか独裁的地位を確立していった。

習氏が踏襲した毛沢東の「仕掛け」がもう1つある。2021年11月の第19期中央委員会第6回全体会議（6中全会）で採択した「歴史決議」だ。

中国共産党で歴史決議が採択されたのは、1945年の毛、1981年の鄧による2つの先例しかない。両者は決議を通じて党の誤った歴史や路線を清算することで政敵を排し、自身の権力を確立した。同時に、それぞれの決議は、その後約40年間の中国の方向性を決定づけることとなった。特に鄧小平氏の歴史決議は、文化大革命を「歴史的な誤り」として総括し、その後の改革開放に道を開いた。中国共産党のなかでも、特別重い意義を持つ文書だ。

習氏の歴史決議は、習氏が2012年の総書記に就任して以来の9年間と、毛沢東から胡錦濤前総書記まで4代に渡る約90年間の歴史をほぼ同じ分量の約2000字でまとめあげた。特に鄧小平、江沢民、胡錦濤時代は3人を同等に説明しており、中国の改革開放を果たした鄧小平の権威を矮小化した。習氏が中国共産党の歴史上、唯一、毛と並ぶ傑出した指導者であることを示唆したといえる。

歴史決議の採択は、中国共産党においては「歴史を定めることにより権力の在処《ありか》も定める」という非常に重大な歴史的行為を意味する。一般の指導者がやりたくても、簡単には許されない。その採択が許されたという事実そのものが、習氏が唯一無二の指導者に登りつめた事実を党内外に示す役割を果たした。

歴史決議の採択は2012年から続いた習氏の闘争の総仕上げであり、勝利宣言だった。これをもって、習氏が3期目の党総書記に就任する環境はほぼ完成に至ったのである。

プロパガンダが生む正統性――「党の喉と舌」の再強化

習近平政権が始まって以降、以前の中国とは大きく変わった風景がある。休日に中国共産党の革命に関する史跡や資料館を訪れると、赤色の共産党員バッジをつけた人々が続々とバスで乗り付け、建物に吸い込まれていく。彼らは展示を見終わると、史跡の写真撮影スポットに並び、順番に赤い横断幕を掲げて嬉しそうに集合写真を撮る。

こうした史跡には、必ずといってよいほど、「入党の誓詞」を行うための特別な場所も設けられている。仲間で揃って大きな党旗のパネルの前に並び、右手のこぶしを顔の横に掲げるスタイルで誓詞を読み上げる。党の史跡や資料館では定番の風景だ。

【中国共産党の入党の誓詞】
私は中国共産党に加入することを志願し、党の綱領を擁護し、党の規約を遵守し、党員の義務を履行し、党の決定を実行し、党の規律を厳守し、党の秘密を守り、党に忠誠を尽くし、積極的に仕事をし、共産主義のために終生奮闘し、いつでも党と人民のためにすべてを犠牲にする用意があり、永遠に党を裏切らない。

中国の政府機関や大手国有企業には、以前から共産党の委員会や総支部、支部が設置されていたが、習政権下では組織化が加速している。民間企業や外資系など、これまで党組織がなかった企業でも、今は設置が求められるようになった。

中央組織部の統計によると、2022年の党末端組織は506万5000組織に達し、10年間で約90万の組織が新設された。

「経済構造や就業スタイルが多様化するにつれて、新しい組織で働く党員が増えている。そのような組織にいる党員もしっかりと管理し、教育しなければならない」

習氏は2018年11月に上海市を視察した際にこう語った。最近では、フードデリバリー配達員らによる党組織の設立が進むなど、新業態への対応にも力を入れている。

党員の主な活動は、職場の勉強会や「党日」と呼ばれるイベントに参加することだ。仕事の合間に、習氏の思想や重要講話に関する勉強会が開かれる。党の史跡や資料館を訪れる「党日」は休日を費やすことが多いが、費用は組織持ちで食事付きのツアーに参加できたりするので、親睦会としてなかなかの人気がある。

最近では、ありとあらゆる場所に「習近平の新時代における中国の特色ある社会主義思想」（略して習思想と呼ぶ）が溢れている。都会ではカフェを併設したおしゃれな書店が流行っているが、どんなに洒落た書店でも、必ず一角には習思想本がずらりと並ぶ文化大革命のようなコーナーがある。

普段は中国中央テレビ（ＣＣＴＶ）や新聞をみない人でも、習氏の映像や写真、言葉に一切触れずに一日を過ごすのは結構な難題といえる。

政府組織や大手国有企業では、習思想や党史を学ぶ職場の勉強会が増えているという。予習復習のためか、スマートフォンを使ってクイズ方式で習思想や党のイデオロギーを学べる党のアプリ「学習強国」がアプリの人気ランキングに常に名を連ねるようになった。

ネット販売大手「京東」が発表した２０２１年の書籍販売ランキングをみると、総合トップは『中国共産党簡史』、2位は『現代漢語詞典』、3位は『習近平による新時代の中国の特色ある社会主義思想学習問答（Ｑ＆Ａ）』だった。学習会などのために組織で団体購入している可能性が高い。

２０２１年9月からは、小学校から大学まで全国統一の教育課程として習思想の授業が義務付けられた。中国教育省傘下の全国教材審定委員会は、「小学校では『習総書記は全党と全国人民を導くリーダーである』と知らしめる」「大学院課程では習思想を『宣伝、解釈、研究』して思想に精通しなければならない」と通達した。

江沢民政権や胡錦濤政権でもイデオロギーに関する授業や愛国教育はあったが、全国の小中学校で指導者個人の名前を冠した統一の教科書が使われ、個人を礼賛する授業が展開されるのは毛沢東以来といえる。

習氏は政敵の排除や戦略的な制度改革によって軍や党の掌握に成功したが、習氏がいくら物理的に権力を握ろうとも、超長期政権を担うだけの「正統性」が自動的に用意されたわけではない。民主主義社会の指導者のように、「選挙で選ばれた」という大義名分があるわけでもない。

習氏といえども、2期10年の任期を超えて指導者として君臨するには何か理由が必要だ。そこで習氏は、自身を「革命の後継者」と位置付けた。第20回党大会の活動報告では、党の課題として真っ先に「マルクス主義の中国化・現代化」という目標を提起し、自身を「その担い手」と位置づけた。「マルクス主義の中国化」を図ったのは毛沢東だ。習氏はその先の「現代化」まで担うことになる。

3期目政権が始まると、習氏を特別視するキャンペーンは毛沢東時代のレベルを超えた。全国人民代表大会を終えたばかりの2023年3月末、中央政治局は全党で「習近平の新時代における中国の特色のある社会主義思想」を学習・貫徹するための教育キャンペーンを展開すると決議した。

それを受け、4月冒頭に指導部メンバーらを集めた「習近平の新時代における中国の特色ある社会主義思想の学習・貫徹をテーマとする教育工作会」が開かれ、習氏自身が「どのように習思想を広めるか」についての重要講話を行った。

これは毛沢東を超越した事態だ。毛沢東自身も自身の神格化を図ったが、さすがに「毛沢東思想の学習をテーマとする教育キャンペーン会議」を自分で主催し、「毛沢東思想をこうやって広めましょう」と訴えたことはない。あくまでも、形としては「周囲が毛を崇拝し、毛の言葉を珍重した」結果として広まったものだ。さすがに習氏も思想に言及する際には思想名から自身の名前をはぶいて話していたが、漂う違和感は否めない。

しかし、そんな違和感はものともせず、党・政府内では怒濤のようなキャンペーンが始まった。中国中央テレビ（CCTV）は、「工作会議での習氏の重要講話を受けて、党中央・国家機関で強烈な反応が起きている」として、幹部らが思想キャンペーンを礼賛している様子を報じた。

人民日報は1面などで特別連載企画を開始し、政府や企業、学校など各界の組織がどのように「習近平の新時代における中国の特色ある社会主義思想の学習・貫徹をテーマとする教育」を実施しているかを長期にわたって紹介した。

さらに、習氏の側近で中央書記処の筆頭書記や中央弁公庁主任を務める蔡奇氏が、「習近平の新時代における中国の特色ある社会主義思想を学習・貫徹する中央教育指導組」の組長に就いた。また、様々な組織にも、「教育指導組」がつくられた。

このように、党への権力の回帰と再強化をめざす習氏が重視したのが、自身の地位確立も含めた思想工作活動やプロパガンダだ。だが、江沢民・胡錦濤政権を通じ、党の足腰はすっかり弱っていた。そのため、習氏は同方面においても、就任以来、毛沢東時代の水準へと回帰するための体制の立て直しに取り組んできた。

中国共産党は、政治思想の実現を何よりも重視するイデオロギー政党だ。「中国共産党こそが共産主義革命を実現することができる唯一の政党である」という主張が一党独裁を正当化する根拠であるためだ。

全体主義国家にとって、社会統制とプロパガンダは車の両輪だ。たとえば、習氏は「共同富裕」の実現を長期目標として掲げている。共同富裕は「人々がみな平等で豊かな暮らしをする」という究極の共産主義社会の実現を意味するが、ソ連やかつての中国の経験が語るように、「人よりもよい暮らしをしたい」という人々の自然の欲求に逆らう共産主義社会の実現は簡単なことではない。

そこで人々の欲求を抑え込む厳しい社会統制が必要となるが、締め付けだけでは人々の不満や反発はいつか抑えきれなくなる。そこで必要になるのが、プロパガンダだ。プロパガンダにより人々の思考を変え、「国家や社会による強制」を「個々人の自発的意欲」に変えることも可能となる。

ところが、中国共産党の思想工作や宣伝工作の体制や能力はかなり弱体化していた。特に胡錦濤政権下では、メディアへの統制が緩んでいた。そこで習氏は、以下の改革に取り組んだ。

(1)中央宣伝部と中央組織部への腹心の送り込み
(2)メディアへの統制を強化する制度改革
(3)メディア人への思想教育の徹底

まず、中央宣伝部と中央組織部のトップを自身の腹心で固めた。

中央宣伝部は、いうまでもなくプロパガンダ戦略の中核だ。一方、中央組織部は、末端組織を通じてプロパガンダを津々浦々まで行き渡らせる役割を果たす。習氏はこの両組織に対し、1期目には腹心を副部長として送り込み、2期目で部長に引き上げた。送り込まれた2人の腹心は、いずれも習氏が特に信頼を置き、特別な任務を任せた人物であるだけに、習氏の人に対する好みや考え方を知るうえでもユニークな分析対象といえる。

中央宣伝部長に就いたのは、黄坤明氏という人物だ。習氏は２０１３年、浙江省杭州市党委員会書記をしていた黄氏を中央宣伝部の副部長に引っ張り上げた。黄氏と習氏は福建省と浙江省の双方で経歴が重なり、30年間近い付き合いがある。

第三章で詳述するが、黄氏が習氏と交流を深めたきっかけは、習氏が若い頃から傾倒する党の歴史の関連とみられる。黄氏の生まれ故郷の福建省龍岩市や、黄氏が後に党委書記を務めた浙江省嘉興市は、いずれも有名な「革命聖地」であり、「歴史マニア」にとっては話の弾む相手といえる。黄氏は各地で歴史に絡む仕事をして習氏と交流を持ったほか、習氏が重視する歴史教育を率先して実行し、高い評価を得た。

一方、中央組織部長に就いた陳希氏は、習氏が清華大学に在学していた頃の寮のルームメートで、40年以上の付き合いがある。陳氏は一貫して清華大学に勤務してきたが、習氏が2007年に最高指導部入りすると、突然、党や政府、地方の職場で要職に就くようになった。おそらく習氏が将来、指導部メンバーに起用することを見越し、必要となるキャリアを駆け足で積ませたと考えられる。

2人は習氏の指令を忠実に実行した。中央宣伝部と中央組織部がタッグを組み、習氏の個人崇拝を前面に打ち出した復古調のプロパガンダを全国の様々な組織で展開した。陳氏は中央組織部長として習氏に忠誠を誓う人材を要所に配置するうえでも手腕を発揮した。

習政権下で空気ががらりと変わった業界の一つに、メディア業界がある。中国のメディアは、基本的にすべてが「党の喉と舌」といわれる官製メディアだが、江・胡時代を通じて統制が緩み、政府への批判的な視点を持った報道などが出るようになっていた。習氏は組織改革と思想工作を併用し、改めて厳しい統制を敷いた。

まずメディアの管理を政府から党に移した。中国のメディアはすべて党のメディアだが、体制上は政府が管理していた。改革は2018年3月に発表した「党と国家機関の改革深化プラン」の一環として、これまでメディアを管理していた国務院傘下の国家新聞出版広電総局は解体し、新聞・出版については中央宣伝部が直接管理することとした。また、中国中央テレビ（CCTV）と中央人民ラジオ局（CNR）、中国国際ラジオ局（CRI）は新たに設立された中央ラジオテレビ総台に統合され、これも中央宣伝部がすべて統括することとなった。

様々なコンテンツへの統制も強化された。新華社の3月21日の報道によると、党中央は「中央宣伝部は国内外の映画、ニュース、出版物、ラジオ、インターネットのコンテンツを監督管理する」との通知を出した。企業の動画広告なども含め、あらゆるコンテンツが党の管理の対象となることを意味した。特に文化的娯楽については、中央宣伝部による「特別で重要な役割」を強調した。党が「現代のアヘン」と懸念していたネットゲームをはじめ、若者に大きな影響力を持つ新分野で統制が強まる方針が示唆された。

メディアで働く記者たちへの思想工作も再強化された。習氏は2016年2月19日、人民大会堂にメディア責任者180人を集め、厳しい訓戒を与えた。「党媒姓党（党のメディアは党の姓を名乗れ）」という言葉で知られる有名な演説だ。主な内容は、こうだ。[*22]

●党と政府が所管するメディアは、党のプロパガンダの拠点だ。姓は「党」である
●「党のメディアである原則・マルクス主義報道観・世論の正確な誘導・プラスイメージの宣伝」の4つの原則を堅持せよ
●正確な政治の方向性を堅持し、政治的立場にしっかりと立脚し、党の理論や路線、方針、政策、中央の重要な任務、中央の情勢分析や判断をしっかりと宣伝し、党中央と高度に一致し、中央の権威を保護せよ

●党のメディアのすべての仕事は、党の意思を体現し、党の主張を反映し、党中央の権威と党の団結を擁護しなければならない。党の性質と人民の性質の相互統一をしっかりと図り、党の理論と路線、方針、政策を人民群衆の自覚的行動に変えなければならない。
●すべての思想宣伝部門、思想戦の最前線にいる党員と幹部は、党のメディアである原則を旗幟鮮明に掲げよ

習氏の厳命を受け、メディア業界の雰囲気は変わった。各社内・組織内で勉強会が頻繁に開催されるようになり、記者証更新の際には習思想への理解度を測るテストが課されるようにもなった。2019年に実施された初期のテストは、党の学習アプリ「学習強国」上で実施したという。

習氏の演説の空欄に入る言葉を選んだり、「習近平の報道世論観」に基づいて記者として優先すべき点を挙げさせたりした。さらに2023年に入ると、テストは記者資格試験として制度化され、政府による実施規則も正式に発表された。

現役記者の多くは、胡錦濤時代に比較的自由な報道が許された環境を経験した。それだけに統制強化に対する不満や反発は強く、面従腹背でテストや学習会に参加しているジャーナリストも少なくない。

しかし、プロパガンダや思想工作の真骨頂は「反復」にある。日々、習思想を学ばされ、記事にも反映させられるなかで、次第に順応する記者も増えていくのではないだろうか。特に、これからメディア業界に入ってくる次世代の記者たちは、学生時代から習思想の教育を徹底されてきた世代となる。疑問も抱かず、「習近平の報道世論観」に従う可能性は高まるだろう。

思想の徹底は芸能界にも及んでいる。人気の芸能人やマネジャーらも勉強会に参加しなければ、テレ

ビや広告で活躍することが許されない時代となった。愛国・愛党的でない「不健全」なコンテンツへの取り締まりも強化されている。今後、あらゆるコンテンツが模範的な内容に統一され、自由な思想や言論空間が駆逐されていくのは間違いない。

思想工作やプロパガンダを巡り、組織や体制の立て直しは2期目でほぼ完成した。3期目政権では、中央弁公庁主任として党の官房長官役を務める蔡奇氏と新たな中央宣伝部長の李書磊氏の2枚看板でプロパガンダを進める強力な体制を敷いた。

蔡奇氏は北京市長時代から習氏を徹底的に称える演説で知られていた。習氏からプロパガンダの能力について厚い信頼を得ているとみられる。李書磊氏は北京大学卒の文学修士で、秀才として知られている。中央党校に長く勤務し、2007年に習近平氏が中央党校校長に就いたとき、李氏も副校長を務めていた。そこで習氏は李氏の頭脳と文才を見出し、「三代帝師」の王滬寧氏に続く新たな「スピーチライター」として見込んだといわれている。

党や政府で思想工作が徹底し、各自の思想的正しさを競う勉強会がますます増えれば、文化大革命の時代のように「他人とは異なる考え方を持つ」とされた人物が批判や密告の対象となる事態も起きかねない。ひたひたと迫る息苦しい時代への予感を、中国の人々はどう受け止めているのだろうか。

作戦3　警察・司法の刃を握れ

銃、筆、のち刀——警察・司法が震え上がった「整風運動」

中国共産党には「槍杆子《チアンガンズ》、筆杆子《ビーガンズ》、刀把子《ダオバーズ》（銃、筆、刀）」という言葉がある。それぞれ「軍隊、宣伝機関、警察・司法機関」を表し、この3つを完全に従わせなければ、権力は掌握できないことを意味する。

習近平氏は中国共産党総書記への就任後、反腐敗闘争と抜本的な組織改革により、第2期政権が始まるまでには人民解放軍と宣伝機関、すなわち「槍杆子《チアガンズ》」と「筆杆子《ビーガンズ》」は手に入れた。最後まで残っていたのが、「刀把子《ダオバーズ》」と呼ばれる警察・司法機関だ。中国において警察・司法機関は、権力者をも切り殺す力を持つ。彼らの制圧作戦は、習氏の闘争の最終段階となった。

中国における治安・司法機関には、警察や公安などの治安維持組織、検察、裁判所などの司法機関、スパイ捜査や国内外の情報収集を手掛ける国家安全省などが含まれる。これらの部門を総合的に統括するのが、中央政法委員会だ。中央政法委員会書記は、公安相や司法相、最高人民法院や検察のトップよりも格上となる権力者だ。各地方の政法委書記も束ね、統治の要として強い存在感を持つ。

「刀把子《ダオバーズ》」の掌握が難航した理由は、2つある。第一に、江沢民元国家主席や曽慶紅元国家副主席など江派が権力の牙城としていたことだ。第二に、公安・警察組織は全国にまたがる巨大組織であり、末端にまで様々な人脈が絡みあった利権構造の連鎖が及んでいたことだ。

その掌握は一筋縄ではいかず、長い準備期間を要した。ゆえに、習氏の反腐敗闘争も1期目においては「刀把子《ダオバーズ》」に頼ることはできず、習氏の若い頃からの親友である王岐山氏を中心に中央規律検査委員会が前面に出て闘争を展開した。

習氏が党総書記に就いた時、政法組織を牛耳っていたのは、江派の大物で曽慶紅元国家副主席の側近といわれた周永康氏だった。同氏は、胡錦濤政権下で２００７年からの5年間、中央政治局常務委員と中央政法委員会書記を兼任した。周永康氏は石油閥の重鎮としての利権も生かしながら人的ネットワークを広げ、公安を中心に絶大な影響力を誇っていた。

習氏は、まず周永康氏に狙いを定めた。軍と同様、「反腐敗闘争」を通じて組織の大トラを最初に仕留め、権力構造を切り崩す戦略だ。習氏や王岐山氏は、周永康氏の腐敗の証拠固めを慎重に進めていった。

周一族や部下たちはあからさまな利権ビジネスを手掛けていたため、腐敗の証拠には事欠かなかったが、江派の反対を跳ね返して逮捕に追い込むためには中途半端な状態で事を明るみに出すわけにはいかなかった。

また、中国共産党には、党の権威を傷つけないため、最高指導部入りした人物を刑事罰に問わない不文律もあり、生半可な罪では長老らの反対を退けられない恐れもあった。周氏からの反撃への警戒も必要だった。調査の途中には、周氏側が習氏や王氏らへの盗聴を仕掛けていたとの話もあり、習氏陣営が逆に足をすくわれかねない恐れもある暗闘だった。

２０１３年12月、中央政治局常務委員会は周永康氏を正式に監視下に置いたが、この事実が明るみに出たのは後になってからで、この段階では対外的には情報は伏せられた。翌２０１４年7月29日、中央規律検査委員会はようやく決定的な声明を発表した。周永康氏に「重大な規律違反」があったとして、調査を進めていることを明らかにしたのだ。

同年12月には中央政治局会議で周永康氏の党籍剥奪も決定した。側近や関係する企業家たちも次々と失脚し、死刑判決を受けた者や死亡者も相次いだ。そして周永康氏自身は、2015年6月に一審判決で無期懲役と個人財産没収を言い渡された。

元最高指導部メンバーを政治的にも社会的にも葬り去ったことで、党内における習氏の権威は強まった。それでも、すぐには中央政法委のトップに自身の息のかかった人物を据えることはできなかった。習氏の陣営自体がまだ整っておらず、すぐに政法組織の中核を任せられる人材がいなかった事情もあった。その代わり、中央政法委書記のポストを格下げすることには成功した。周永康氏のように中央政治局常務委員会の委員が兼任するのではなく、中央政治局員の兼任とし、独立王国化していた組織の抑え込みを図った。

その後も反腐敗運動を展開しながら、政法組織の要職にある政敵を次々と排除するとともに、習氏に忠実な人材を地方などから引き上げ、少しずつ要職に配置していった。福建省時代以来の側近である王小洪氏や浙江省時代の部下である陳一新氏などが筆頭だ。習氏は、巨大な政法組織の内部にじわじわと足場をつくっていった。

2期目政権の後半に入ると、政法組織の本格的な制圧に乗り出した。

全国の警察・公安組織は400万人を超える人員を抱えるが、それぞれが法の強制執行能力を持つ強力な組織である一方、軍ほどの一体感はなく、統率の難易度は軍より高い。習氏は「聖域化」していた政法組織の掌握のため、中国共産党の闘争手段のなかでも最も破壊力のある方法を用いた。

第一段階として、2019年1月に施行した「中国共産党政法工作条例」で、これまでは国務院の傘下にあった警察や公安などの指揮命令系統を党の指揮下に移した。そのうえで、大規模な政治運動を仕掛けた。中国共産党において政治運動とは、粛清の嵐を伴う命がけの闘争を意味する。

2020年7月、中央政法委員会秘書長を務める習氏側近の陳一新氏が、全国の警察・司法機関に向けて運動の開始を宣言した。その場で、これから始まる運動は毛沢東が実施した「整風運動」の再来であることを示唆したため、人々に戦慄が走った。[*23]

「整風運動」とは1942年、毛沢東が当時の活動拠点だった陝西・延安で始めた政治運動だ。「延安整風」とも呼ばれる。毛氏は「党の活動方法と思想を改善する」と訴え、事前の綿密な根回しのもと、秘密警察が有力党員に様々な疑いをかけては自己批判や仲間の告発を強要した。3年近く続いたこの運動を通じ、ソ連・コミンテルンと関係の深い毛のライバル幹部や古参幹部、知識人らは党中枢から消滅した。

習氏の仕掛けた「整風運動」は、政法組織内では「教育整頓」と名付けられた。人民法院報など政法系メディアの報道によると、陳一新氏は2020年7月8日の「全国政法隊伍教育整頓試点工作動員会」で、こう宣言した。

「政法組織の教育整頓は、党中央の新たな要求だ。刃を内に向け、骨から毒を削ぎ落し、〝延安整風〟を徹底せよ」

陳氏は、同運動の3段階を、①学習教育、②調査・摘発、③整頓・総括――と説明した。調査・摘発は、「党に忠誠心がなく、不誠実な『両面人（二心を抱く人）』や腐敗した者」などを対象とし、組織や個人に「自主的に腫瘍を取り除く」ことを求めた。「自主的に」と強調し、延安整風さながらに組織や個人に自己批判や告発を促した、とみることができる。

延安整風でも文化大革命でも、密告や強制的な自己批判は人々を疑心暗鬼に陥らせ、社会や組織を根本から崩壊させる。そして、恐怖に支配された人々は、権力に盲従するよう追い込まれる。

そして、教育整頓の運動は、「２０２２年春には全国で完了させる」と定められた。すなわち、習氏の3期目政権が始まるまでに「銃・筆・刀」の全掌握を終えるという宣言でもあった。

驚くべきことに、陳氏が運動開始を宣言した動員会から1週間後の7月15日、内モンゴル自治区や雲南省、広東省など全国各地で合計21人の政法幹部の取り調べが始まったと発表された。8月に入ると、上海市公安局トップが重大な規律違反で取り調べられていると報じられた。同トップは上海市副市長を兼任する次官級幹部だっただけに、党内には驚きが走った。

粛正の恐怖が全国の政法組織に与えた効果は覿面《てきめん》だった。各組織は積極的に運動に加わるとともに、習氏への忠誠心を競うようにアピールし始めた。甘粛省嘉峪関市の公安局は「公安夜間学校」を開設し、制服を着た幹部らが姿勢を正して習氏の重要講話や思想を学ぶ様子を何枚もの写真を付けてサイトに掲載した。[*24]

中国新聞週刊の２０２０年8月の報道によれば、河南省霊宝市は４００人以上の公安関係者を集めた「警示教育大会」を開き、腐敗容疑で捕まった同市公安局元副局長が悔悛を語る音声を会場に流した。

「私はかつて皆さんと同じように、組織に厚く遇してもらっていた。それなのに組織の使命を忘れ、越えてはならない一線を越えてしまい、余生を楽しむ年齢になって牢獄に身を置き、なにもかも失ってしまった」

元同僚が訥々と語る告白は、多くの参加者の心に深く突き刺さったことだろう。[*25]

人民日報の報道によると、教育整頓運動が始まってから1年後の2021年7月までに270万人の警察・公安関係者が教育整頓運動に参加した。中国には、警察や公安が400万人程度いるといわれている。2022年春までの運動期間中には、全関係者が参加したとみられる。[*26]

2022年10月の党大会が迫ると、駆け込みで大仕上げが待っていた。かつて公安で絶大な力を振るったという「孫力軍政治グループ」の7人が相次ぎ裁判で厳刑に処せられたのだ。

元公安次官の孫力軍氏は、習政権発足時に中央政法委員会書記を務めた孟建柱氏の部下で、江派に連なる人物だ。公安組織における最大の抵抗勢力とみられていた。新華社によると、吉林省長春市中級人民法院は2022年9月23日、孫力軍氏に収賄罪などで執行猶予2年付きの死刑判決を言い渡した。

前日の22日には「孫力軍政治グループ」とされた傅政華・元司法相と王立科・元江蘇省政法委員会書記にもそれぞれ執行猶予2年付きの死刑判決が出されていた。この判決は一般に2年後には無期懲役に切り替わるが、減刑や仮放免の権利はない。21日には元上海副市長兼公安局長が無期懲役、元山西省副省長兼公安庁長と元重慶副市長兼公安局長には14～15年の懲役刑が下された。

党メディアは、「3日間でトラ6匹が裁かれた」と報じた。残る元国家安全省党委委員も9月のうちに逮捕され、翌年1月に執行猶予2年付きの死刑判決が出た。[*27]

習政権の要求通り、政法組織において「刃は内に向けられ、骨から毒は削ぎ落された」。苛烈な粛清を経て、政法組織は完全に生まれ変わった。第20回党大会後に明らかとなった中央政法委員会の顔ぶれは、すっかり習カラーに染め上げられていた。

新たな中央政法委員会のメンバーは、図表2－12のようになった。

中央政法委員会書記の陳文清氏は、地方の公安局から社会人人生をスタートしたたたき上げの人材だ。

図表2-12

中央政法委員会も習氏が完全に掌握した

書記	陳文清（中央政治局員、中央書記処書記）	習1期目政権の初期に中央規律検査委員会副書記を務め、苛烈な反腐敗闘争の先頭に立った。その後、国家安全相と国家安全省党委書記を兼任し、習氏が重視する「国家安全」の強化に努めた。中央に来る直前には福建省党委副書記も務め、広義での福建閥でもある。
副書記	王小洪（中央書記処書記、国務委員、公安省党委書記、公安相）	福建閥の代表格。習氏が福建省福州市党委書記だった時代に同市公安局幹部として親しく交流した。家族ぐるみの付き合いだったともいわれる。習氏の地方視察には必ず同行しているといわれる。
秘書長	闇柏	雲南省や青海省で長く役人人生を送っていた。青海省政法委書記を務めていた21年に習氏が同省を視察に訪れた際、安全確保のためにチベット族を厳しく取り締まったことから習氏に能力を買われ、中央に大抜擢されたといわれる。
委員	張軍（最高人民法院院長）	習1期目政権で中央規律検査委副書記として苛烈な反腐敗闘争を支えた。2期目以降は司法相や最高人民検察院検察長を歴任した。司法部門のテクノクラートといえる。
	応勇（最高人民検察院検察長）	習氏の浙江省党委書記時代に省規律検査委副書記や省高級人民法院院長を歴任した。習氏の中央転出後に習氏の後を追って上海に転じ、上海市長も務めた。浙江省生まれの公安出身者で、浙江閥「之江新軍」の1人。
	陳一新（国家安全相）	浙江閥「之江新軍」の主要メンバー。習氏が浙江省党委書記時代に党委副秘書長に引き上げた側近で、同時期に党委秘書長だった李強首相の下で働いた時期もある。習2期目政権では政法委員会秘書長を務めた。
	賀栄（司法省党委書記、司法相）	中国政法大学卒で、司法畑一筋のエキスパート。中央政法委唯一の女性。
	王仁華（中央軍事委員会政法委員会書記）	人民解放軍では酒泉衛星発射センター政治部主任などの経歴を持つ。各部署で政治部や政治工作部畑を歩んだ。
	王春寧（武装警察部隊司令員）	人民解放軍のたたき上げの軍人。2020年から武警司令員、21年から中央政法委員を務める。

＊2023年3月時点
（出所）筆者作成

習氏との人脈や過去の付き合いがないため習派には分類されていないが、習氏の2期目政権で情報機関の役割を果たす国家安全相を務め、習氏からの厚い信頼を得たといわれている。

陳氏をめぐる人事は異例中の異例として注目された。中央書記処に国家安全畑の人物が起用されることは初めてだが、それだけではない。陳氏は国家安全畑の人材として、初めて中央政治局員となり、初めて中央書記処書記に抜擢され、初めて警察・司法のすべてに君臨する中央政法委員会書記に就任したのだ。これほど「初めて尽くし」の人物も珍しい。

ナンバー2の副書記を務める王小洪氏は公安省党委書記と公安相を兼任し、かつて周永康氏の牙城だった公安省をがっちりと抑える。福建省時代に習氏と家族ぐるみの付き合いをしたといわれる側近中の側近だ。委員には、陳一新氏や応勇氏など浙江閥の代表格といわれるメンバーが2人も入っているのも注目点だ。

陳文清氏の後任の国家安全相には、陳一新氏が就いた。陳一新氏は浙江省時代の習氏に仕えた「習派浙江閥」の人物で、2期目の政権では中央政法委員会秘書長として政法組織の「整風運動」を指揮する大役も担った。3期目では、改正反スパイ法などで強化された国内のスパイ取り締まりをはじめ、反体制派や西側の浸透に目を光らせることになる。

最高人民法院院長に抜擢された張軍氏は、習氏1期目政権の反腐敗闘争を中央規律検査委員会副書記として支えた。中央政法委員会の要である秘書長には、習氏の青海省視察時のチベット族取り締まりが高く評価されて中央への階段を一気に上ったといわれる闇柏氏が就任した。その他の委員も習政権下で初めて中央の要職に就いた人物ばかりであり、習氏に忠誠を誓ったシンパであるとみられている。

3期目政権の人事では、7人の中央書記処書記の顔ぶれも話題を呼んだ。7人のうち3人が国家安全または公安出身という異様な顔ぶれとなったためだ。組織のバランスからみて驚くべき偏り方であり、まるで公安国家と宣言しているようだ。習政権において今後、さらに統制や弾圧が強まる兆しではないかとの懸念も囁《ささや》かれる。

こうして習氏は3期目政権の発足前に、政法組織の完全な制圧を完了した。そして「槍杆子《チアンガンズ》、筆杆子《ビーガンズ》、刀把子《ダオバーズ》」の3つを傘下に収め、揺るがぬ政権を実現した。

「刀把子《ダオバーズ》」は2期目政権では刃を内に向けさせられていたが、今は名実ともに「習氏の刀」として刃を外へと向けさせられている。今後、社会への統制や弾圧が加速する可能性は高い。

習政権下では、社会の末端における住民相互管理や監視のシステムも整備が進んでいる。

昔からある居民委員会の強化に加え、小さな地域ごとに自治や相互監視の仕組みをつくる「網格管理（グリッドマネジメント）」といったシステムも構築されている。名目は犯罪防止や防疫対策だが、人々の生活を厳しく管理していくその先にあるのは、党の規範からはずれた行動や考え方が許容されない社会の実現だ。知らず知らずのうちに、人々の思考までもがコントロールされる社会が現実のものとなりつつある。

習氏は「総体国家安全観」という概念を提唱している。伝統的な安全保障にとどまらず、治安や社会の思想統制まで含む幅広い概念とみられる。国家安全を確実にするため、「槍杆子《チアンガンズ》、筆杆子《ビーガンズ》、刀把子《ダオバーズ》」の連携も進むだろう。

厳しい管理・統制下で多様性が失われた社会は、指導者からみれば不安材料の少ない安定した世界かもしれない。しかし、画一化された組織は、一般にリスクへの対応力が弱く、振れ幅も大きくなる。周辺国にとっての予測不能性は高まる一方といえよう。

最終作戦

習派で党を埋め尽くせ

臣はつくるが閥はつくらず

2022年の第20回中国共産党大会で習近平氏の3期目政権が発足し、習氏は完全な「一強体制」を確立した。2012年の就任時、習氏にはまだ「習派」と呼ぶべき確固たる勢力はなかった。しかし、3期目政権では習氏以外の23人の中央政治局員のうち、習派と分類できる勢力は18人に達した。残る5人は過去に習氏と直接の関係を持たないテクノクラート（技術官僚）や理論家であるため無派閥に分類したが、全員が習氏への忠誠を誓っている。実質的には23人全員が習氏の「忠臣」といえる。

着目すべきは、習氏が習派のなかに強大なグループが生まれないよう、忠臣たちのパワーバランスに細かく目配りしている点だ。習氏は習派内を緻密にコントロールしている。これは、江沢民派や共青団派ではあまりみられなかった特徴だ。

そもそも習派は党内の勢力図を説明するための便宜上、派閥と認定されているが、実際のところ、結束力を持った政治グループとはいいがたい。江沢民派には「利権」という強力なつながりがあり、共青団派は全国に広がる先輩後輩関係を通じた鉄の結束力を誇っていた。一方、習派の主なメンバーは、習氏の友人や習氏が赴任先で知り合った昔の習氏の部下なので、横のつながりはほとんどない。それぞれが習氏と一対一でつながる縦の関係にあり、互いに習氏の寵愛を競うライバル関係といえる。手を携えて「親分」を盛り立てていくワンチームとはいえない。

これまで習派は人数も少なく、習氏が習派内のパワーバランスを考える必要もそれほどなかった。しかし、今や中央政治局全員が習氏の勢力だ。「3人いれば派閥ができる」というように、今後は習派内のせめぎ合いが政権の不安定要因になる恐れもある。各自が実力者となるにつれ、様々な利害関係者が集まってくることも避けられない。そこから強大な勢力が生まれれば、習氏の一強体制に綻びが出かねない。最高権力者の習氏から見れば、忠臣が群れることなく、それぞれが自分ひとりに依存する状態が望ましいのだ。

習氏の側近登用状況を中央政治局員の背景別に分類してみた（図表2－13参照）。

習派の中でも代表的なグループは、習氏がかつて赴任していた福建省や浙江省、上海市で知り合った部下グループだ。「浙江閥」には、首相に引き上げられた李強氏や陳敏爾・天津市党委書記が含まれる。「福建閥」には、何立峰副首相がいる。

前北京市党委書記の蔡奇・中央政治局常務委員兼中央書記処書記や前中央宣伝部長の黄坤明・広東省党委書記は、福建・浙江の両省で習氏と重なる。最高指導部入りした丁薛祥副首相は、かつて上海市党委秘書長として習氏を支えた。

清華大閥には、習氏の清華大学時代の寮のルームメートで2期目政権で中央組織部長を務めた陳希氏に連なる人脈が入ってくる。習氏の陳氏に対する信頼は厚く、陳氏推薦の人材は積極的に登用しているようだ。3期目では、陳希氏の清華大学時代の部下である陳吉寧氏が指導部入りを果たし、出世の登竜門である上海市党委書記に就いた。陳吉寧氏は海外帰りで、環境・水質汚染改善の第一人者でもある。

図表2-13

習派における人脈図

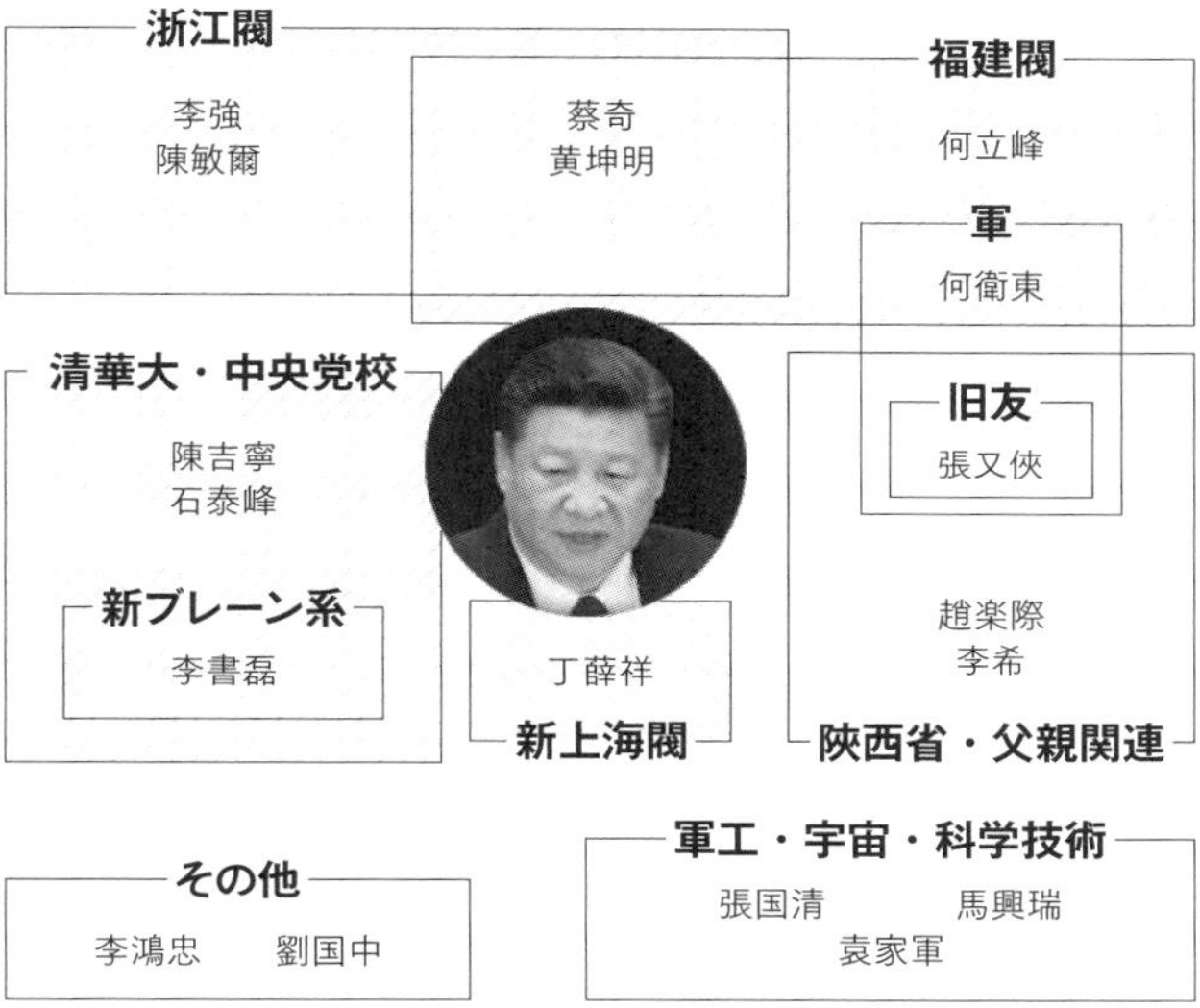

習氏がかつて校長を務めた中央党校からは、習氏のもとで副校長だった石泰峰氏と李書磊氏の2人が中央政治局に入った。そのうち中央宣伝部長に就いた李書磊氏は、習氏の新たなスピーチライターともいわれている。

人民解放軍の制服組ツートップである中央軍事委員会副主席は、父親同士が戦友で習氏自身の旧友である張又侠氏が続投した。もう一人は、福建閥で台湾海峡に面した旧第31集団軍出身の何衛東氏が抜擢された。

中央政治局常務委員会委員の趙楽際氏と李希氏の2人は、習氏と直接の関係はないにもかかわらず、習派の主要メンバーとして知られている。2人とも、習氏の父親の故郷であり、習氏が「下放」された村もある陝西省に勤めていた時代に習氏にアピールした。趙氏は習氏の父親の墓を再建し、李氏は習氏が過ごした村を整備した。「その他」に分類した李鴻忠氏も、もともとは江沢民派とみられていたが、習氏が国家指導者になって以降、習氏の礼讃を率先して推し進め、評価を得たという。

軍民融合政策や科学技術興国を推進する習氏は、軍事産業や宇宙航空関係企業の関係者や技術者を熱心に登用している。習派のなかでも「軍工系」「航天（宇宙）系」と呼ばれており、今回指導部入りした張国清氏や馬興瑞氏、袁家軍氏らが該当する。

各グループから中央政治局に入った人数は、それぞれ1〜3人にとどまった。浙江閥や福建閥には習氏と関係が深い人物がたくさんおり、党大会直前まで多くの人物が中央政治局員の有力候補者として名前を挙げられていた。

しかし、蓋を開けてみると、浙江閥と福建閥から政治局入りを果たしたのは6人のみだった。習氏が特定の集団に力を持たせないよう細心の注意を払っていることが透けて見える。家臣たちが徒党を組まず、それぞれが個別に寵を競うという、権力者にとってもっとも心地よい体制を構築しているといえる。

内堀には忠臣、外堀にはプロフェッショナル

習氏は3期目の中央政治局を側近で固め、自身の権勢を見せつけた。一方で、イエスマンだらけの指導部は習政権のウィークポイントとなりかねないリスクもはらむ。習氏に正確な情報が入らなくなり、政権の危機対処能力が著しく低下する恐れがあるためだ。加えて、習氏との関係の近さや忠誠心が優先された結果、能力主義とは程遠い状況となった。

たとえば、首相に就いた李強氏は浙江省時代の習氏に秘書としての能力を高く評価されたことで出世の糸口をつかんだが、中央で仕事をした経験は一切ない。上海市党委書記は務めたが、大きな功績があるわけではない。むしろ２０２２年春の上海市の事業上の都市封鎖（ロックダウン）を断行し、経済に多大な打撃を与えたことで世界に名前を知られた。

党大会前まで首相の有力候補といわれてきた汪洋氏は、国際社会でも知られる経済通だ。広東省党委書記時代の汪氏の改革開放政策は、「広東モデル」と称された。中国共産党幹部には珍しく、欧米メディアの前でも気軽に語るオープンな姿勢で知られている。もう1人の有力候補だった胡春華氏は北京大学の卒業生代表で、若い頃からチベット自治区で行政の経験を積んできた。河北省、内モンゴル自治区、広東省の3地域で省長や党委書記を務め、習氏の2期目政権では貧困対策や通商政策を担当する副首相も経験した。この2人に比べると、李氏の経験不足は否めない。

それでも習氏は、「能力のある外様」を政権中枢に招き入れる選択肢は選ばなかった。習氏にとって、政権の安定が最優先事項なのだ。その結果、中国共産党の最高指導部である中央政治局常務委員会は、「習氏とその家来たち」と揶揄《やゆ》されるほどの軽い存在となった。

問題は、習政権の安全の代償として政権の執政能力の低下という重大なマイナス面が発生することだ。そこで習氏が採った戦略が、テクノクラート（技術官僚）の積極登用だ。

習氏は、科学技術など専門分野のプロフェッショナル人材を非常に高く評価する傾向が強い。党総書記就任以降、様々な分野でプロフェッショナル人材を積極的に登用してきた。習氏の人材登用術の特徴は、彼らを彼ら自身の専門分野で起用するにとどまらず、畑違いの政治・行政の分野で大胆に抜擢してきた点にある。

一般に、党や政府の幹部には、共青団出身者をはじめとして党や政府が育成してきた幹部人材が就くのが定石だ。習氏はそうした政治エリート集団よりも、政治や行政には素人であるテクノクラート集団の実務能力を評価し、省のトップなどに引き上げた。ただし、習氏が抜擢した人材は政治・行政には素人とはいえ、国防を担う大手企業の経営や国家事業にかかわるプロジェクトチームを率いた経験を持つ人が多い。組織の統率力や問題解決能力では、十分な実績があるとみることもできる。

3期目政権における中央政治局24人中、テクノクラート、または特定の分野における専門家は8人いる。なかでも綺羅星のような存在は、「軍工系」「航天系」と呼ばれる張国清氏や馬興瑞氏、袁家軍氏らだ。

彼らの経歴は、いずれも輝かしい業績に彩られている。張氏は戦闘車両や対空防衛システムなど主に陸軍系の兵器を手掛ける中国兵器工業集団の元総経理で、同グループで30年間近い経験を積んだ。総経理としては兵器の現代化やIT化、企業の収益体制の改善に取り組んだ。

馬氏は、中国の有人宇宙飛行計画や月探査計画の嫦娥《じょうが》計画に携わった中国宇宙工学の第一人者だ。袁氏も、中国の有人宇宙飛行船「神舟」プロジェクトに深くかかわってきた。33歳で「神舟1号」プロジェクトの副総指揮となり、38歳以降は「神舟2号」から「神舟5号」に至るプロジェクトを総指揮として率いた。5号では中国初の有人宇宙飛行に成功した。

無派閥に分類した5人も、各分野で名前を馳せたプロフェッショナルだ。北京市党委書記になった尹力氏は公衆衛生分野のテクノクラートで、米ハーバード大学にも在籍した経歴を持つ。2002年に中国で重症急性呼吸器症候群（SARS）が発生すると、衛生省に急きょ招集され、弁公庁副主任として陣頭指揮を執った。その後、国際協力局長として世界保健機関（WHO）などとの窓口も務めた。

図表2-14

中央政治局24人中、テクノクラート・専門家からの転身組

張国清	副首相 (2023年3月〜)	中国兵器工業集団総経理,→(習政権下)重慶市長→天津市長→遼寧省党委書記
馬興瑞	新疆ウイグル自治区党委書記 (2021年12月〜)	ハルビン工業大学副校長→中国航天科技集団総経理→(習政権下)国家航天局長・国家原子力エネルギー機構主任・国家国防科技工業局長→広東省党委副書記・深圳市党委書記→広東省長
袁家軍	重慶市党委書記 (2022年12月〜)	中国航天科技集団副総経理→寧夏回族自治区政府常務副主席→(習政権下)浙江省党委書記
尹力	北京市党委書記 (2022年11月〜)	衛生省国際協力局長→衛生省次官→(習政権下)国家食品薬品監督管理総局副局長→四川省長→福建省党委書記
李幹傑	中央組織部長 (2023年春〜)	環境保護省次官・国家核安全局長→(習政権下)→河北省党委副書記→環境保護相→生態環境相→山東省党委書記

李幹傑氏は、原子力行政の専門家だ。原子力・放射能安全に関する政策や法制度の立案、原子力発電所の許認可などを手掛ける国家核安全局に27年間在籍した。

王滬寧氏は、中国共産党のイデオロギーの支柱として、江沢民氏、胡錦濤氏、習近平氏の三代の政権に仕えた。若い頃は先進的な論文や書籍を次々と執筆し、新進気鋭の国際政治学者として脚光を浴びた。王毅氏は外交官、陳文清氏は地方の交番からスタートした公安・国家安全畑のたたき上げだ。

この8人のなかでも、張国清氏、馬興瑞氏、袁家軍氏、尹力氏、李幹傑氏の5人は完全な異業種から政治・行政の世界に転身した人たちだ。経歴をみると、主に習政権下になってから、急速に地方政府で抜擢されたことがわかる。

なかでも袁氏と尹氏には注目が必要だ。2人は習氏の2期目政権で、習氏にとって特別な地である浙江省と福建省の党委書記に就いた。地縁を大事にする習氏が意味もなく、袁氏と尹氏を浙江省や福建省に送り込むはずがない。それだけ2人の能力や人柄を買っているとみて間違いない。

3期目政権において袁氏と尹氏は、中央での出世の登竜門である重慶市党委書記と北京市党委書記に抜擢された。2人とも3期目政権が始まった時点でまだ60歳だ。今後の最高指導部入りを十分狙えるポジションにつけており、習政権における今後の最注目株といえるだろう。

中央委員会全体を見渡しても、技術系エリートの進出ぶりは顕著だ。第20回党大会で選出された中央委員205人のうち、技術の専門家出身や工学博士など理系の博士号を持つ人材を独自集計したところ、全体の約4割を占めた（経済や法律、金融などの文系のテクノクラートは除いた）。第19回ではその割合は約2割だったので、ほぼ倍増した形だ。

さらに、各省・自治区のトップについても、3期目政権では次々とプロフェッショナル人材が登用された。彼らが仕事人としてどの程度の能力を発揮できるかどうかが、習政権の実質的な強さとなる。

Column

習氏が記した「秘書の品格」

習氏は1990年3月、福建省寧徳市党委書記だった時代、地方の弁公室幹部を前に「秘書の品格」について語ったことがある。その内容は、習氏の福建省時代の演説や論文をまとめた『擺脱貧困（貧困からの脱出）』という書籍に収録されている。

習氏自身、大学卒業後の最初の仕事は中央軍事委員会の弁公庁秘書だった。その後、地方幹部となってからは、秘書を使う立場を続けてきた。秘書の仕事のあり方についての思い入れは深いとみられる。党総書記になった後も、特にお気に入りの部下は、浙江省時代の秘書である李強氏と、上海市時代の秘書である丁薛祥氏だ。習政権において秘書という職種は、習氏が非常に重視する特別なポジションといえる。

そこで、習氏のまとめた「秘書の品格」から、習氏が部下を評価するポイントを推察してみようと思う。

まず習氏は、弁公室の仕事の特徴をこうまとめた。

①「重」＝参謀、知恵袋として重要な役割を果たす
②「苦」＝残業や休日出勤も多く、苦労の絶えない仕事である
③「雑」＝指導者の接待から庶民への連絡まで煩雑である
④「難」＝上司に合わせながら臨機応変が求められる難しい仕事である。

次に、弁公室の仕事に対する3つの希望を提示した。この部分は、習氏が自身の部下に求める要件といっていいだろう。仕事が早く、上司に助言もできる能力を持つ一方、折り目正しく、

控えめな態度が好まれるようだ。李強氏や丁薛祥氏のたたずまいが、目に浮かぶようでもある。

①強い責任感を持つこと＝弁公室の仕事の多くは機密に属し、書類をどの範囲に渡すかはすべて具体的な規定がある。適当にやってはならない。政治や経済の情報についてはさらに強い責任感が必要で、沈黙を保つ習慣を養わなければならない。弁公室で起草する書類は、厳粛であると同時に過分であってはならない。古人の言によれば、「一字を失えば一句全体の意味が失われ、一句を間違えれば文章全体が意味不明となる」という。強い緊張感と責任感をもって仕事に当たらなければならない。

②効率よく仕事をすること＝弁公室は毎日多くの仕事を処理しなくてはいけない。効率的に仕事をしなければ、全部門の仕事に影響する。効率よく仕事をするためには、弁証法を学ぶ必要がある。仕事の重要性や緊急性に関する優先順位をしっかり見極め、上下左右とよくコミュニケーションをとり、内部と外部をしっかり区分けし、それぞれの仕事を進めていかなくてはならない。弁公室のもう一つの重要な役割は参謀だ。海外のシンクタンクのように重要な局面では意見を具申し、上司の迅速な決断の助けとならなければならない。

③水準の高いサービスを提供すること＝第一に、事前と事後のサービス意識を強化しなければならない。会議の開催であれば先に会場に来て準備し、会議後も会議録や書類の作成などをこなす。第二に、サービスはタイミングよく、かつ周到でなければならない。第三に、24時間体制で仕事に当たらなければならない。第四に、サービスは勤勉で誠実なだけでなく、

アイデアに溢れ、臨機応変でなくてはいけない。視察の接待でも工夫が必要だ。食事は、各地方が地元の名物を出せば特色を出しつつ節約できる。皆が食事に満足したうえで地方の飲食文化も理解できるのになぜそうしないのか。

最後に、習氏は秘書に必要な修養や姿勢についてまとめた。修養については①清廉潔白で公正であること、②謹厳で慎み深いこと、③勤勉で苦労を厭わないこと――の3つを挙げた。マルクス主義、毛沢東思想、党の路線について学ばなければならないとも語った。

そのうえで、「5つのやってはいけないこと」を提示した。

①驕ってはいけない＝組織の看板や上司の後ろ盾を期待してはいけない。組織や上司の名義を悪用して私腹を肥やしてはならない。

②うぬぼれてはいけない＝優越感を克服し、下の者や大衆に横暴で傲慢な態度で命令するようなことは絶対にしてはならない。

③自慢してはいけない＝自慢や自分を見せびらかす行為はしてはならない。特に上司の個人的な仕事や生活について言い触らしたり、軽率に評論したりして

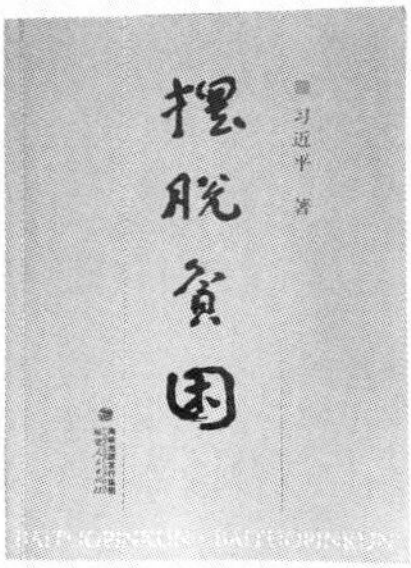

習近平氏の福建省時代の演説などをまとめた『摆脱贫困（貧困からの脱出）』

はいけない。党の内部機密については、さらに固く口を閉ざす必要がある。

④卑下してはいけない＝自虐の精神を克服しなければいけない。もじもじして、何も意見を言えないようではいけない。唯々諾々と人に従うのではなく、自分の意見を持たなくてはいけない。

⑤独善的になってはいけない＝上司の指示を勝手に変えたり、補充したり、削除したりすることを当然と考えてはいけない。不注意やおざなり、職務怠慢は防がなければならない。

当時、習氏は弱冠37歳。幹部といえども地方政府のトップに過ぎないにもかかわらず、部下のあり方に対する達観した書きぶりと詳細な要求からは、生まれながらにして人を使うことに慣れた太子党の「育ち」も滲み出る。

習氏は、最後に秘書の極意についてこうまとめた。

「参画するが干渉せず、支援するが権限は超えず、服従するが盲従せず」

なかなか高いハードルだ。

李強氏は習氏が浙江省党委書記だった時代、2年半にわたって秘書を務めた。おそらく習氏のこのような高い要求水準を完璧にクリアすることができたのだろう。仕事の能力と人格のバランスがとれた人物であると推測できる。

丁薛祥氏は、秘書としての能力では李強氏の上を行くかもしれない。習氏が上海市党委書記を務めた半年間に秘書を務めただけだが、そのわずかな時間における仕事ぶりを高く評価され、あっという間に中央政治局常務委員にまで登りつめた。

中央では当初、中央書記処書記・中央弁公庁主任・国家主席弁公室主任を兼任し、習政権の内部をすべてとりまとめる「大内総管（執事長）」と呼ばれた。秘書中の秘書といえるだろう。

ただし、良い秘書が良い指導者になれるとは限らない。李強氏は首相となっても「習氏の秘書」とのイメージがつきまとい、「首相の品格」を醸し出せるかどうかには疑問符がつく。

それこそが習氏の狙いなのかもしれないが、中国ほどの大国の国家運営において事実上の「首相不在」という異常事態はどうなのだろうか。習流人事が中国の未来にどのような影響を及ぼすかは未知数だ。[*28]

政治エリートの排除と共青団の悲劇

テクノクラートを積極登用する習氏の目的は、一義的には第20回党大会でも強調された「中国式現代化」の推進にある。科学技術興国を推進し、軍民融合を加速し、国家主導の経済を加速するうえでは党中央に様々な分野の技術の専門家がいるほうがよい。

一方、テクノクラートの増加は裏返してみれば、既存の政治エリート層の排除を意味する。その代表格が共青団派だ。

共青団は共産党結党翌年の１９２２年に初めての大会を開いた歴史を持つ。14～28歳に団員となる資格があり、党エリートを養成する役割を担ってきた。現在は約７０００万人の団員を抱える一大勢力だ。
習氏は共青団を批判の的としてきた。香港紙「明報」によると、習氏は２０１５年7月の「中央の党の団体工作会議」における演説で、共青団の現状を「重度の四肢麻痺状態だ」と辛辣に批判した。さらに「大衆から乖離している」と彼らの長年の官僚体質を指摘し、もしも共青団が再奮起して問題を解決することができないのであれば、「若者や党、政府から疎外され、組織の価値すら失うだろう」と警告した。[*29]
２０１６年には中央規律検査委員会に共青団を査察させ、「党の指導に従わず、機関化、行政化、貴族化、娯楽化している」と総括した。大衆を理解せず、仕事はお役所仕事に陥り、特権意識を持ち、意味のないイベントなどに多大な予算を使っているという意味だ。[*30]
同年には、中央弁公庁が「共青団中央改革プラン（方案）」という改革案を出し、共青団への党の指導を強化するとともに「共青団の中央・省・直轄市の高級幹部を減らし、末端で直接民衆とかかわる職務に回す」などの措置を実施した。[*31]予算も従来の半分に削減した。[*32][*33]
共青団派は全国に組織を持つピラミッド型組織であり、結束力が強い。これまで胡錦濤氏をはじめとする第一書記出身者は党での出世が約束され、全国の団員も自分たちのリーダーとして支持していた。胡錦濤政権下では、党や政府の組織でますます共青団エリートの登用が進んだ。
習氏からみれば、強固な支持基盤を持つ共青団派は習氏の集権体制を壊す脅威に映る。胡錦濤氏や温家宝氏らを筆頭に、民主主義志向が強いのも危険視される材料となっている。２０１７年9月、習政権は共青団第一書記の秦宜智氏を国家質量監督検験検疫総局副局長という閑職に就けた。秦氏は翌月の第19回共産党大会の代表にも選ばれなかった。いずれも前代未聞の出来事だ。「共青団エリートは冷遇される」という現実を突きつけることで、派閥の求心力低下を図った。

さらに、2022年の第20回党大会では、中央政治局から共青団派が全滅した。首相の有力候補だった共青団のホープ、胡春華氏までもが中央政治局員から外れた。誰も予想できなかった事態だった。

共青団派だけではない。習氏からみれば、いわゆる政治エリートはすべて「アンチ習派」のリスクが見え隠れするようだ。現役の政治幹部の多くは、出世の階段を上る過程で江沢民派や共青団派の息がかかっている確率が高い。海外経験の豊富な幹部も多く、閉鎖的、集権的な習氏の方針を批判的にみている可能性が高い。だからこそ、政治エリートは徹底して党や政府の要職から排除したうえで、徒党を組まずに仕事をこなすプロフェッショナル人材を積極的に登用しているといえる。

かつて日本の政治家、田中真紀子氏が外務省幹部を前に「人間には3種類しかいない。家族、敵、使用人だ」と語ったという。習氏の人材登用術からも、田中氏と似通った人間観を感ずる。「使用人」とは、習氏の場合、絶対忠誠を誓う家来のような部下や秘書たち、そしてプロに徹した仕事人を指すのだろう。それ以外の党内の政治家はすべて、「情勢によってはいつ裏切るかわからない敵」と考えているのではないだろうか。

そして「使用人」のなかでも、習氏が内堀に入れるのは信頼を実証できた側近のみ。テクノクラートたちは能力を評価しつつも、まずは外堀に置いておく。習氏のメリハリのついた人材配置からは、人間観のみならず、冷徹な人生観が滲み出る。

そうした人生観は、文化大革命の際に父親と共に激しい迫害を受けた経験から形成されたと考えられる。習氏は、中国共産党がその過酷な歴史を通じて鍛え抜いた「権力闘争の申し子」といえるのではないだろうか。

第 三 章

政治家「習近平」はどうつくられたか

思想と政策の源流を探る

習近平氏が通った北京市の北海幼児園

名門「北京市八一学校」は文化大革命で一時閉鎖された

黄土高原の谷間にある梁家河村の入り口

梁家河村に下放された習氏が暮らしたヤオドンという横穴式の伝統的住居

かつて習氏が過ごしたヤオドンのオンドル

国家主席となって梁家河村を訪れた習氏を歓迎する村の知人たち

梁家河村時代の習氏

梁家河村時代の習氏（左から2番目）

清華大学に入学する習氏が梁家河村を去る時に村人と撮った写真

習氏が梁家河時代に開発したメタンガス収集設備

梁家河村時代に習氏が掘ったとされる井戸。
今も使われているという

全国から党組織をはじめとする様々な団体が梁家河村を訪れ、若き日の習氏の暮らしや功績を学ぶ

上海市にある中国共産党第1回全国代表大会（党大会）会址記念館

毛沢東らが追手を逃れ、中国共産党第1回党大会を
継続して開いた南湖に浮かぶ『紅船』の模型

2012年11月の中国共産党大会で、習近平氏が中国共産党の新たな指導者として姿を現した時、「開明的ではあるが、力の弱いリーダー」というのが定番の人物評だった。だが、政権の姿が次第に明らかになってくるにつれ、世界は自分たちの思い違いに気がついた。実際の習氏は、中国の過去の指導者のなかでも群を抜いて集権的で、原理的なマルクス主義者だったのである。

だが、習氏は政権に就いてから、急に変貌を遂げたわけではない。その事実は、習氏の権力掌握への道筋が2012年の党総書記就任時から綿密に組み立てられていたことからも推測できる。それでは、「政治家・習近平」はいつ、どのように形成されていったのか――。習氏の生い立ちや若い頃の論文、発言を追いながら、現在の習氏の思想や政策の源流を探る。

毛沢東への憧憬――農村で培った大衆路線

習近平氏の思考や戦略、政策を考える際、毛沢東の思想や戦略への傾倒を避けて通ることはできない。習氏にとって毛沢東への崇拝や憧憬は、人生を貫く信仰や信念に近い存在といえる。中国では、毛沢東を習氏の「精神的な父」と表現する言葉もある。まずは習氏の生い立ちを振り返りながら、なぜ毛沢東への強い信仰を持つに至ったかを分析する。

習氏の幼年期から20代前半にかけて、習氏自身と毛沢東との間の関係性を巡っては、「教育」「否定」「承認」という三段階があったとみられる。

習近平氏の原籍は陝西省富平県であり、父・仲勲氏の墓も同地にあるが、実際は北京で生まれ育った「都会っ子」だ。幼児期は「北海幼児園」という名門幼稚園に預けられた。同園は１９４９年、中華人民共和国の建国と同時に、中南海に隣接する清朝時代の庭園を活用して共産党幹部の子息の教育のために設立されたもので、劉少奇、陳雲、王稼祥、薄一波など名だたる最高幹部の子息が預けられた。

広大な庭園内に立地する優雅な環境、大卒ぞろいの教師陣、当時最先端の設備、腕のよい料理人がつくる栄養バランスのよい給食など最良の環境が整えられた。今でも北海幼児園といえば、中国屈指の名門とされる。公立であるため費用は安く、毎年、入園の応募が殺到するが、相当の「家庭の条件」がなければ入れないといわれている。

建国直後の党幹部らは忙しく、子供たちは休日を除いて園に寄宿することが多かった。園で子供たちは徹底した社会主義教育を施され、革命について学んだ。日々語られる革命の史実は子供たちにとってはわくわくする物語であり、毛沢東が憧れのヒーローだったのは間違いない。

習氏はその後、高級幹部の子弟が通う小中一貫の「八一学校」に進学した。習氏は後年、八一学校で学んだことについてこう語っている。

「中学に上がった時、『革命の後継者として』という政治の教科書を学んだ。その本に書かれていた言葉は、私たちの人生の選択と理想、信念に大きな影響を与えた」

習氏はその時、その場で教科書に書かれていた文言を暗唱してみせた。

「生産、労働を強く愛し、艱難辛苦と闘い、自らの手で富強な社会主義祖国を建設し、雄大な心と壮健な志で革命の後継者となれ[*1]」

子供時代の党への熱い思いについて、習氏がこんな思い出話を語ったこともある。２０１４年の子供の日、優秀な子供たちを集めた「少年先鋒隊」の入隊式でのことだ。

「入隊した時は心がドキドキしてとても感動した。私は1959年に入学して翌年には入隊した。クラスのなかでは年齢が低かったので第一陣にはなれなかったが、それでも感激して涙が出てきたよ」[*2]

順調に革命エリートへの道を歩んでいた習氏だが、恵まれた人生は9歳のときに暗転する。父の仲勲氏が1962年、毛沢東の不興を買い、「反党分子」と断定されて失脚したのだ。陝西省で共に革命に身を投じた同志である劉志丹氏を描いた小説の出版を支援したのがきっかけだった。

さらにその後、文化大革命が始まった。「八一学校」も閉鎖され、一般の学校に移った習氏は、「反党分子の息子」として迫害を受けるようになった。批判集会で何度も吊るし上げられ、習氏自身が監獄に入れられたこともあったという。習氏にとっては、自分が信じてきた世界や教えから全否定されたのも同然だったろう。

鄧小平をはじめとして多くの経験を積んできた大人には、文革の狂乱や毛沢東の政治闘争を冷めた目でみる余裕もあった。しかし、幼い頃から革命思想で純粋培養されてきた習氏の気持ちは、迫害や批判を受けても毛沢東を否定する方向には向かわなかった。むしろ、毛沢東思想を一層忠実に実践しようと努力する方向に向かった。

習氏の迫害の時代は、毛沢東が1968年12月に発した大号令により終わりを告げた。毛は文化大革命の混乱の収拾を図るため、人民日報に寄せた文章で「知識青年は農村に行き、貧しい農民による再教育を受けなければならない」と指示した。「上山下郷」と呼ばれる運動だ。この号令を受け、全国で合計1600万人近い青少年が親元を離れ、貧困農村へ移住したという。

習氏は当時、まだ15歳で、一般に知識青年とされる年齢には達していなかったが、最年少の知識青年として農村行きの隊列に加わり、陝西省延安市延川県にある梁家河村に赴いた。

中国共産党中央党校が出版した『習近平の知識青年としての7年の歳月』という書籍に、習氏と同じグループで梁家河村に下放され、習氏と寝食を共にした人物の興味深いインタビューが掲載されている。

▼号令には、誰もが進んで応じなければならなかった。実際、当時の私は、「行きたい」とか「行きたくない」とか口にすることができなかった。あれは、私たちをみんな巻き込む巨大な嵐のようなものだった。もし応じなければ、居民委員会のおばさんや学校の教師や革命委員会の職員らが毎日説得に来ただろう

▼1月13日の出発の日のことはとても鮮明に覚えている。北京駅は知識青年とその家族で溢れ返っていた。列車の中も外も、人々はみんな泣いていた。男子も泣いていた。知識青年とはいっても結局は十代の子供で、みんな家族と離れたことなどなかったのだから。でも、近平（習近平）は、後年のあるインタビューで当時の情景をこんなふうに語っていた。

「延安に行く列車のことはとてもよく覚えている。みんな泣いていた。列車のなかで泣いていない人などいなかった。笑っているのは私だけだった。列車の外にいた家族は、『なぜあなたは笑っているの？』と聞いたんだ。

私はこう言った。『もし行けないとなったら、それこそ泣くよ。ここを今去ることができないのなら、命があるかどうかもわからない。ここを出ていけるなんていいことじゃないか？』。それを聞いた家族たちは、泣きながら笑った」[*3]

文革が習氏にとっての「否定」の時代だったとすれば、梁家河村は「承認」の時代だった。

習氏は7年間にわたる青春を梁家河村で過ごした。多くの知識青年たちは先に都会に戻っていったが、習氏は父の政治的な立場の影響でなかなか北京に戻ることができなかった。梁家河に到着した時、知識青年の一隊は15人いたが、習氏が1975年に北京への帰路に就いた時、村に残っていたのは習氏1人だけだったという。習氏は誰よりも幼くして下放され、誰よりも長く農村で暮らした。

梁家河は、黄土高原の乾いた大地に刻まれた深い谷間にある貧しい村だ。人々は、黄色い崖に横穴を掘った「ヤオドン」と呼ばれる伝統的な住居に住んでいる。習氏もヤオドンに住み、オンドルの上で眠った。

ヤオドンから外に出てみても、見えるのは青い空と目の前に迫る黄色い崖ばかり――。思春期の多感な7年間、こんな景色が習氏にとっての世界のすべてだった。

梁家河村での生活は、都会で生まれ育った習氏にとっては慣れない辛い暮らしだったはずだが、習氏は後年、何にも代えがたい美しい思い出のように当時を繰り返し語っている。2015年の春節前の大晦日、彭麗媛夫人を連れて梁家河村を訪れた習氏は、村人たちにこう語りかけた。

「私の人生で初めて学んだことは、すべて梁家河にあった。梁家河を決して軽視してはいけない。ここは、どこよりも素晴らしい学問の場なのだ」

「あの時、私はこの村を去ったが、私の心はここにあった」[*4]

習氏のこうした言葉を受け、梁家河での習氏の体験は今、新たな革命の後継者の「創世記」となりつつある。

習氏は2004年、浙江省党委員会書記だった時代に延安テレビ局のインタビューでこう語っている。

「一番受け入れがたかったのはノミだ。私の皮膚は過敏なので、ノミに咬まれると赤く腫れ、最後は水膨れになってしまう」

習氏はヤオドン中を掃除し、家に入る前には念入りに衣服からノミを落とすなどノミ対策に必死になったという。現地の食糧事情も、習氏にはつらいものだった。主な食べ物は、トウモロコシの粉を練ってまるめた窩頭《ウォトウ》や蒸した芋、夏にはちょっとした野菜もついた。北京の裕福な家庭で育った習氏には、慣れない食べ物ばかりだっただろう。

習氏は「何か月も肉を食べないこともあった。食べられるものは、何でも食べた。最後には、村の人たちが持ってきてくれる食べ物が一番の好物になった」と語った。そして当時は裁縫でもなんでも自分でやらなくてはいけなかったとして、「今でも生活能力は高い」と自慢してみせた。

このインタビューで、習氏は嬉しそうな笑顔をみせながら、こんな思い出も披露した。

「夜になってご飯を食べ終わると、村の人たちは次々と私のヤオドンにやってきた。そして鈴なりになって、私が話す古今東西の話を聞くのだよ」

当時、習氏と一緒に過ごした梁家河村の人たちは、様々なインタビューで若き日の習氏を絶賛している。

「最初は慣れない様子だったが、2年もすると農作業も放牧もなんでもできるようになった」

「誰よりもつらい仕事を引き受け、誰よりも一生懸命働いた」

「彼のヤオドンのなかは、本でいっぱいだった。自分たちは文字が読めないし、学もないが、彼が話してくれる小説や都会の話は本当に面白かった」

こうした話は、プロパガンダとして美化された部分が多いのは否めない。しかし、梁家河村に赴いた習氏が懸命に村の生活になじみ、村人に受け入れられようと努力したことは事実だろう。反党分子の息子である習氏が生きていくためには他に選択肢がなかったうえ、習氏はまだ10代の純粋な若者でもあった。

新華社がまとめた「足跡」という動画教材によると、習氏は中国共産党員になるための申請書を10回も提出したという。北京から遠く離れた谷底の村でも、「反党分子」である習氏の家庭環境は問題視された。当時、梁家河生産大隊の党支部書記だった梁玉明氏によると、習氏は当初、家庭の背景から入党は難しいとあきらめていたという。

しかし、梁氏らの勧めで入党申請を決意し、梁家河の支部の会議では習氏を推薦することで全員が一致したという。ところが、梁氏が上部組織である人民公社の党委員会に習氏の資料を持って行ったところ、書記は資料を一目みてあきれてこう言ったという。「反党分子の息子を推薦してくるなんて、お前もずいぶん大胆だな」。

申請は却下されたが、習氏は何度も申請書を書いた。梁家河村の人々も応援を続けた。その結果、人民公社の党委員会も折れ、県の党委員会の判断に任せることになった。村人たちの支持も評価され、習氏は20歳のとき、ようやく中国共産党への入党を認められた。その後まもなくして、梁家河村の人々に推されて生産大隊の党支部書記にも就いた。[*5]

党支部書記としての活躍は、習氏の梁家河村における「創世記」のハイライトだ。習氏は村人を指揮して水路を整え、棚田を整備した。さらに知識青年として技術の情報を仕入れ、メタンガス備蓄池を村人たちと共につくったという。これは糞尿を集めてメタンガスを発生させ、村人の煮炊きやランプ照明に使うという施設だ。村の真ん中にはまだ現物が残っており、今でも使用されているという。

「習氏がいかに村人の生活向上に心を砕き、知恵と工夫に溢れ、人々を指導する力に長けていたか」を今に示す梁家河神話の象徴的な存在となっている。

こうしたストーリーにもかなりの演出が入っていると思われるが、習氏にとってはそれなりに充実した日々だったのではないだろうか。北京では反党分子の子供として人格を全否定され、ひどい迫害も受けた。それにひきかえ、梁家河村では村の一員として受け入れられ、共に労働した。

習氏は夜になると、ヤオドンの小さなランプの明かりを頼りに『毛沢東語録』やマルクスの『資本論』を繰り返し読み、17冊の読書ノートをしたためたという。毛沢東が唱える「マルクス主義の中国化」や「大衆路線」を誰よりも実践しているという充実感もあっただろう。村人たちの推薦を受け、中国共産党員にもなり、支部書記にもなった。ようやく習氏の「承認欲求」が満たされた時代だったといえよう。

習氏のなかで梁家河村での暮らしがいかに得難い体験となっているかは、梁家河の村人たちとの交流からも伺い知ることができる。習氏は出世を重ねた後も、村人たちとの交流は続けてきた。前述した村人へのインタビューの中にこんな話がある。習氏が一時居候したヤオドンの住人で、習氏より2歳下の呂侯生氏の体験談だ。

呂氏は1994年、ヤオドンの修理をしていた時に天井から落ちてきた石で右足を大けがし、その影響で重い骨髄炎を患った。医者からは治療を受けなければ命にもかかわると言われたものの、お金がないため高額の治療を受けることができない。困り果てた呂氏は、習氏が前年に村を訪れた時に置いていった名刺の存在を思い出した。

習氏は当時すでに福建省福州市党委書記となっており、雲の上の存在だったが、村を訪れた際には昔と同じように皆と昔の呼び名で名前を呼びあい、「困った時には連絡をくれ」と親しい人たちに名刺を渡していった。呂氏は、その言葉を頼りに手紙を書いたという。すると、習氏から直接返信があり、同封された500元で福建まで来て治療するように勧められた。

そこで、呂氏は生まれて初めて梁家河村を出て福建省福州市に向かった。福州では習氏が病院をすべて手配していたうえ、入院中はほぼ毎晩見舞いに来てくれたという。

呂氏が治療費のことを尋ねると、習氏はこう答えた。「侯生、きみの病気が治るなら、私はいくら払ってもいいのだよ」。おそらく数万元はかかっただろう治療費について、呂氏は「当時、近平の給料はそんなに高くなかった。きっとほとんどが彭麗媛夫人のお金だろう」と推測している。[*6]

こうしたエピソードからは、習氏が梁家河村の人々を「身内」として扱っていることが伝わる。そして、いったん「身内」となった人々には、とことん親身に接する習氏の性格も垣間見える。

習氏は国家指導者となった後、福建省や浙江省で親しくなった部下を次々と中央に引き上げた。忠実な部下で周辺を固める狙いと同時に、いったん自身の傘下に入った人間に対しては「面倒見のよい親分」として、能力があろうがなかろうが滅多なことでは見捨てないという側面もあるのではないだろうか。

さて、習氏のこの「はじまりの物語」は、中国の政策にどう影響しているのだろうか。

最大の変化は、習氏の手によって毛沢東思想が再び中国共産党の政治の中心に躍り出たことだ。

2013年1月5日、習氏は新任の中央委員・中央候補委員を集めた会議で行った重要演説で、中国共産党の歴史の流れを変える重大な発言をした。

改革開放前の歴史時期を正確に評価しなければならない。改革開放後の歴史時期をもって改革開放前の歴史時期を否定してはいけない。また、改革開放前の歴史時期をもって改革開放後の歴史時期を否定してはいけない。[*7]

改革開放の時代は、毛沢東の死後、自動的に始まったわけではない。毛沢東の教えを死守しようとする教条主義の一派と鄧小平氏が激しい路線闘争を繰り広げた末に、ようやく実現したものだ。

習氏の発言の意味を改めて理解するため、毛沢東の死後、中国共産党の中枢でどのような闘争が起きたかについての経緯を振り返ってみたい。

中国では毛沢東の死後、「二つのすべて（両個凡是）（すべての毛沢東主席の決定は断固守らねばならず、すべての毛沢東主席の指示には変わることなく従わなければならない）」という概念を提唱する華国鋒党主席らが幅を利かせ、現実路線を歩もうとする鄧小平氏らの改革派と闘争を繰り広げていた。改革派が対抗のために展開したのが、「真理の基準」キャンペーンだ。

改革派は1978年5月、南京大学の哲学教授が書いた「実践こそが真理を検証する唯一の基準である」という論文を党メディアに相次いで掲載し、「二つのすべて」に反撃するための理論武装に乗り出した。次いで、鄧小平氏は同年9月、党の会合で重要演説を行った。「毛沢東思想の旗を高く掲げ、実事求是の原則を堅持する」と訴える内容だ。

――毛沢東思想の旗を高く掲げるとはどういうことか？　それは「すべての毛沢東同志の決定は断固

守らねばならない、すべての毛沢東同志の指示は変わらず従わなければならない」ということか？そのようなやり方は毛沢東思想を傷つけるものである。毛沢東思想の神髄は、毛沢東同志が延安の党校に掲げた『実事求是』という4文字にある。もし我々が毛沢東同志の指示したことしかやれないとしたら、マルクス主義はどう発展するのか？　毛沢東思想はどう発展するのか？　理論というものは実践によって検証すべきなのである。では、「旗を高く掲げる」とはどういうことか？　現在、党中央が出している方針、政策（「4つの現代化」など）こそが「旗を高く掲げる」ことを意味する。それ以外は形式的かつ偽物の「高く掲げた旗」なのだ。[*8]

この演説で重要な点は2点ある。

一つは、「毛沢東思想を高く掲げる」と訴えたことだ。一見、「二つのすべて」派の主張の一部を受け入れ、毛沢東の権威を貶《おとし》めないことを強調したようにみえる。だが、実際のところは、毛沢東思想を政策決定の柱から外し、党の象徴的な存在へと棚上げすることを狙った高等戦術だった。

もう一つは、毛沢東思想の神髄を「実事求是（事実の実証にもとづいて物事の真理を追求すること）」の1点に集約したことだ。これにより鄧小平氏は「真理の基準」と毛沢東思想を結び付け、毛沢東思想を形の上では受け入れながら、現実離れした教条主義の徹底排除を図った。

この演説が闘争の潮目を変えた。改革派は「実事求是」をスローガンとして「二つのすべて」派を追い込み、鄧小平氏が主導する改革開放の時代が幕開けした。

習氏は、こうした歴史の流れに再び挑戦した。毛沢東の120周年の誕生日にあたる2013年12月26日に開いた座談会で演説し、毛沢東思想について再び踏み込んだ発言を行ったのだ。演説全体は、

「毛沢東を革命の英雄として称えつつ、文化大革命の誤りは認める」という内容で、鄧小平氏の路線に沿ったものだ。しかし、習氏は、演説のなかにさりげなく異なる表現を加えた。

▼鄧小平同志は言った。「毛沢東思想の旗を捨ててはならない。捨てることは、我々の党の輝かしい歴史を否定することを意味する。いかなる時も、毛沢東思想の旗を高く掲げる原則を変えてはならない。我々は、永遠に毛沢東思想の旗を高く掲げて前進するのだ」

▼毛沢東思想の魂は、その思想を貫く立場、観点、方法だ。そこには3つの基本方針がある。「実事求是」「大衆路線」「独立自主」だ。新たな情勢下、我々は毛沢東思想の魂をしっかりと堅持して活用し、党をしっかりと建設し、中国の特色ある社会主義の偉大な事業を引き続き前進させていかなければならない。[*9]

習氏は鄧小平氏の発言を踏まえたスタイルをとりつつ、その意図を換骨奪胎した。

鄧小平氏が「毛沢東思想の旗を高く掲げる」と語ったのは、あくまで党の理念や象徴として毛沢東の権威を守るためである。本当の狙いは、「実事求是」以外の毛沢東思想を葬り去り、政策決定の場から教条主義を徹底排除するところにあった。

しかし、習氏は「毛沢東思想の旗を高く掲げる」という鄧小平氏の言葉を強調したうえで、毛沢東思想の「魂」を「実事求是」「大衆路線」「独立自主」の3点だと改めて定義した。鄧小平時代以来、埃をかぶっていた「大衆路線」や「独立自主」といった言葉が、習近平政権下で改めて政治の表舞台に引っ張り出されることになった。

「大衆路線」とは、毛沢東が1943年に発表した「指導方法の若干の問題について」で示した思想で、本来は毛沢東路線の柱ともいうべき政治原則だ。党は民衆に深く入り込んで民衆の意見を知り、それに基づいて党の政策を打ち立てる。さらに、その政策を民衆の中に持ち込むことで民衆が自主的、主体的に行動するように導く、との内容だ。党が民衆を指導しながらも、党と民衆が一体となることを訴えた。

梁家河村で党支部書記を務め、村人たちと働いてきた習氏には、「誰よりも大衆路線を実践してきた」という自負がある。大学卒業後の習氏のキャリアをみても、当初は中央軍事委員会の要人秘書という中央のエリートポストからスタートしたにもかかわらず、あえて地方の農村での勤務を望んでいる。こうした姿勢からも、大衆路線への傾倒が垣間見える。

しかし、改革開放以降の中国共産党において、大衆路線は完全に死語になっていた。多くの中国の地方政府や党幹部は経済発展のなかで率先して利権を手にし、庶民を差し置いて私腹を肥やす側に回った。

習氏は党総書記に就任するまで、毛沢東思想への傾倒ぶりはほとんど表に出さなかったが、党総書記に就任すると、初日からすぐに毛沢東思想を持ち出した。2012年11月15日の第18期中央委員会第一回全体会議（1中全会）後、党総書記となった習氏が世界のメディアに初めて姿を現した記者会見だ。

習氏は、そこでいきなり「大衆」という言葉を連発した。

「大衆と密接につながる」

「大衆を離れてはならない」

「大衆の生産や生活の難題を解決し、揺るがず共同富裕の道を行く」

振り返ると、この記者会見の時点ですでに、毛沢東が共産主義社会の一つのゴールとして唱えた「共同富裕」の考え方も披露されていた。[*10]

続けて2013年5月には、「大衆路線教育実践活動」を開始した。党が出した指示によると、「四風（形式主義、官僚主義、享楽主義、贅沢浪費）」が、「人民大衆の中での党のイメージを毀損し、党と大衆、幹部と大衆の関係を深刻に損ねている」として、「四風」の撲滅を求めた。[*11]

同年6月には、中央政治局常務委員7人全員が出席する「党の大衆路線をめぐる教育実践工作会議」を開催し、「大衆路線はわが党の生命線だ。大衆との乖離現象は数多く存在する。徹底的に調べ、修正し、一掃しなければならない」と宣言した。7月からは中央政治局常務委員が地方を視察するなどして、「大衆路線教育実践活動」の全国キャンペーンを展開した。[*12]

習氏の「大衆路線」へのこだわりからは、二つの危機感がみてとれる。一つは、大衆から乖離すれば中国共産党の統治の正統性が損なわれるという危機感だ。もう一つは、習氏がこだわる「国家安全」における危機感だ。民衆の党への支持が失われれば、民主主義陣営をはじめとする「敵対勢力」からつけ込まれ、最終的には民衆を扇動した「カラー革命」へとつながるという習氏独特の世界認識に基づく。

習氏も改革開放という発展段階を否定しているわけではない。13年12月の毛沢東誕生120周年に寄せての演説では、「毛沢東らが築いた社会主義の基礎の上に我が国の改革開放と現代化建設が獲得した目を見張る成果により、我々は歴史上のいかなる時よりも中華民族の偉大な復興という目標に近づいた」と語った。

習氏がめざす「中華民族の偉大な復興」も、「共産主義革命の実現」も、「社会主義の初期段階」において現実路線を採った改革開放があったからこそ可能になったためだ。しかし、経済発展は国を強くする一方、人々を党のイデオロギーから遠ざけてしまった。

習氏がめざすように「先富論（先に豊かになれるものから豊かになる）」を「先富論」で終わらせず、

その先にある本当の毛沢東思想のゴールである「共同富裕」まで歩みを進めるためには、人々の間に今一度イデオロギーを浸透させることが必要だ。だからこそ習氏は毛沢東思想の再来を強調するとともに、イデオロギー教育を強力に進めるために毛沢東ばりの「強人政治」への回帰を図ったのだろう。

もう1つ、鄧小平氏が捨て去り、習氏が再び持ち出した毛沢東思想の概念に「独立自主」がある。これは主に外交政策に使われる概念だが、セットで用いられる言葉に「自力更生」がある。旧ソ連が中国への技術支援を打ち切った時に盛んに提唱されたもので、「他国の力に頼らずに自力で困難を克服する」というスローガンだ。鄧小平氏が外国の資本と技術を大胆に導入する改革開放に舵を切って以降はすっかりお蔵入りしていた。

しかし、最近では、「独立自主、自力更生」に「自立自強」という言葉も付け加えられ、再び脚光を浴び始めた。背景にあるのは、米中対立の激化だ。米国が半導体をはじめとする先進技術の対中輸出を次々と禁止するようになると、中国の産業戦略の中心に据えられた。2021年3月の全国人民代表大会で決定された「第14次五カ年計画及び2035年遠景目標」には、こう明記されている。

「イノベーションを我が国の近代化建設の全局面の核心的地位に堅持し、科学技術の自立自強を国家発展の戦略的柱とする」

習氏は「科学技術の自立自強は国家盛衰の基本であり、安全の要である。我々は必ず完全かつ正確、全面的に新たな発展の理念を貫徹し、イノベーションを促進する発展戦略を実施し、科学技術の命運をしっかりと自分たちの手で掌握しなければならない」と強調している。[*13]

「独立自主」は2021年に採択された習氏の歴史決議「中国共産党の100年にわたる奮闘の歴史的経験」のなかにも一項目を立てて盛り込まれている。その内容はこうだ。[*14]

人類の歴史上、外部の力を当てにし、外国のモデルをそのまま取り入れ、他人の後について真似ばかりすることで強くなり栄えた民族や国家は一つもない。そのようなことをすれば、失敗するか、従属国になるよりほかはない。我々は独立自主と自力更生を堅持し、外国の有益な経験を謙虚に学び参考にするとともに、民族的自尊心と自信も確固不動なものにし、でたらめを信じず、圧力を恐れたりしない。そうすれば、必ずや中国の発展・進歩の運命を常に自らの手にしっかり掌握していくことができる。

中国は、ハイテク分野の根幹技術の多くを米国などの西側先進国に依存している。米国の禁輸措置は死活問題だ。合理的に考えれば、中国は外交・安全保障分野で妥協せざるを得ないだろう。

しかし、習氏は就任直後から、「独立自主、自力更生」の旗を掲げていた。外交よりも経済よりも先に、イデオロギーが存在した。ゆえに、習氏にとっては、どんなに大きな代価を払っても妥協の道はないと考えるべきだ。

世界第一の経済大国である米国と、第二位の中国は経済的には密接に結びついており、両国の相克は世界経済にも大きな損失をもたらす。それでも習政権が続く限り、米中のチキンレースが続くのは避けられないだろう。

Column

習氏がめざす「毛沢東超え」——革命は起きるか？

3期目政権に入ると、習氏は毛沢東の後継者としての振る舞いを隠そうともしなくなった。それどころか「毛沢東超え」をめざす姿勢すらみせている。

その片鱗が垣間見えたのが、第20回党大会で習氏が読み上げた活動報告だ。5年前の第19回党大会での活動報告と内容を比べると、構成には2つの変化があった。第一に、13あった項目が15になったこと。「国家安全」や「法による統治」という、習氏が打ち出した新たな2つの制度に関する項目が追加された。[*15]

一方、同じ分野の項目でありながら、中身ががらりと変わったのが、「思想」に関する項目だ。5年前は「新時代における中国の特色ある社会主義思想」、いわゆる「習思想」に関する項目があったが、姿を消した。その代わりに、「マルクス主義の中国化の新境地を切り開く」という新しい項目が登場した。読み上げる順番も、第19回では2番目だった「党の使命」という重要項目を飛び越えて、2番目に躍り出た。活動報告の冒頭の項目は、「過去5年と今後10年」に関する全体報告なので、個別の項目としては、もっとも重要視された内容だといえる。

これが何を意味するのか——。読み解くには、習政権下で中国共産党がじわりと広めてきた習氏を称える〝決まり文句〟に注目する必要がある。それは「習近平総書記はマルクス主義の政治家、思想家、戦略家」というものだ。これはすなわち、習氏を「マルクス主義を現代に実現する直系の後継者」と位置づけるものだ。

中国共産党はイデオロギーを重視する。だからこそ、こうした認識は鄧小平が敷いた集団指導体制を覆し、個人崇拝を復活させ、習氏が終身指導者となる道を正当化する根拠になり得る。

習氏が読み上げた報告において、「マルクス主義の中国化の新境地を切り開く」の主語への言及がなかったが、その主語は習氏に他ならない。そして「マルクス主義の中国化」を成し遂げたのが毛沢東であり、中国化したマルクス主義とは毛沢東思想を意味する。

第19回党大会での活動報告では、習氏はマルクス主義ではなく、自身の「新時代における中国の特色ある社会主義思想」を前面に打ち出した。その際、同思想をこう表現した。

「マルクス・レーニン主義、毛沢東思想、鄧小平理論、『三つの代表』重要思想、科学的発展観の継承であり発展だ」

三つの代表は江沢民元国家主席、科学的発展観は胡錦濤前国家主席が提唱した概念だ。つまり習氏の思想は「毛沢東、鄧小平、江沢民、胡錦濤といった先の指導者の業績があってこそ生まれた」とみることもでき、全指導者への敬意を示した内容だった。

しかし、第20回党大会の活動報告からは、「先人の積み上げ」への言及は消えてしまった。毛沢東思想への言及すらなかった。すべてを飛ばしてマルクスと、マルクス主義を現代に蘇らす習氏が直接つながっているかのようだ。

2022年10月、中国共産党大会が開幕し、活動報告する習近平総書記

マルクス主義の中国化は、そもそも毛沢東が提唱したものであり、毛沢東思想そのものでもある。習氏は「新たな境地を切り開く」として、毛が示した先をめざす意思をにじませた。さらに習氏は「マルクス主義の中国化・現代化」という表現も使っている。時代に合わなくなった毛沢東思想を現代に適合させ、前時代の遺物とされていたマルクス主義に再び光を当てようという自負が伝わる。

第20回党大会の直前には、梁家河村での生活でマルクス主義への思考を深めたことを強調するプロパガンダが目立った。習氏は『資本論』を3回にわたって読み込み、17冊の読書ノートを記したという。

人民日報によると、梁家河時代を振り返った習氏はこう語った。

「15歳の私はすでに独立した思考能力を持っていた。本を読みながら何度も思考を重ねるうちに、ゆっくりと悟っていった。マルクス主義こそ確かな真理であり、中国共産党の指導は確実に人民の選択、歴史の選択であり、我々が歩む社会主義への道は間違いなく必ず進まなければならない道なのだ」

第20回の活動報告にはもう2点、注目すべき点があった。習氏は「中国式現代化」という社会経済モデルを「人類の現代化実現に向けた新たな選択肢」と位置づけ、世界に広めていく意向を示唆した。同時に、台湾統一について改めて「武力行使の放棄を約束しない」と強い意思を示した。

この2つの目標は、毛が達成できなかった悲願への再挑戦といえる。

「プロレタリア階級は、全人類を解放して初めて自己を解放できる」

毛は、マルクス、エンゲルスの『共産党宣言』から引いたこの言葉を好んで使った。「全人類の解放」とは、世界各国での社会主義革命を意味する。多くの人にとっては単なる〝レトリック〟だが、毛は大いなる野心を喚起された。実際に東南アジアなどで様々な工作を仕掛け、シンガポールなどとの関係が険悪な雰囲気になったこともある。

そして、台湾統一は言うまでもなく、中国共産党にとっての「使命」だ。毛の時代には、中国の国力はまだ弱く、具体的な手を打つことはできなかったが、現在の中国であれば経済力を背景に台湾を脅かす軍事力を整えることも視野に入る。

党内では「習近平思想」を毛沢東思想のように党規約に明記し、習氏を毛と同じ「党主席」とする議論が進む。習氏を毛と並ぶ地位に据えることが目的だ。習氏がめざすものは、「毛沢東の後継者」としての位置づけか、「毛沢東と並ぶ指導者」か――。いずれにしても中国の先行きを大きく揺さぶる野心といえるが、習氏がその先の「毛沢東超え」までめざすならば、混乱は中国を超えて世界にまで波及するのは避けられない。

歴史への傾倒——「紅い遺伝子」の物語

習近平氏の3期目政権が第20期中央委員会第一回全体会議（1中全会）で発足してから4日後の2022年10月27日、習氏ら中央政治局常務委員7人の姿は陝西省延安市にあった。

延安は、長征を終えた毛沢東らが拠点を構え、反転攻勢に転じた中国共産党の「革命聖地」の一つだ。延安革命記念館で習氏は6人の常務委員を従え、こう語った。

「建党精神と延安精神を掲げ、歴史への自信を堅持し、第20回党大会で示した目標の実現へ団結、奮闘しよう[*16]」

習氏ほど党の歴史を重視する指導者は、中国共産党でも珍しい。各地視察のたびに革命の「聖地」を訪れるのは定番のコースだ。2017年10月の19回党大会後の新政権発足時も、新たな常務委員を引き連れて上海の革命史跡を「参拝」した[*17]。

中国共産党は時に党への忠誠心を信仰と表現するが、習氏の党の歴史にかける情熱はまさに信仰と呼ぶにふさわしい。党メディアによると、19回党大会後に上海市にある第1回党大会跡地で常務委員らとともに右手を掲げて党の誓詞を行った習氏の目には、涙が光っていたという報道もある。

習氏の歴史重視の姿勢をもっとも過激な形で表しているのが、「紅い遺伝子」という言葉だ。

中国共産党によると、紅い遺伝子とは「党への忠誠」「崇高な理念と信念」「全身全霊での人民への奉仕」などの精神を指し、「共産主義の遠大な理想と中国の特色ある社会主義の共同理想に強い信仰心を持ち、実践する者」などが遺伝子の持ち主に該当するという。

習氏は折に触れて「党の物語、革命の物語、英雄の物語をしっかりと語り継ぎ、紅い遺伝子を代々継承していかなければならない」と強調してきた。習氏が国家指導者になって以降、全国の革命史跡で整備が進み、中国共産党員が盛んに視察に訪れるようになった。一般民衆にも、革命史跡を訪ねる「紅色旅行（レッドツーリズム）」が流行した。

北京には、習氏が2021年の中国共産党建党100年に合わせて建設した巨大な「中国共産党歴史展覧館」がある。じっくり見て回れば、一日では見切れないほどの豊富な展示内容だ。

2018年6月、中央軍事委員会は「紅い遺伝子の伝承実施要綱」を公布し、「紅い遺伝子」の条件を以下のように定義した。[*18]

一、党の指揮に従う絶対的な忠誠

一、社会主義や共産主義の理想と信念の堅持

一、苦難や死を恐れない戦闘精神

一、革命紀律への高度な自覚

一、「愛民為民」の堅持

「紅い遺伝子」を強調する政策は、中国共産党が江沢民政権以降進んだ多様化の時代から、純潔主義に回帰したことを意味する。

江氏は中国の急速な経済発展と社会の多様化に合わせ、民間企業家の入党も認めるなど純粋な「プロレタリア政党」からの脱却を図った。社会の変化に合わせ、党の支持層の裾野を広げる狙いだったが、その一方で、党のイデオロギーや一党独裁の正統性は曖昧になった。仮に中国共産党が共産主義革命をめざさず、多様性のある「普通の党」になったならば、「選挙で他の政党と執政を交代しても構わない」という理屈も成り立つ。

習氏は、中国共産党が「革命党」であることを改めて強調した。さらに党員の資格についても、「革命時代の精神を堅持していなければ党人ではない」と再定義した。歴史教育は中国共産党のイデオロギーを再強化し、統治の正統性を改めて確立するための手段といえる。

「紅い遺伝子」には、習氏自身の統治の正統性を際立たせる効果もある。習氏の父親は、革命の英雄である習仲勲氏だ。習氏ほど正真正銘の「紅い遺伝子」を色濃く受け継いだ政治家は、今の中国において多くない。人々に党の歴史を教え込むことは、「革命の後継者」たる習氏の背景を思い起こさせるよい機会となる。実際、多くの革命史跡の記念館で習仲勲氏の功績を紹介するコーナーが増えている。

一方で、政治的目的にとどまらず、習氏が心から「歴史好き」であることを窺わせるエピソードは数多い。なかでも習氏が32歳から17年半にわたって勤務した福建省は、毛沢東や朱徳、彭徳懐らが長征を始める前に活動していた地域であり、多くの革命拠点が点在する。福建の地を初めて踏んだ習氏が、幼い頃から噂に聞き、憧れていた「聖地」を熱心に訪ね歩いた様子が伝わる。

たとえば、習氏が1988年、福建省での2番目の赴任地として党委員会書記に就いた寧徳市では、赴任翌日にすべての業務に優先して福安地区にある「閩東ソビエト政府跡地」を訪れたとの逸話が残っている。

当時、地元では革命記念館の開設準備が進められていた。習氏はその話を聞くと、党委員会で記念館に関する会議を何度も開き、陳列内容の策定や史実の調査・研究、解説員の訓練にまで積極的にかかわり、1989年7月の開館式には老兵士らに交じって参列した。そこで習氏は、地元幹部らに「閩東革命記念館を十分に利用し、革命拠点に関する伝統教育を広く展開するように」との指示を出したという。[*19]

1990年に福州市党委書記に転身すると、習氏はここでもさっそく「辛亥革命記念館」を設立した。この時のエピソードは、国家文物局のサイトに紹介されている。

きっかけは、赴任直後に習氏のもとに届いた投書だ。「辛亥革命の英雄である林覚民の故居が再開発のために取り壊されようとしている」。習氏はすぐに福建日報に「社会の利益を顧みない行為は人々の失望を招く」と記した文章を発表し、工事を差し止めた。

そして自ら現地を調査し、その場で故居を修繕して記念館として保護することを決めた。1991年11月の記念館の開館日、習氏はテープカットに参加しただけでなく、招待客のための解説員まで務めたという。[*20]

福建省で習氏は、各地の革命拠点の調査・研究を進めた。なかでも、「軍は党の指導に従う」原則を決めた「古田会議」の開催地である龍岩市上杭県は、公式記録だけでも4回も訪れたという。様々な革命拠点では、老兵士やその家族らの暮らしぶりも調査した。

福建省の農村は、長征に参加した兵士の重要な供給源となった。多くの兵士は故郷に戻った後、貧しい暮らしを余儀なくされており、習氏は強い問題意識を持っていたという。習氏は福建省党委副書記だった1999年7月、革命関係者への生活補助金制度を新設した。

老兵士らへのこうした配慮からは、習氏が自らを「党や革命の指導者層側の人間」と自認し、ノブレス・オブリージュにも似た義務を果たそうとしていた気概を垣間見ることができる。[*21]

次の赴任地である浙江省でも、習氏は革命聖地への熱い思いを示した。党メディアによると、習氏は2002年10月に浙江省に赴任した11日目に嘉興市を視察した。同市には、上海で第1回共産党大会を開いていた毛沢東らが追っ手を逃れ、南湖に浮かぶ船のうえで大会を継続したという有名な史跡がある。その船は今、「紅船」として知られている。同市ではその後、「紅船精神」を広めるための「南湖革命記念館新館」が建設されたが、習氏は起工式にも開館式にも出席した。[*22①]

2007年から赴任した上海市では、7か月間しか滞在しなかったにもかかわらず、第1回共産党大会跡地にある記念館を3回にわたって訪れたという。

習氏の「歴史好き」の起点は、北京の北海幼稚園で受けたエリート教育に遡るだろう。父親や母親、周囲の大人たちからも苦難の連続であった革命の歴史を繰り返し聞く機会があったはずだ。

ユニークなのは、習氏の「歴史好き」が人材発掘につながったことだ。福建や浙江での「聖地巡礼」を通じ、習氏は歴史教育を含むプロパガンダで活躍する腹心を獲得した。そのなかの一人が、福建省の地方役人から中国共産党の中央宣伝部長まで上り詰めた黄坤明氏だ。

黄氏の最大の幸運は、「古田会議」の跡地がある福建省龍岩市上杭県に生まれ、習氏が福建省に赴任してきた時代に地元で役人をしていたことだろう。1996年5月、福建省党委副書記に就いた習氏は、さっそく龍岩市の革命拠点の視察・調査に出かけた。永定県や上杭県などいくつかの革命拠点を数日泊りがけで調査したという。その時に案内役の1人を務めたのが、永定県党委書記だった黄氏だ。結果からみれば、黄氏は習氏に気に入られ、1998年には龍岩市党委書記に出世した。その後も、習氏とは古田をはじめとする革命拠点や歴史教育の重要性について意見を交わす機会が頻繁にあったと推測できる。

黄氏は1999年に浙江省湖州市に転勤したが、習氏も2002年に浙江省党委書記に就いたため、黄氏は再び習氏の傘下に入った。そして習氏の赴任後まもなく、黄氏は南湖の「紅船」がある嘉興市党委書記に就任した。もちろん黄氏は、習氏の革命聖地に対する深い思い入れを熟知していた。さらに、習氏が赴任した直後に真っ先に南湖を訪れたことも知っていた。

黄氏は嘉興市に赴任すると、すぐに「南湖革命記念館新館」の建設に着手した。人民網によると、起工式に訪れた習氏は、『紅船精神』を広めるうえで意義のある場所となる」と記念館の意義を高く評価したという。[*22②]

現在、南湖革命記念館新館を訪れると、まるで北京の人民大会堂のような威風堂々たる概観と充実した展示ぶりに驚かされる。

習氏が2012年に党総書記に就くと、黄氏は翌2013年に中央に引き抜かれ、中央宣伝部副部長に就任した。そして、習氏が本格的に「紅い遺伝子」の啓蒙活動に乗り出した第2期政権では満を持して中央宣伝部長に抜擢された。こうした事実から推測すると、習氏は福建時代にはすでに今につながる歴史政策への思いを黄氏ら周辺に盛んに語っていた可能性が高い。

そして黄氏は習氏の思いに同意し、習氏の思いを先回りして実行する能力もあったのだろう。中央宣伝部長に大抜擢された黄氏は、歴史教育や啓蒙活動を進めると同時に、習思想の普及キャンペーンも強力に推進し、習氏の期待にしっかりと応えた。

黄氏に限らず、習氏に歴史分野で功績をアピールした部下のエピソードは多い。2023年3月に首相に就いた李強氏は直前まで上海市党委書記を務めていたが、習氏が重視する上海の第1回中国共産党大会跡地に新たな記念館を開館した。

同じく中央政治局常務委員入りを果たした中央規律検査委員会書記の李希氏は、習氏と共に働いた経験がないにもかかわらず、習氏のお気に入りといわれる。接点を探ると、李希氏は陝西省延安市党委書記を務めた時代に延安の革命拠点や習氏の下放された農村を歴史教育の拠点として整備した実績で習氏にアピールした[*23]。

今後は習氏の側近たちだけでなく、党組織や政府の幹部らも「紅い遺伝子」の濃さを競い、原理主義を強めていく可能性が高い。世界第2位の経済大国となりながら、いまだに革命時代を生きる中国とどう向き合うかが世界に問われている。

Column

陝西の記憶——習仲勲氏の革命人生

中国の古都・陝西省西安市から車で北上すること約1時間、陝西省渭南市富平県に到着する。以前は知る人も少ない地方の街だったが、今や全国から大勢の人が訪れる特別な場所になった。習近平氏の父である習仲勲氏の生まれ故郷であり、習氏の原籍地であるためだ。

街の郊外には、巨大な「習仲勲陵園」がある。緑地化された広大な公園の中心に、厳重に警備された仲勲氏の墓苑がある。墓石は白い大きな石像で、仲勲氏が笑顔で足を組んで座った姿を模している。人々は長い参道に行列を成し、順番に像の前に進み出て参拝する。敷地内には立派な記念館もあり、仲勲氏の功績を詳しく学ぶことができる。

仲勲氏の墓はもともと富平県にあったが、巨大な陵墓を建設したのは、現中央政治局常務委員序列3位の趙楽際氏だ。2007年に陝西省党委書記に就いた趙氏は陵墓建設に乗り出した。当時、習近平氏は国家副主席に過ぎなかったが、すでに次期国家指導者の候補と目されていた。趙氏と習氏はそれまで共に仕事をするなど直接の接点はなかったが、趙氏はその後、習氏から目をかけられる存在となり、習政権が始まると最高指導部入りし、中央組織部長や中央規律検査委員会書記などの要職を歴任した。

習氏にとって、父・仲勲氏の存在は大きい。革命の英雄であり、後年、党の「八大元老」にもなった。習氏の「紅い遺伝子」の根幹をなす存在といえる。一方で、仲勲氏は、1960年代に「反党分子」とみなされて失脚するなど様々な辛酸も経験した。習氏が「中国共産党の権力闘争の何たるか」について学ぶ機会も多かっただろう。

仲勲氏の知名度はこれまでそれほど高くはなかったが、革命のなかで非常に重要な役割を果たしてきた。仲勲氏らが甘粛や陝西に革命拠点をつくりあげ、しっかりと守ってきたからこそ、毛沢東らは国民党政府の追撃を逃れての「長征」の末に陝西省延安に新たな拠点を築くことができた。仲勲氏ら陝西・甘粛の革命同志が、共産党の反転攻勢の基盤を用意したといえる。

習氏が仲勲氏の功績を盛んに宣伝する背景には、自身の「紅い遺伝子」をアピールすると同時に、父の努力と功績をもっと人々に知らしめたいとの思いもあるのだろう。

仲勲氏は1913年に陝西省富平県の農家に生まれた。わずか12歳で共産主義青年団に加わり、14歳で共産党員となった。仲勲氏の「初陣」は1932年の春、甘粛省両当県での武装蜂起だ。18歳の仲勲氏は200名ほどの兵士を率いて国民党軍と戦った。だが、反撃に遭い、部隊はほぼ壊滅状態だったという。

蜂起は失敗に終わったが、現地には2008年に立派な「両当蜂起記念館」が建設された。中国中央テレビ（CCTV）は記念館を紹介する動画で、「両当蜂起は習仲勲同志の革命人生に重要な影響を与えた。同蜂起の苦しい経験を経て、習同志は革命のリーダーとして成長を果

『習仲勲伝』

たした」と説明した。記念館の入り口には、「両当蜂起の革命精神を代々継承していく」と書かれた大きな看板が掲げられている。

その後、甘粛と陝西の革命拠点は一体化され、仲勲氏は西北地域の指導部メンバーとして頭角を現した。ところが、1935年になると、西北の革命拠点で極端な左傾派らによる粛清運動が始まったのだ。仲勲氏は盟友の劉志丹氏や高崗氏らとともに「右派」のレッテルを貼られ、粛清の憂き目にあった。

習政権下で出版された『習仲勲伝』によると、劉氏や仲勲氏らは当時、勢力拡大を急ぐため、軍閥や地主の私兵らが紅軍に加わることも認めていた。使えるものは使う合理的で開明的な考え方が窺える。

だが、こうしたやり方は、原理主義的な一派による格好の攻撃材料とされた。激しい粛清の嵐が吹き荒れ、仲勲氏らは拘束され、厳しい拷問を受

習近平氏の父・仲勲氏の陵墓につくられた記念館

けた。共に戦火をくぐり抜けてきた200人以上の同志が誤った嫌疑で銃殺されたり、生き埋めにされたりしたという。仲勲氏は、こう回顧している。

監獄に変えられた四合院では、狭い部屋にそれぞれ十数人が縛られたまま閉じ込められた。みな足枷をつけられ、縄を打たれ、気温は摂氏マイナス20度にもなったが、地面には少しの干し草があるだけで、布団はなかった。ほとんどの人は寒くて眠れず、食事も水も満足に与えられなかった。病気になっても治療はされず、腹を下しても便所に行くことも許されなかった。

虐待は日常茶飯事だった。「お前を打つことは蔣介石を打つことになる」とひっきりなしにムチや棒で打たれた。監獄の裏庭には、すでに大きな穴が掘られていた。いつでも

――我々を声もなく埋めて捨てることが可能だった。あれは、この世の地獄だった。どこに人道があるものか。あるのは、ただ訪れる死のみだった。[*24]

仲勲氏らが死も覚悟したとき、誰も思いもよらぬことが起きた。中央紅軍を率いた毛沢東ら党中央が長征を経て陝西に到着したのだ。粛清は停止し、党中央は「誤った粛清」を実行した一派の調査を始めた。仲勲氏や劉志丹氏らはすんでのところで死地を逃れた。仲勲氏は初めて目の当たりにした毛沢東や周恩来の姿に深い感銘を受け、崇拝の気持ちを抱いたようだ。釈放後に参加した会議で、初めて毛沢東の演説を聞いた時の記憶を仲勲氏はこう述懐している。

▼私は一字一句漏らすまいと毛主席の報告を聞いた。彼の話は完全に現実に合致し、路線は完全に正確だと感じた。迷いが雲散霧消し、自分のなかの確信が大きく膨らむのを感じた。

▼毛沢東同志の報告を聞いているときに、遠くから紅軍の黒い軍服を着た人の姿を認めた。長いひげを生やし、黒く太い眉の下の炯々とした両眼が何もかも見通すような智慧の光で溢れた様子は、自然と人を粛然とした気持ちにし、敬わせるものだった。それが周恩来同志だった。[*25]

延安において、仲勲氏と毛沢東の関係は良好だったと思われる。様々な資料館や記念館で仲勲氏の功績が説明される時、頻繁に引用されるエピソードに「毛主席は手ずから『党の利益が第一』という書をしたため、習仲勲同志を表彰した」という話がある。

『習仲勲伝』によると、毛沢東は抗日戦が終わって国共内戦が始まると、仲勲氏に王震が率いる中原部隊との連携作戦を命じるなど重用したという。その際に9度も仲勲氏に書いた手紙が残っている。

一方、仲勲氏は毛沢東への崇敬の念は抱きつつも、毛が展開した政治運動「延安整風」などに対しては慎重な姿勢も示した。特に、中央社会部長兼中央情報部長として整風運動の推進を任された康生の手法には疑念の目を向けている。「延安整風」は思想の誤りを正す運動を口実に毛沢東が古参幹部の実権を奪い、自身への権力集中を完成させる政治運動だった。

康生はその過程で「救助運動」と名付け、多くの幹部や党員を拷問などの手段を使って強制的に自白させた。国民党のスパイだとする自白の内容も、荒唐無稽なものが増えていった。

仲勲氏はその理不尽な運動をみて1935年に自身が受けた理不尽な粛正と重ね合わせ、疑念を深めていったという。多くの女学生が国民党のために「美人局」のスパイを担ったと自白させられた状況をみて、仲勲氏が語った言葉が残されている。

「こんなに幼くて、どこにも行ったことがないような女学生がどうやってスパイになるのだ?」[*26]

康生に対する仲勲氏の批判的な姿勢が二人の間に溝を生み、後年の迫害の遠因となったとの見方もある。

新中国が建国されると、仲勲氏は中央で中央宣伝部長や副首相などの要職を務めたが、1962年の小説『劉志丹』事件で再び苛烈な権力闘争に巻き込まれた。仲勲氏は盟友・劉志丹に関する書籍の出版とあって、快く材料の提供などの支援を引き受けた。その行為を康生が権力闘争に利用したのだ。

小説のなかには、西北地方で共に戦った高崗氏が登場した。しかし、高崗氏は毛沢東の権力闘争に巻き込まれ、自殺していた。康生は小説が高崗氏の名誉回復を図る政治的な動きだと断定し、その首謀者の一員として仲勲氏を糾弾した。

仲勲氏の反論はまったく聞き入れられず、仲勲氏は失脚し、河南省洛陽市の工場で働かされることになった。さらに1966年になると、追い打ちをかけるように文化大革命が始まった。

文化大革命が始まった当初は仲勲氏も運動に期待していたが、次第に文革は仲勲氏の想像を超えるものとなっていった。そして中央文革小組の顧問となった康生はしきりと小説『劉志丹』事件を持ち出しては仲勲氏を紅衛兵たちの攻撃対象と位置付けた。仲勲氏は紅衛兵たちの一大拠点である西安に送られ、悲惨な迫害を受けることになった。仲勲氏は中央に書簡を送り、「労働を通じて自己を鍛え、改造する」として元の職場に戻ることを嘆願し、こう訴えた。

「現在の闘争は我々がかつて地主や大金持ちに行った闘争よりもずっと残酷なものです」

仲勲氏の状況をみかねた周恩来が陝西省軍区に命令を出し、仲勲氏を軍の管理下に移すまで迫害は続いた。[*27]

その後も監禁は続いた。その間、妻や子供の消息を聞くことはまったくできなかった。家族が再会できたのは、1972年に妻の斉心氏が周恩来に手紙を書き、仲勲氏と会わせてほしいと陳情したことによるものだった。周恩来の手配により、北京で家族が再会した時の様子は、

『習仲勲伝』では、こう描写している。

仲勲氏の姿をみると、子供たちはすぐに周りに駆け寄り、「お父さん、お父さん」と呼びかけた。彼は8年間、子供たちと会っていなかった。涙が溢れてきたが、2人の女の子をみても、どちらが「橋橋」でどちらが「安安」かがわからなかった。2人の息子も、自分の知っている息子ではなくなっていた。彼が去った時、兄の近平は11歳、弟の遠平は8歳の子供だったのに、2人は今や19歳と16歳の青年になってしまった。

それから25年後、習近平氏は当時の情景を感慨深くこう語っている。

「父は私たちを見ると、すぐに泣きだした。私は父にたばこを一本渡し、自分でも一本火をつけた。父が『お前はなぜたばこなど吸うのか？』と尋ねてきたので、私はこう答えた。『頭に思い浮かぶのは、辛いことばかりだからね。この数年間、私たちも艱難辛苦のなかを生きてきた』

父は少しの間、沈黙してからこう言った。『お前が吸うなら、私もそうしよう』[*28]

いま習氏が力を追い求める背景には、父親の人生が強烈な教訓として存在する可能性が高い。中国共産党の歴史をみれば、イデオロギー政党においては、時に「正しいか、正しくないか」「常識的か、そうでないか」よりも、「力が強いか、弱いか」「イデオロギーで相手を言い負かせるかどうか」でどんな不条理劇もまかり通ることが証明されている。

だからこそ、習氏は毛沢東のように力をつけ、自分自身がイデオロギーの主体となることをめざしているのではないだろうか。

文革から解放された仲勲氏は広東省党委員会書記となり、改革開放の最前線に立った。そして、中央に戻ると、胡耀邦政権において中央書記処書記を務めた。民主化路線をめざした胡耀邦を強く支持したといわれている。だが、胡耀邦が鄧小平の怒りを買って失脚し、1989年4月に死去した後は、政治改革を巡る表立った発言はあまりみられないようになってしまった。

仲勲氏は2002年5月24日、自分の息子が国家指導者になる未来を知らないまま、享年89歳で世を去った。「革命の英雄」「八大元老」と尊敬されながらも、中国共産党に人生を翻弄され続けた仲勲氏の胸には、晩年、どのような思いが去来していたのだろうか。そして、もし習近平氏がめざす毛沢東的な統治を仲勲氏がその目で見たとしたら、いったい、どのように評価したのだろうか。

福建時代の習氏の足跡を記した『習近平在福建』

福建時代に軍人と交流する習氏（『習近平在福建』より）

福建時代に高射砲予備役部隊の訓練に参加する習氏（『習近平在福建』より）

福建時代の習氏が脱貧困を支援した閩寧鎮の中心部には、『脱貧困したら共産党を忘れるな　豊かになったら習主席を忘れるな』との看板が掲げられている

習氏は豊かになった閩寧鎮を何度も訪れている
（閩寧鎮の民家に飾られた写真）

寧夏・賀蘭山のふもとに広がるブドウ畑。小洒落たワイナリーが並び、ワインツーリズムも盛んになるなど、乾燥と貧困のイメージを払拭した

閩寧鎮の中心部には福建と寧夏から名前をとった福寧路がある

台湾の対岸で築いた友情——強軍思想への道

2012年に党総書記に就いた習近平氏は、反腐敗闘争を通じて軍幹部や軍内の利権集団を一掃し、人民解放軍の権力を掌握した。

軍の掌握は、党内の権力闘争に勝つことだけが最終目的ではない。軍にはびこる利権集団に阻まれて、江沢民氏や胡錦濤氏が着手することができなかった軍の抜本改革を手掛けることも大きな目的だった。そのため、習氏は軍の権力を完全に掌握すると、建軍以来といわれる大規模な改革を実施した。

改革は二つの顔を持っていた。一つは、軍事委主席である習氏への権限集中だ。実権を握っていた4総部（総参謀部、総政治部、総後勤部、総装備部）を廃止して、軍政（管理）・軍令（作戦指揮）のすべてを含む主要な機能が中央軍事委員会主席に直轄する形とした。

①統合作戦や情報化戦争に対応し、平時と戦時の指揮を一体化
②作戦指揮系統と管理系統を分割
③軍区を廃止し、戦区を設置。中央軍事委が戦区を、戦区が部隊を指揮し、各軍種の司令部は作戦指揮を行わず、部隊を管理する体制を構築
④中央軍事委員会に「統合作戦指揮センター」が設立され、習氏が総指揮（司令官に相当）に就任

⑤陸軍中心主義を是正
⑥ロケット軍司令部や戦略支援部隊を創設

改革内容は、軍隊の現代化に必要な要素をひと通り踏まえており、習氏が軍隊建設への一定の知識や土地勘を有していたことが推測できる。

習氏が軍を理解していた背景には、キャリアにおける軍との密接な関係がある。中央組織部が管轄するサイト「共産党員網」の記事によれば、習氏は２０１３年７月の中央軍事委員会の会議の場でこう語った。

「私と軍隊の間には、切っても切れない縁がある。幼い頃から軍の歴史を学び、多くの軍の長老たちを目の当たりにしてきた。だから、少年時代から軍に対しては、深い思い入れがある。その後、軍で何年か働いた。地方に行ってからは軍隊の建設に力を入れ、軍の同志と交流を重ねた。だから国防や軍隊建設については、少なからず理解している[*29-①]」

習氏の社会人最初のキャリアは中央軍事委員会だ。中央政治局委員・副首相・中央軍事委員会秘書長だった耿飈氏の秘書を務めた。要人の秘書として、多くの情報に接し、軍の全体像に対する理解を深める機会もあっただろう。

習氏と軍隊の距離を近づけた最大の要因は、台湾海峡に面した福建省での勤務経験だ。習氏は福建省で次ページ図表３－２のような軍の役職を歴任した。

地方の党幹部が軍組織の役職を兼任することはよくあるが、形式的な仕事をするだけにとどまることも少なくない。しかし、習氏は積極的に軍務や軍隊建設にかかわった。なかでも台湾海峡に直面する福

図表3-1

軍改革の要点

①統合作戦や情報化戦争に対応し、平時と戦時の指揮を一体化

②作戦指揮系統と管理系統を分割

③軍区を廃止し、戦区を設置。中央軍事委が戦区を、戦区が部隊を指揮し、各軍種の司令部は作戦指揮を行わず部隊を管理する体制を構築

④中央軍事委員会に「統合作戦指揮センター」が設立され、習氏が総指揮（司令官に相当）に就任。

⑤陸軍中心主義を是正

⑥ロケット軍司令部や戦略支援部隊を創設

（出所）筆者作成

図表3-2

習氏が福建省時代に歴任した軍の役職

行政区	役職	軍関連の役職
福建省厦門市	副市長	双擁工作領導小組（軍人の家族や生活を支援する政府組織）組長
福建省寧徳市	党委書記	寧徳軍分区党委第1書記
福建省福州市	党委書記	福州軍分区党委第1書記
福建省	党委副書記	福建省予備役高射砲師団第1政治委員
福建省	省長・党委副書記	南京軍区国防動員委員会副主任、福建省予備役高射砲師団第1政治委員

＊軍組織はいずれも南京軍区管轄下

（出所）筆者作成

建には、台湾が支配する金門島を管轄下に置く第31集団軍をはじめとして人民解放軍きってのベテラン軍人が揃っていた。彼らとの交流が、知見と人脈の両面において習氏にもたらした果実は大きかった。

では、習氏はどのように軍人と交わり、軍務に携わったのか。当時のニュースや軍人たちの回顧録をみると、習氏が一般に想像される以上に軍人に溶け込み、親しく交流した様子が伝わってくる。

中央党校が出版した書籍『習近平在福建（福建の習近平）』に掲載されたインタビューを中心に、当時の習氏の足跡を辿ってみた。もちろん、それらの記事は習氏が党総書記に就いた後に編集されたものであるため、美化されているのは否めない。それでも、習氏が軍のどんな面に着目していたかなどの状況は把握できる。

複数の軍人が「習氏の功績」として挙げた事例として、福州市党委書記時代に手掛けた「軍人の子供の就学や家族の就職問題の解決」がある。一見すると地味な仕事だが、軍人らにとっては、生活や子供の将来にかかわる大きな問題だ。証言をまとめると、次のようになる。

当時、福州市には多くの部隊や軍の機関が各地から移転してきており、一気に膨れ上がった子供たちの就学が問題となっていた。中国は学区制であり、新たに建設された宿舎に十分な学校がないことが多かったためだ。家族の就職も難しかった。

ある日、部隊を訪問した習氏は、部隊の幹部にこう尋ねた。

「引っ越してきたばかりで困っていることも多いですよね。遠慮なく言ってください。できることは何でもします」

そこで軍幹部らは、家族の問題から生活インフラの不足まであらゆる問題を訴えたという。習氏は、その日のうちにそれぞれの問題の関連部門に早急な対処を命じたという。

習氏の手配により、子供たちは転校したり、寄宿したりするなどの形で比較的優秀な学校に通うことが可能となった。仕事を望む家族らには、市の関連組織で優先的に職を紹介された。電気や水道、宿舎など生活インフラも迅速に整備された。地方政府が軍にこのようなサービスをすることは全国でも珍しく、軍人らはおおいに喜んだという。習氏は退職軍人らの転職支援や引退した老幹部らの慰問にも熱心に取り組んだ。[*29-②]

福建では、部隊の設立や増強にも携わった。特に習氏が力を入れたのは、「予備役高射砲師団」の設立だ。１９９３年に軍の上層部が決定し、福州市に任務が降りてきた。台湾海峡に面した福建省で、民兵や予備役軍人の戦闘力向上を図る狙いがあった。これについては、当時の地元報道も多く残る。
▼当時の福州市は財政状況が厳しく、拠点は廃工場などを活用する案が有力となっていた。これを聞いた習氏は即座に反対した。「今回の予備役部隊の設立は、我々の人民軍隊の建設に与えられた新しい課題だ。必ず素晴らしい回答を提出しなくてはならない」。習氏の働きかけにより、建設予算はすぐに確保され、現代的な建物が福州市内に建設された。
▼福州市書記の際、習氏は７３１２１部隊の兵営の出入りに使う唯一の道路の泥濘《ぬかるみ》がいつもひどく、出動に時間がかかっていることを知った。市で予算を確保し、広く舗装された道路を建設した。
▼省の党委副書記になった習氏は、高射砲師団の第1政治委員を兼任した。当時、高射砲師団では訓練基地の必要性が高まっていたが、予算が確保できなかった。すると、習氏は省の発展改革委員会

や財政部門の責任者を引き連れて師団を訪れ、その場で1800万元の予算確保を決めたという。習氏は師団長の希望を取り入れ、シミュレーション訓練室のついた最新の訓練センターを建設した。

▼高射砲師団への習氏の愛着は強く、「雲の上の人」であるはずの省長になってからも、師団第1政治委員をやめなかった。しかも活動に参加するときは、必ず軍装を着ていたという。予備役師団の最高の階級は大佐であるため、省長の習氏も大佐の階級章や肩章をつけていたが、通常はありえないことだ。当時の副師団長は、「彼は、軍服を着ると、『光栄で身が引き締まる思いがする』と語っていた」と振り返る。

▼福建省長だった習氏は2002年6月、第31集団軍のために新たな作戦指揮センターの建設を支援した。省長自ら計画に携わり、1500万元の資金を確保し、第31集団軍の情報化を促進した。[*29-③]

習氏は、民兵の強化にも熱心に取り組んだ。背景には、毛沢東思想の重要な要素である「人民戦争思想」がある。同思想は「全人民の力を結集して動員し、敵に勝利する」という戦争戦略論だ。『習近平在福建』によると、習氏は当時、こう語っていたという。

「予備役部隊は正規部隊と同じレベルで組織しなくてはならない。これは毛沢東同志の人民戦争思想を貫徹する新たな試みだ。いったん戦争が起きれば、正規部隊だけでなく、幅広い人民大衆との連携が必要になる。『兵民（武装人民）こそ勝利の基本』なのだ」[*30-①]

習氏は当時すでに、「軍民融合」という概念についても語っていたという。軍民融合は、現在の習政権における強軍戦略の柱を成す。民生技術の発展と軍事技術の発展を結合する戦略で、宇宙やサイバー技術、人工知能（ＡＩ）など多分野の科学技術を駆使した最新兵器開発を支えている。

福建時代の習氏には、まだ軍民双方でハイテク技術が融合するダイナミックなイメージはなかったかもしれないが、「平時と戦時が連続し、民が兵であり、兵が民である」というシームレスな発想はすでに確立されていたことがわかる。

海上民兵の育成にも、習氏は力を入れた。哨所の建設を推進し、「予算が必要なら、必要なだけ持っていけ。海防を担う民兵を欠かすことはできない！」と人々を鼓舞したという。

訓練に参加した民兵の賃金を補塡する制度も整備した。そのため、福州市の民兵は積極的に訓練に参加するようになった。習氏は「民兵は育成するだけでなく、使わなければならない」とも述べ、福州軍区分区や市公安局と連携して、民兵の治安維持活動への参加も促進した。[*30-②]

『習近平在福建』には、軍人と習氏の友情の一端も記されている。あちこち部隊を視察して、軍人の意見や生活ぶりを聞くのが好きだったようだ。寧徳時代は毎週、兵営の庭で開かれる露天映画上映会に参加していたとの話もある。

習氏が厦門市副市長に就いた当時、第31集団軍政治部主任を務めていた隋繩武氏は、会議で何度も顔を合わせるうちに習氏と親しくなり、いつも一緒に散歩しては会話を楽しんだという。その後も隋氏は南京軍区政治部副主任や福建省軍区政治委員などの要職を担い、習氏と様々な立場で連携した。

隋氏自身は北京に転勤してしまうが、その後も交流は続いた。隋氏は、第31集団軍出身のベテラン軍人であり、台湾海峡情勢や前線ならではの知見、軍人のものの考え方など習氏が学んだことは少なくないはずだ。現場の軍人たちとの交流は、習氏が党幹部や国家指導者の立場では理解しづらい軍の実態を肌で感じるための貴重な機会ともなっただろう。

日頃の交流に加え、隋氏は習氏が党総書記となった２０１４年、「古田会議跡」で全軍政治工作会議を開く直前に、軍の腐敗を糾弾する手紙を習氏に送ったという。役職の売買や派閥の横行、身内の登用、党の軽視、国家軍への改革待望論の高まりなどを詳細に書き連ねた。習氏は、意見を聞くためにすぐに隋氏のもとに2人の役人を派遣したという。

習氏は現在、軍の幹部に福建省出身者を次々と登用している。もちろん、人脈のある福建省出身者を増やし、軍内で「習派」の形成を図っている面もあるだろう。しかし、福建時代の経験から、台湾海峡の最前線を知る軍人たちの知見や戦略を高く評価している事実も大きいのではないだろうか。

江沢民氏や胡錦濤氏とは異なり、習氏は最初から「軍を熟知した指導者」として人民解放軍の前に現れた。そして一連の改革を経て、世界一流の軍隊をめざす「強軍思想」を提起した。

同思想は国防や軍改革の新たな理論的支柱であり、党の指導や軍事能力の強化、軍民融合、科学技術による軍の振興、法に基づく軍の統治など、習氏が就任以来手掛けてきた改革の集大成といえる。2017年の第19回党大会では、党規約にも「習近平の強軍思想」が明記された。

そして2027年、人民解放軍は建軍100年を迎える。習氏はその節目に向けて、軍に対して「建軍100年の奮闘目標」の実現を求めている。だが、その具体的な内容は、なぜか一切明らかにされていない。ひょっとすると、言葉にしなくとも、習氏を支える福建閥の軍人たちには、習氏の「奮闘目標」は暗黙知として共有されているのかもしれない。

Column

ある海上民兵の人生

海上民兵とは、実際にはどのような仕事をしているのだろう。習近平氏から勲章を授かった「英雄」の人生を追いながら、中国の海洋進出における民兵の役割を考察してみよう。

今、中国でもっとも有名な海上民兵とみられる人物は、海南島北部にある潭門村の海上民兵連副連隊長を務める王書茂氏だ。王氏は2021年7月1日の中国共産党建党100年に先立つ6月末、全国から選び抜かれた29人の優秀党員の1人として表彰された。中国中央テレビ（CCTV）で全国に実況中継される中、習氏の前に進み出た王氏は習氏自らの手で勲章を首にかけてもらい、緊張した面持ちで習氏と並んで写真を撮影した。[*31-①]

王氏は1956年に海南島北部にある潭門村で生まれた。18歳から父親に連れられて漁民となり、1985年に地元の海上民兵連に加わった。民兵連とは各地に作られた準軍事組織で、普段は成員それぞれが生産活動に携わりながら、軍事面では人民解放軍の指揮を受ける。

王氏は現在、民兵連の副連隊長であると同時に村の党支部書記も務めている。勲章受章の理由は、「南シナ海における中国の領域・海洋権益の保護に貢献した」との内容だ。[*31-②]

CCTVをはじめとする党メディアは勲章受章を受け、盛んに王氏の数々の「功績」を報道

海上民兵の基地となっている海南島潭門村の漁港

第20回党大会を前に党の業績を称える展覧会で掲げられた王氏㊧の写真

した。中国国防省のサイトや「共産党員網」にも、王氏の記事が掲載された。それらの記事から、王氏が関係した3つの〝功績〟を抜粋した。いずれも、海外での関心が高い事件に関わっている。

南沙諸島のサンゴ礁埋め立て

王氏は1988年頃から、海南島の民兵を率いて南シナ海にある南沙諸島（英語名スプラトリー諸島）のサンゴ礁をこつこつと埋め立てる活動を始めた。その頃から、南シナ海では中国やベトナム、フィリピンの権益争いが起きており、漁民同士の衝突や漁民が他国の海上警察機関に拿捕される事態が多発していた。

「我々は代々、南シナ海で漁をしてきた。南シナ海は中国人の『祖先の海』であり、南沙諸島は中国の領土だ」

王氏も一度、「ある国」のパトロール船に同僚とともに拿捕されたことがあるが、決して罪を認めず、書類に拇印も押さなかったという。罪を認めれば釈放されるが、同時に相手国の主権を認めることになってしまうからだ。「たとえ牢に入っても、売国奴にはならない！」と王氏は語っている。

南シナ海で権益を守り、他国を排除するために、王氏は民兵連の仲間を率いて埋め立てを始めた。鉄筋やセメント、ブロックなどの建材を大きな船から小舟に移し、何度も往復しながらサンゴ礁に運んだ。作業のために長期間、海上に滞在しなくてはならず、台風に見舞われ、「一度は地獄の関門をみた」という。[*31③]

1996年に王氏は中国共産党への入党を認められるが、入党の書類も南沙諸島の埋め立て地で書いたという。1980年代から今までの30年間に、王氏は南沙諸島のサンゴ礁にたくさんの小さな埋め立て地を建設した。人生で南シナ海に運んだ建材やセメントの量は、400万トンに上るという。[*32]

2014年、国際軍事情報大手「IHSジェーンズ」は、中国が南沙諸島のファイアリークロス（中国名・永暑）礁を大規模に埋め立てていることがわかる衛星写真を発表し、世界中が大騒ぎとなった。埋立地にはその後、滑走路や港湾などの軍事にも転用可能な施設が次々と建設された。

世界のどの国も想像していなかった中国の奇想天外で素早い行動に、世界はなすすべもなかったが、実は中国はこうした大胆な行動に出るはるか前から、海上民兵を使ってじわじわと戦法を探っていたことがわかる。海上民兵は南シナ海における中国の最前線部隊であり、周辺諸国が中国の出方を探るうえでの重要なメルクマールともいえる。

黄岩島（英語名スカボロー礁）支配確立への貢献

2012年に南シナ海のスカボロー礁でフィリピンと中国の公船同士が睨み合いを続け、最終的に中国がこの海域を支配下においてしまう事件が起きた。これは中国にとっては1995年に美済礁（英語名ミスチーフ礁）の支配をフィリピンから奪って以来、17年ぶりとなる島嶼地域への支配拡大となった。そのきっかけをつくったのが、王氏ら海南島の漁船団だ。

２０１２年４月、王氏は同僚らとともにスカボロー礁付近で漁をしていたところ、「武装したフィリピン漁船」に襲撃されたという。その際、フィリピン漁船は中国が定めた海域管理の線を越えようとしてきたため、王氏らは船で守りを固めて「中国の領海」への侵入を防いだという。

数日間の対峙の末にフィリピン漁船は去っていったが、漁を続けていた王氏らの漁船団は、今度はフィリピン海軍のフリゲート艦に拿捕されそうになった。

王氏によると、軍艦をみた仲間の一部はさすがにひるんでおとなしく連行されそうになったものの、「ここは俺たちの海だ。徹底抗戦だ」との王氏の呼びかけで皆が奮起し、中国公船がかけつけるまで持ちこたえた。[*33]

ここから中国とフィリピンの睨み合いが始まった。中国側は最初に到着した「海監」２隻に加え、「漁政」２隻もかけつけた。フィリピン側は海軍から沿岸警備隊の公船に交代した。

中国政府は当初、外交的解決も探る姿勢も示したが、現場の公船が徹底抗戦の構えをみせたうえ、中国国防省も記者会見で「中国軍は漁政や海監などの部門と密接に連携し、共同で国家の海洋権益を擁護する」との声明を出した。

これに引きずられるように、外交姿勢も強硬化していった。中国はフィリピンに対する経済的な圧力も発動した。フィリピンのバナナから有害生物が検出されたとして、バナナの対中輸出が事実上禁止された。国家旅游局は、中国人のフィリピン観光ツアーを禁止した。

2か月近くつづいた睨み合いの結果、中国外務省は6月5日、「スカボロー礁からフィリピンの公船が撤退した」と公表した。事実上の支配を確立したとの宣言だ。

スカボロー礁での「成功体験」は、日本にも大きな余波をもたらした。公船の居座りという「力による現状変更」や海上民兵による「機会の創出」の有効性が証明されてしまったためである。2012年9月に日本政府による「尖閣諸島の国有化」が起きると、中国は尖閣諸島の日本領海に多数の公船を侵入させた。

その行動は外交上の対立が収まった後も続き、今や周辺海域での中国公船の航行は日常化している。中国公船や漁民は間違いなく侵略活動の先兵であり、国を挙げて守りを固めなければ早晩、領土・領海が奪われてしまう可能性は高い。

西沙諸島（英語名パラセル諸島）の石油掘削施設を巡る衝突

王氏は2014年5月には中国が西沙諸島付近に建設した石油掘削施設（オイルリグ）を巡るベトナムとの対立にもかかわった。王氏によると、ベトナムの「武装船」が掘削施設を壊そうとしたことから、10艘の船で海上民兵200人以上を率いてパラセル諸島近海に向かったという。

そこでベトナム漁船と睨み合いになり、中国漁船がベトナム漁船に体当たりして沈没させた事件は国際的にも報道された。最終的には中国の掘削施設は破壊されず、現在も稼働しているという。[*34]

こうした民兵の活動は、準軍事組織の任務として地方政府から賃金補塡や報奨金が出るほか、燃料や機材の費用なども賄われる。また、中国版ＧＰＳと呼ばれる北斗衛星測位システムを使い、膨大な数の漁船や漁民を機動的に動かす仕組みが完成されている。同システムは、他国が漁船管理に使っている衛星システムに比べ、使いやすいのが特徴といわれる。

たとえば、漁民はスマホのアプリを使い、海上でもＳＮＳやメールが活用できるほか、アプリ上の移動履歴から自動で燃料補助金や報奨金を計算して申請することが可能という。こうした利便性が、国の管理システムへの漁民の積極的な参画を促している可能性は高い。

王氏の活動からもわかるように、海上民兵や漁民は海の占拠や様々な船の妨害、当局への情報提供などで重要な役割を果たしている。このなかで「無人探査機の回収」というユニークな役割がある。米国など各国は海中に大小様々な探査機を設置して情報収集をしているが、数年前から中国の漁民に探知機を奪われる事態が多発するようになった。

中国当局が漁民に報奨金を出すようになったことに加え、沿岸各省の中には年間ＶＩＰを表彰する地域もあり、漁民の間では魚よりも探査機を奪うことが一種のブームとなっている。米国の調査船を何十隻もの漁船が追いかけ、探査機が海中に入れられるや否や、争って持って行った事例も報告されている。

探知機は技術の塊であり、高度な技術を中国に盗まれる可能性もあるため、米国でもこの事態は問題視されている。実際、中国は１９７０年代、漁民が海中から持ってきた米国の最新鋭魚雷の不発弾を研究して魚雷開発に成功した。

人海戦術で広大な海域を管理できる海上民兵は今や、中国の海洋進出にとって欠かせない戦力となっている。習政権は「海洋強国」戦略において、自国が守るべき「管轄海域」という概念を示している。明確には定義されていないが、中国が領有を主張する「九段線」以内の海域など幅広いエリアを想定していると考えられ、南沙諸島や西沙諸島、日本の尖閣諸島の周辺も含む可能性が高い。

このような広大な海域は人民解放軍や海警局だけではとても管轄することはできない。そこで海上民兵や訓練された漁民たちが大きな役割を果たす。軍や海警局の船は中国ですら1000隻単位だが、海上民兵や漁民を活用すれば数十万、数百万単位での動員も可能となり、日常的なパトロールもこなしやすい。

ここに中国が海上民兵という存在をどう捉えているかを読み解くユニークな論文がある。海洋安全保障関連のシンクタンクである「中国南海研究院」が2020年に発表した論文で、タイトルは「南シナ海のブラックホール」という刺激的な文言だ。

同論文は、海上民兵についてこう分析している。

「広く分散した多数の漁民を通じて海洋権益を主張し、紛争を起こす政治的かつ安全保障上の思惑がある」

「海上民兵の隠密の軍事作戦は、経済的コストの大幅な削減につながる」

「軍と対峙させれば、『強者による弱者いじめ』として相手国の評価を貶め、国際社会の同情や支持を得られる」

論文はこれらの的確な分析を展開したうえで、

「海上民兵は南シナ海に生まれた巨大なブラックホールであり、南シナ海の将来の発展には危険が潜んでいる」

「関係各国が進める『南シナ海行動規範』協議にとっても難題となりかねず、世界の潮流に逆行している」

とまとめた。

説得力のある明確な論旨だが、問題はこの論文が中国の海上民兵についてではなく、ベトナムの海上民兵について書かれた点にある。中国の海上民兵に圧倒されてきたベトナムは近年、自国でも海上民兵を育てている。中国はこれに反発し、ベトナムを批判するなかでこうした論文が書かれた。

海上民兵は、軍隊とは違って国際法の規範がないアウトローな存在だ。論文が指摘するように、まさに「南シナ海のブラックホール」といえる。そして、日本は最初にその「ブラックホール」に絡めとられる可能性を持つ国の一つといえる。日本は一日も早く国際社会に働きかけ、「安全保障上の新たなプレーヤー」としての海上民兵について、国際的なルールづくりを進める必要がある。

「共同富裕」――成功体験から神話づくりへ

習近平氏が唱えたスローガンのなかでも「共同富裕」ほど、国内外の議論を呼んだものはない。習氏が公式に「共同富裕」を政策の柱として打ち出したのは、2021年8月に開いた中央財経委員会の会議だといわれる。習氏はそこでこう語った。

「共同富裕は社会主義の本質的な要求であり、中国式現代化の重要な特徴だ。質の高い発展を進めながら、共同富裕を推進しなければならない」

「共同富裕」自体は新しい概念ではなく、毛沢東が1950年代に提唱したものだ。習氏はその「共同富裕」に新たな意義づけを与えた。改革開放時代の「先富論（まず富めるものから富む）」や「小康社会（ややゆとりのある社会）の実現」など、経済発展の先にある中国共産党の統治の完成形として、共同富裕を新たな党のゴールに据えたのだ。

人民日報は、こう説明する。

「第18回党大会以来、習近平同志は共同富裕の実現に重要な位置づけを与え、実現策について新たな探索と新たな理論の解釈を進めてきた。そして、脱貧困の闘いに打ち勝ち、小康社会を全面確立したうえで、共同富裕に向けて大きな一歩を踏み出すこととした。この基礎のうえに、党中央は共同富裕の新たな目標と戦略を提起した」

その目標とは、以下のような内容だ。
①「第14次5か年（2021〜25年）計画」の時期に、人民全体の共同富裕において確実な歩みを進める
②2035年までに人民全体の共同富裕において明確かつ実質的な進展を得る
③今世紀半ばまでに、人民全体の共同富裕を基本的に実現する
世界は当初、中国の性急な共産主義化を懸念したが、基本的には長期目標として掲げられていることがわかる。

それでは、共同富裕とはいったい、どのような概念なのだろうか。人民日報は、次のように解説する。「共同富裕は人民全体の富裕であり、物質面、精神面の両面における富裕である。都市と農村を始めとする住民の収入の格差を縮小すると同時に、人民大衆の多様化、多層化、多方面における精神文化の要求を満たし、文化への自覚と自信を確立するものでなくてはならない」

注目すべき点は、経済格差の是正だけでなく、「精神面での豊かさの実現」が強調されている点だ。共同富裕は経済的な目標であると同時に、習氏が掲げた中国共産党の新たなイデオロギーであるといえる。そして、精神面での豊かさとは、習氏自身が「共同富裕は社会主義の本質的な要求」と定義していることから考えても、「人民がみな社会主義思想を信奉し、党の指導に恭順であることに幸福を感じている状態」を指すとみられる。

習氏は、なぜ共同富裕というイデオロギーに辿り着いたのだろうか。

その思索の道のりを垣間見ることができる農村が、中国の内陸深くにある。寧夏回族自治区の区都・銀川市から高速道路を走ること約1時間、ゴビ砂漠から続く乾いた大地にオアシスのごとく現れる「閩

寧鎮」という村だ。ここは、習氏が25年近くかけて築いた社会主義のユートピア（理想郷）といえる。

閩寧鎮は1997年、はるか350キロメートル離れた山奥の村が「吊庄（村ごと移住）」して誕生した。それまでは、乾いた大地以外は何もない平野だった。

広大な村に入ると、碁盤の目のような道路に沿って同じデザインの住宅がどこまでも続く。いずれも中華風の造りで、それぞれに太陽光電池が設置され、庭もある。共産党のスローガンが村のあちこちに掲げられ、広場では老人たちが「共産党がなければ新中国もない」という党賛歌に合わせて伝統の田植え踊りを踊っている。

地方の農村には珍しく若者や子供も多く、若い親に手を引かれた子供たちが鉄筋コンクリート造りの大きな学校に登校していく。

この村の建設を主導したのが、1997年当時、福建省党委員会副書記を務めていた習氏だ。中国政府は1996年、貧困対策の一環として経済成長が著しい福建省に寧夏回族自治区の脱貧困支援を命じた。これを受けて1997年4月、省党委副書記となったばかりの習氏が寧夏貧困対策チームのトップに就任した。

習氏は就任後すぐ、寧夏の最貧困地域「西海固（西吉、海原、固原）」を訪れた。銀川市から約400キロメートル離れた黄土高原の山岳地帯にあり、国連食糧開発計画が1972年に同地を「人類の生存に最も不適切な地域の1つ」と認定したほど厳しい環境に囲まれている。山は高く、谷は深く、地表は崩れやすい土に覆われ、一年中干ばつに悩む不毛の地だ。

中国内では「桂林の山水は天下一」という詩の言葉にちなみ、「西海固の苦難は天下一」と語られていた。かつて同地に住んでいた農民は、「飲み水が汲める井戸は険しい山道を40分も歩いた先にあった。

その井戸ですら、苦い水しか手に入らなかった」と語る。[*35]
西海固を初めて視察したときの印象を習氏は後年、このように語っている。
「私はあの時初めて『家徒四壁（家のなかは壁以外何もなく貧困が極まった様子）』という言葉の本当の意味を知った。家のなかには、机も椅子も寝台もない。唯一の財産と呼べるのは、梁にぶら下がっている菜っ葉だけだった。そのわずかな干野菜を売ることで、彼らは油や塩、醤油を手に入れていた」[*36①]
習氏は、この最貧困地域の村を脱貧困させるために「吊庄」方式を採用することを決定した。同地の自然環境はあまりにも厳しく、いくら資金を投入しても根本的な貧困解消は困難だと判断したためだ。移住先は、銀川から50キロメートル程度の距離にある平野部に定めた。
ただし、「吊庄」方式は習氏のオリジナルというわけではない。当時から中央政府が脱貧困の1つの手法として推奨していた。習氏も移住を終えた一部の村を視察するなどして研究を重ねた。
新しい村には、福建を表す「閩」と寧夏の「寧」をとり「閩寧鎮」と名付けた。とはいえ、平野部に移住すれば、すべての問題が解決するわけではない。豊かになるためには仕事が必要だ。習氏は、福建省の企業家たちに寧夏への投資を働きかけた。なかでも習氏が着目したのが、当時、福建で成長していたキノコ栽培の産業だ。自ら著名な専門家を寧夏に招き、プロジェクトの合意書にもサインしたという。また、習氏に投資を呼びかけられたある福建の企業家は、寧夏でのブドウ栽培に着手した。こうしたエピソードからは、習氏がそれなりに熱心に西海固の脱貧困事業に取り組んでいたことが窺える。
これらのプロジェクトは、結果からみると一定の成果を収めた。移住を開始した当初は８０００人程度だった村の人口が、２０２２年までに6万人に増加した。新華社によると、1人当たりの年間可処分所得は５００元から1万６０００元に増えた。２０２０年までに福建省からの支援金額は33億７０００

万元に膨らみ、６７００社の福建企業が寧夏に進出した。
なかでも、キノコ産業は閩寧鎮の新住民たちの雇用創出に貢献した。ブドウ栽培から始まったワイン産業は寧夏の有力な新産業に育ち、寧夏ワインは中国でもよく知られる新たなブランドとなった。今や銀川市の北側にそびえる賀蘭山のふもとには広大なブドウ畑が広がり、洒落たワイナリーが立ち並んでいる。[*36-②]

寧夏における習氏の成功体験は、共同富裕という新たな党の目標への動線を用意した。習氏が毛沢東と並ぶ絶対的な指導者となるためには、毛沢東と並ぶカリスマ性が欠かせないが、革命時代に生きたわけではない習氏の場合、人々を納得させる逸話が足りないのは否めない。

しかし、習氏が「共同富裕を実現した指導者」であるならば、中国共産党のナラティブ（物語）においては十分に正統な「革命後継者」としての説得力が生まれる。共同富裕社会は社会主義や共産主義の理想形ともいえるユートピアだ。それを実現できれば、習氏はマルクス主義革命を世界で初めて成功させた「革命指導者」と名乗ることも可能となる。人々が物質面でも精神面でも満たされていると宣伝された閩寧鎮の「天地創造物語」は、それにうってつけのエピソードだといえる。

習政権下において中国共産党系メディアは、盛んに「閩寧鎮の奇跡」について報道した。そこで必ず強調されるのは、「習近平主席が自ら調査し、自ら計画し、自ら指導し、25年にわたって心にかけてきた」という点だ。２０２１年には、「山海情」という閩寧鎮の発展の過程を描いたテレビドラマが大ヒットした。

「山海情」とは、山国の寧夏と海に臨む福建の交流を指す。党の指導のもと、最高の脚本と俳優を使って住民たちの努力と成功を描き、人々の感動を誘った。翌22年には新華社が「習近平の山海情」という特集記事を発表した。その冒頭で、習氏の「神話」をこう概略した。

「習近平は2000キロメートルの距離を超えて福建と寧夏の『山海情』を結び、25年来、自ら計画を立案・推進しながら東西部協力の新たな仕組みを構築した。『輸血』ではなく『造血』という脱貧困の新たな道を開拓し、中国の特色ある『反貧治理』の模範事例を創造した。幹部や大衆を率いて、共同富裕の実現に向けた闘争を展開した[*36-③]」

問題は、こうした喧伝が単なる大衆向けのプロパガンダにとどまらず、習氏自身が神話の信奉者になっている可能性がある点だ。

習氏は最高指導部入りした後、2008年、2016年、2020年の3回にわたって同村を訪問し、住民たちと様々な場で交流した。そうした場で、習氏は必ず住民たちからの崇拝と称賛に包まれた。実際、彼らは習氏の指揮する福建省チームのもとで、水も食料も電気もない最貧困の生活から脱することができたのだ。新たな暮らしに適合するためにはそれなりの苦労もあり、それぞれ何らかの代価も必要だったはずが、それを差し引いても水道と電気が完備された現代的な住宅での暮らしに移行できたことへの満足は大きい。

学校が近く、交通の便もよい場所での暮らしは、子供たちの未来にも多くの選択肢を与えた。村の真ん中の広場には、「豊かになったら習主席を忘れるな」というスローガンが掲げられているが、決してお仕着せばかりとは言えない。実際に住民らに話を聞いても、口々に習氏への感謝の言葉が出てくる。

実は、少なからぬ農村部の住民たちにとって、習氏は「現実にご利益のある神様」のような存在だ。雲南省のある村の住民から、こんな言葉を聞いた。「私たちの村は本当に幸運だ。習主席の視察先に選ばれた。だから、私たちの村がこの先、貧困に逆戻りすることは絶対にないだろう」。その言葉には真実味がある。

習氏が訪問し、称賛した村が失敗するようなことがあれば、習氏のメンツは丸つぶれとなる。それだけに、中央政府や省政府が将来にわたってその村を必死に支えるのは間違いない。習氏の視察は、農民たちにとって「お金が空から降ってくるようなもの」なのだ。

ゆえに、農民たちが習氏に向けた感謝に溢れた眼差しに嘘偽りはなく、追従に慣れた習氏にとっても心地よい賛辞となる。こうした場面が繰り返される環境は、習氏が自分自身を「共産主義革命を実現できる担い手」と自負するうえで大きな役割を果たしている可能性は高い。

閩寧鎮での成功体験は、現実の政策にも大きく反映されている。

習氏は第2期政権が始まる2017年10月の第19回党大会で、「2020年までに貧困地域の農村をすべて貧困から脱出させる」と宣言した。脱貧困の目安は、「2020年時点で平均年収が年4000元に達すること」だ。その実現に向けて、「第13次5か年計画（2016～20年）」で「貧困農民1000万人の集団移住」という方針を打ち出した。寧夏で実施した「吊庄」を敷衍した政策といえる。

国家発展改革委員会によれば、習氏は計画策定に先立つ2015年11月に開いた中央扶貧開発工作会議で「通常の方法で脱貧困が難しい人々には集団移住が必要だ」と強調し、移住政策を自ら立案・指揮してきたという。2016年7月には寧夏・閩寧鎮を視察し、党内外に習氏の実績と手腕を宣伝した。

こうした習氏の大号令のもと、李克強首相が陣頭に立ち、山間部の貧困地域に大量に資金が投入されることとなった。国家発展改革委員会の総括によれば、2016年からの5年間で960万人が移住によって脱貧困を達成した。

その間、266万戸の住宅や6100か所以上の小中学校や幼稚園、3400か所以上の養老サービス拠点、1万2000か所以上の病院や診療所を建設した。投資した金額は、中央政府の予算が800億元、中央政府が利子の大半を補填する「専項建設基金」や長期低金利融資、地方政府債や住民の自己資金などが計5200億元など、総額1兆元に達した。

また、「労働力のある家庭において少なくとも1人は、外部での就職先を確保する目標を達成した」という。[*37]

これらの実績を踏まえ、習氏は2020年12月に「脱貧困達成」を宣言した。そして、翌2021年7月の中国共産党建党100年記念式典での演説で、「貧困脱却の闘いに全面的に勝利した」と誇った。現実をみれば、貴州省など目標達成が遅れていた最貧困地域では最終年に駆け込みの「脱貧困村」が多発したり、地方政府の急速な財政悪化が指摘されたりするなど様々な問題も発生したが、表面上は中国の長年の難題だった貧困問題がついに解決に至った。中国共産党は、「世界的偉業」と盛んに宣伝した。

習氏が2021年8月の中央財経委員会の会議で共同富裕の推進を打ち出したのは、この「偉業」を踏まえたタイミングだった。中国共産党建党100年の節目に脱貧困という大きなマイルストーンを記し、そのうえで党が新しい歴史に踏み出したという歴史観に沿ったストーリーだったといえる。

習氏は同委員会で、共同富裕のための「3つの分配手段」を掲げた。「①給与、②課税・社会保障、③寄付などの資金移転」の3点だ。第3の分配である「寄付などの資金移転」からも、閩寧鎮体験の影響を垣間見ることができる。閩寧鎮は、福建省や福建の企業のボランティアのような活動を通じて貧困対策が進められた。

閩寧鎮方式を成功体験とする習氏の共同富裕に普遍性はあるのだろうか。

第1の懸念として、閩寧鎮と全国の他の貧困地域とは様々な条件に違いがある点が挙げられる。なかでも閩寧鎮は2008年4月、国家副主席に就任直後の習氏が視察して以降、「次期国家指導者候補の肝いりプロジェクト」として特別の扱いを受けるようになった。

第2の懸念として、習氏が共同富裕の手段と定めた「3つの分配」そのものが根本的な課題を抱えている。本来、富の再分配は、主に課税と社会保障を通じて行うべきものだ。寄付などの資金移転はあくまで付随的、一時的な存在であり、根幹のシステムに位置づけるべきではない。それでも習政権が第3の分配に期待せざるを得ないのは、中国では課税も社会保障も社会の再分配の手段として公正に機能する仕組みになっていないからである。

課税は、社会の様々な層から幅広く徴収して富を再分配する機能を持つ。時には高所得者から税を多めに徴収することで、社会のなかに過剰な所得格差の発生を防ぐ役割を果たす。しかし、中国では徴税システムが整備されておらず、高所得者層ほど様々な手段で徴税を免れているとされている。相続税や不動産保有税の制度も確立されていないため、「持てるものほど、ますます豊かになる社会」となっている。

社会保障のシステムも、所得格差を補う機能を果たしていない。それどころか、格差を広げる役割を担っている。中国社会は都市部と農村部の住民を厳しく仕分け、貧しい農民を安価な労働力として使うことで経済成長を果たしてきた。農村戸籍を持つ住民は、年金や医療保険も都市部の戸籍を持つ住民に比べて少ない保障しか受け取ることができない。

都市部の住民のなかでも、公務員や党幹部はわずかな掛金で手厚い保障や年金を受け取れる一方で、出稼ぎの農民工は保険や年金に加入すらしていない問題も長年放置されている。そして農村戸籍を都市の戸籍に変えることは、厳しく制限されている。

習氏は不動産税や相続税の必要性には言及しているが、導入に向けた道筋を示すことができていない。本格的な相続税を導入するとなれば、すでに不動産を持つ都市部の住民から猛烈な反発を受けることが必至だからだ。不動産価格が暴落し、中国経済が失速する恐れもある。

最後の手段として期待を寄せる第3の分配も、深刻な課題をはらんでいる。巨額の寄付金を「金儲けをしたことへ懲罰」のように支払わせる仕組みは、アントレプレナー（起業家）の意欲を奪いかねず、中国経済の成長のエンジンを損なう可能性もある。

現在、資本主義社会でも、経済格差の拡大は大きな課題となっている。もし、中国が本当に共同富裕という平等な社会を実現することができれば、世界が求める「解」を示したことになり、習氏は名実ともに「世界の偉大な革命者」になれるかもしれない。

だが、課税や社会保障に関する根本的な改革を避けたまま、公正な富の再配分を実現することは難しい。習氏が本当に共同富裕の実現という偉業をめざすのであれば、「奇跡」や「神話」に依存せず、現実的な構造改革から歩みを進めるべきではないだろうか。

Column

ルポ・集団移住「3つの村の物語」

潤豊村の生活

寧夏回族自治区の区都・銀川市から北西へ車で30分ほど走った場所に「潤豊村」という集落がある。田園のなかに豪邸のような中華風の住宅が立ち並ぶこの村は、習政権が「第13次5か年計画（2016～20年）」で掲げた集団移住政策の模範として建設された。

政府は、東京ドーム5個分の敷地に約55億円をかけて住宅317戸を建設した。食料や日用品を売る商店や診療所、幼稚園も用意した。自治区の西南部にある西吉県半子溝村から1300人の村人が移り住んだのは2017年8月のことだ。「引っ越しの際には、200台を超えるトラックを連ねてきた」と村人は語る。

街の中の住宅はどれも同じ形だが、いずれも中華風の格式のあるデザインだ。中庭があり、高い塀の外からみても一軒一軒が広々としている。住人に聞くと、家族構成によって3LDKや4LDKなど広さが違い、3LDKの住宅は約100平方メートル超の面積という。

移住時に住民は1人当たり3000元を支払った。4人家族なら1万2000元となる。現金収入の乏しかった貧困地域の農民たちにとっては、簡単に用意できる金額とはいえない。し

潤豊村

かし、省都・銀川市に通勤可能なベッドタウンで豪華な一軒家が手に入ると考えれば、破格に安い負担金だ。

それぞれがなんとか資金を工面し、銀川市の戸籍を手に入れた。銀川市街に向かうバスも出ており、村人は街で清掃やレストランの従業員などの仕事をしながら、現金収入を得ているという。

「都市での暮らしは楽ではないが、生活環境は圧倒的によくなった」と40代の女性は語る。村の中心部には老人たちが集合し、みなでカードゲームに興じていた。その周りでは子供たちがにぎやかに走り回り、若者たちも友達と連れ立って歩いている。老人ばかりが取り残された一般的な地方の農村とは違う光景が広がっていた。

半子溝村の記憶

彼らが以前住んでいた半子溝村を訪ねてみた。西吉県の中心部の集落から山道に入り、寂しい山

半子溝村

岳の道を30分ほど走ると、「半子溝村があった場所」に到着した。だが、荒れた山肌以外は見渡す限り何もない。

習氏が企画した集団移住は、人々を都市近郊に移すと同時に、山奥の土地を自然に返すという「環境プロジェクト」の側面も持つ。人々は移住とともに先祖代々住んでいた住居や農地を国に返上することが義務付けられ、村にあった建造物はすべて取り壊されることになっている。

半子溝村も瓦礫すら残さずにすべての人工物が撤去されており、つい数年前まで集落があったとは信じられないほど寂しい大地へと回帰していた。かろうじて人の手が入っていると想像できるのは、あちこちに背の低い木の苗が植林されていることぐらいだ。移住した人々は故郷を懐かしんだとしても、帰る場所はもはや残されていないのだ。

それでもかつて半子溝村があった場所を彷徨《さまよ》っていると、お墓が1つだけぽつんと取り残されて

澇壩灘村

いるのを発見した。なぜ、このお墓だけ撤去を免れたのだろうか、今も参拝する人はいるのだろうか——。そう思いを馳せながら、お墓に手を合わせた。

澇壩灘村の運命

お墓が見つかったことに勇気を得て、荒野に続く一本道をさらに奥へと車で進んでみた。低い丘を登ったり下りたりしていると、一つの集落に辿り着いた。道の行き止まりにある澇壩灘村だ。集団移転が決まったのは、半子溝村という行政区画のみ。隣りにある澇壩灘村はさらに不便な山奥にあるにもかかわらず、取り残された。

長い間、同じ場所で同じ苦労に耐えてきた隣人たちの運命は、大きく二分された。道で出会った老人に移住していった人々についての思いを聞いてみた。

「そりゃあ、私たちも移住したいけれど、政府の

地域では、貧困対策で牛の飼育への支援が実施されている

決定だからどうしようもないよ」

現在、村には20あまりの世帯が住むという。子供の姿はみられず、すれ違うのは老人ばかり。そのなかの1軒を訪ねてみた。老夫婦が住むその家は古ぼけ、一部の壁は崩れかかっており、家の半分は牛小屋が占めていた。脱貧困政策の一環で、寧夏回族自治区では各農家での肉牛の育成を支援しており、老夫婦も資金支援を受けて2頭の肉牛を飼い始めたという。

牛が見たいというと、気前よく笑顔で牛小屋に入れてくれた。老夫婦は牛に名前をつけて子供のようにかわいがっていたが、たった2頭の肉牛では生活の足しにはなっても根本的な貧困からの脱出にはつながらないだろう。2人が売店のある集落に行く機会も多くはないはず。なにかお土産でも持ってくればよかったと、後悔した。

豊かになった潤豊村に戻り、カードゲームに興じていた老人たちに澇坝灘村で会った老人の写真をスマホの画面でみせたところ、皆が立ちどころに答えた。

「彼だったら知っているよ。元気だったか？」

そこで、もう一言聞いてみた。「隣村同士で大きく人生が変わってしまいましたね」。その言葉には皆笑うのみで、誰も回答を発しなかった。

思想統制の原点――若き習氏がみた民主主義

2012年11月に習近平氏が党総書記としてデビューした時、多くの人が「改革開放に理解のある新たな指導者が誕生した」と期待した。習氏の人物像はほとんど知られていなかったが、福建省や浙江省など経済の先進地域に長くいた人物であったことから、「資本主義や民主主義にも理解があるだろう」という期待が先行したためである。

ところが、実際には習氏は中国共産党の原理主義的な信奉者だった。毛沢東時代に回帰するような政策や思想統制も次々と打ち出した。「権力を得てから習氏が変わった」との見方もあるが、そうではないだろう。

では、いつから習氏は思想統制といった統治方法への確信を持ち始めたのだろうか。

習氏には、福建省寧徳市党委員会書記を務めた時代の論文や演説をまとめた書籍がある。習氏が35歳からの1年8か月、1988年9月から90年5月に発した文章や発言を集めた『擺脱貧困（貧困からの脱出）』という本だ。

寧徳は今でこそ車載電池世界最大手の寧徳時代新能源科技（CATL）の本拠地として知られるが、当時は福建省のなかでも指折りの貧困地域だった。本に収められた文章は、タイトルにある通り、寧徳の貧困対策や経済発展への施策を考察した論文が多い。それぞれの文章からは、大きな市のトップを初めて任された若手幹部の意気込みが滲み出る。

一方、こうした書籍が1992年7月という早い時期に発刊されている背景からは、習氏が地方の若手幹部のなかでも「太子党のプリンス」としてすでに特別の存在だった事情が垣間見える。序文を書いたのは、福建省元党委書記の項南氏という人物だ。

同氏は父・習仲勲氏の知人で、河北省正定県に勤めていた習氏を福建に引っ張った人物といわれている。項氏自身は1992年当時、権力闘争のいざこざに巻き込まれてすでに失脚していたが、習氏は項氏が1997年に亡くなるまで「お世話になった先達」として丁重に接したという。

こうしたエピソードからは、一度「身内」となれば徹底して大切にする習氏の性格や、権力闘争ぐらいであわてて恩人を袖にはしない「プリンス」としての余裕を窺うことができる。

習氏が寧徳で過ごした時代はちょうど、北京で1989年6月4日の天安門事件が起きた騒乱の時代だった。『擺脱貧困』のなかにも、天安門事件や民主主義制度に関する習氏の思考を垣間見ることができる文章がある。

読み応えがあるのが、1989年5月の講話を記した「ニュース報道の基点をしっかりと把握する」と題した文章だ。北京で「政治風波」が強まっていることを受け、習氏は5月中旬に寧徳でメディア関係者を集め、「報道工作会議」を開いた。その時の講話を新華社の記者が文章にまとめた。習氏の発言の激しいニュアンスが伝わるよう、なるべく原文のまま伝える。

▼民主とは何か？　いたずらに叫ぶのが民主であるはずはない。私個人の理解では、社会主義国家の民主とは、人民の利益を法制化により体現したものであるべきだ。ある種の階層やある種の人たちの要求を満足させるためのものではない。国家や他人になんの責任も約束も負わず、自分の民主ばかりを要求するようなことが通用してよいのか?!

▼考えてもみてくれ。もしみんながやりたいことをやるということになったら、計画出産もなくなり、納税も取り消され、軍隊や警察は解散し、監獄は開き、あらゆる仕事のルールや生活の約束事も破られるだろう。あなたの民主やあなたの安全はそれでも保障されるのか？　まさかこんなことをしようというのではないだろうな？

▼「文化大革命」こそ「大民主」の見本ではないか？　この手の「大民主」は科学とも法制とも結びつかず、代わりに迷信や愚昧と結びつき、結果として大動乱に陥った。誰でも組織を作って家を襲うことができ、誰でも戦闘隊を立ち上げることができた。今日はあなたが私を打倒し、明日は私があなたを打倒する。こんな日々を繰り返してもよいのか？　安定した団結がなければ、話にもならない！　だからこそ、民主化の問題は、法制の軌道の上で解決していかなければならないのだ。*38

文章は、１９８９年に「中国記者」という雑誌で発表されたままの内容だ。後から手を加えられたものではない。それにもかかわらず、まるで現在の習氏の講話だと言われても信じてしまいそうな内容だ。習氏の思想が36歳の段階で現在形に近い状態となっていることに驚きを覚える。

習氏は中国で求められる民主化について、「民衆の要求や運動によって実現する」という概念を否定した。そのうえで民主化は、「安定した団結」のもと、「法制化によって人民の利益を体現する」ものだと定義した。

習政権は米国など西側陣営からの批判に反論し、「中国には中国の民主がある」というロジックを展開している。２０２１年12月には、国務院報道弁公室が「中国の民主」という文書を発表した。

そこでは、習氏が提唱する「全過程人民民主」こそが「過程民主と成果民主、手続民主と実質民主、直接民主と間接民主、人民民主と国家意思の統一を実現し」、「最も広汎、最も真実、最も有用な社会主義民主である」と定義している。

では「全過程人民民主」とは何か。文書中にある「中国共産党が指導する全過程人民民主」という項目から推測するに、習氏が寧徳で示唆したように、「人民の好き勝手な要求に振り回されるものではなく、秩序や法制、党の指導に基づいて人民の希望が反映される政治制度」という意味であろう。

民意の反映の必要性は認めるが、それはボトムアップで政治に反映されるものではなく、「大衆路線」によって党が吸い上げ、法と秩序に基づいて指導者により施される——。そんなトップダウンの政治をイメージしていると推測できる。

また、繰り返し強調される「法」の概念も、西側とは大きく異なる。前述したように、韓非子をはじめとする「法家」の思想の流れを汲み、「国の乱れを防ぎ、臣下や民を秩序のもとで治め、権力を維持する」という概念で法治をとらえているためだ。

習氏は当時、貧困地域が多い寧徳の経済発展に腐心しており、資本主義的な商品経済にも一定の重要性を認めていた。様々な文章を読むと、米国の経済や政治の仕組みについても学んでいたことが端々から窺える。しかし、民主主義についての概念がすっぽりと抜け落ちたまま、理解をしていたことがわかる。

もう一点、注目すべきは、習氏が天安門広場における若者たちの民主化要求を文化大革命と同一視していたとみられることだ。

文化大革命では、紅衛兵と化した若者たちが誰もコントロールできない状態に陥り、社会は大混乱に陥った。それは本来、民主主義とは無関係だ。しかし、習氏のなかでは「民衆に主導権を与えた結果、文化大革命の悲惨な大混乱につながった」という理解が形成されていることがわかる。

「今日はあなたが私を打倒し、明日は私があなたを打倒する。こんな日々を繰り返してもよいのか？」という叫びからは、紅衛兵たちに家族ともども打ちのめされた習氏の苦渋とトラウマが滲む。

習政権は２０２１年、ＩＴ企業や芸能界、ゲーム業界への規制や締め付けを一斉に強化した。「文化大革命の再来ではないか」と危惧された一方で、家族も自分自身も多大な被害を受けた文化大革命をなぜ復活させたがるのかについては、疑問の声も呈された。

しかし、寧徳で語った文化大革命を非難する赤裸々な発言をみれば、習氏がやはり当時の悲惨な体験を憎んでいることが伝わる。ただし、習氏が憎んでいるのはあくまで「コントロールを失った民衆」であり、本来の元凶である毛沢東や、毛沢東が採った政治手法ではない点には注意が必要だ。

１９８９年の12月に書かれた論文も非常に興味深い。「貧困地域の精神文明をしっかりと建設する」

とのタイトルで、「経済発展と同時に正しい精神文明を構築しなければならない」と訴えた。

同年6月に発生した天安門事件を踏まえ、資本主義的な経済の発展とともに「西側の誤った精神文明」が人々に浸透するリスクへの警戒感を強く示しているようだ。

習氏はまず「社会主義商品経済（のちの社会主義市場経済）の発展は、閩東地域の脱貧致富の根本的な道である」と規定したうえで、「社会主義商品経済の発展と閩東地域の人民の精神的素質の向上は、同時に行われなければならない」と強調した。そのうえで、こう詳述した。

▼社会主義商品経済が発展したからといって、精神文明が自然に発展するわけではない。我々はこれをイコールで結ぶことはできない。二者の関係は必然の関係ではなく、社会主義商品経済の発展は精神文明の発展に前提条件を提供するに過ぎない。商品経済は、結局は固有の負の属性を持っている。資産階級の極端な利己主義的価値観はいつしか人々の魂を毒し、拝金主義は一定の人たちの脳内で膨張する。社会主義初級段階には、まだ商品拝物教が存在しているのだ。
▼だからこそ、我々は社会主義商品経済を発展させると同時に、思想政治工作を強化し、社会主義精神の育成と道徳的素質の修養を強化することを忘れてはならない。[*39]

つまり習氏は脱貧困のために市場経済を導入する必要性を認めつつも、市場経済を導入すればするほど一層の思想統制が必要だと唱えているのだ。

中国が改革開放に舵を切った時、西側の民主主義国家は「経済成長を果たせば、中国も民主化に向かう」と中国の経済発展を支援した。しかし、米国に迫る経済大国となった中国は習政権のもとで厳しい統制社会に逆戻りし、西側社会を驚かせた。

しかし、習氏の思想はもともと「経済発展するほど思想統制を強めるべきだ」との傾向を持っていた。それが分かっていれば、習政権が始まった時に別の対処の仕方があったかもしれない。

肉声が知らされることの少ない習氏だが、習政権が今後も続くならば、習氏の権勢はますます強まり、習氏の判断が世界の趨勢を左右する可能性は大きい。中国とかかわる世界の国々にとって、習氏の思想形成の過程をつぶさに見ていくことは、これまで以上に重要な作業となるだろう。

Column

習氏が真に恐れる「民主主義陰謀論」

習氏はなぜ国内外でイデオロギー闘争にこだわり、強硬姿勢をみせるのだろうか。その背景の多くは、実は習氏が抱く「西側陰謀論」への強迫観念に着目すると説明が容易となる。

西側陰謀論とは、中国共産党が「和平演変」と呼ぶもので、「西側諸国が平和的手段で他国の政権を打倒する企図」を意味する。習氏は30代にしてすでに和平演変と西側諸国の陰謀に強い警戒感を示している。先に取り上げた書籍『擺脱貧困』に収められた中国共産主義青年団（共青団）の改革を促す論文のなかで、こう語っている。

「改革開放の過程では大量の外国のものが入ってくる。もっとも影響を受けやすいのは若者だ。我々は帝国主義の和平演変を防がなければならない。これは、『オオカミが来た』と叫ぶ話とは違う。『オオカミ』は、間違いなくすでに来ているのだ。社会主義の陣地を我々は一寸たりとも失ってはならない」

この強い警戒感は、習氏が「紅二代（革命二代）」であり、「太子党のプリンス」といわれる立場ゆえに持ちうる感情だといえる。中国共産党が統治する世は、自分たちの一族や一派が血の代償により手に入れた財産なのだ。

習氏の警戒感は、ソ連の崩壊や2003～05年にウクライナ、ジョージア、キルギスといった旧ソ連圏の国で連鎖的に起きた非暴力の民主化革命「カラー革命」を目の当たりにして確信に変わった。

習氏が党総書記に就任した直後、2013年1月5日に開かれた党の学習会で習氏は強く警告した。

「ソ連はなぜ解体したのか？　ソ連の共産党はなぜ政権を追われたのか？　それはイデオロギー分野において激烈な闘争が起き、ソ連の歴史や党の歴史を否定し、レーニンを否定し、スターリンを否定し、歴史的虚無主義に走り、思想が乱れ、党組織が何の役割も果たさず、軍隊が党の指導から外れたためだ。そして最後には、あれほど大きかったソ連共産党は雲散霧消し、あれほど大きかったソ連国家は崩壊した」

こうして習政権は、イデオロギーに関する引き締めと党の指導の強化にひたすら突き進むことになった。

党や軍の内部では、『ソ連亡党亡国20年祭』や『較量無声（声なき闘い）』などのドキュメンタリー映画をみながら、ソ連崩壊の背景や西側が仕掛ける和平演変について学ぶ勉強会が盛んに開催された。

習氏は、党の指導の再強化とイデオロギー教育を通じて中国共産党がソ連のように内部から突き崩される事態を防ぎながら、一貫して「カラー革命」への警戒を強めてきた。中国の外交政策は、海外諸国が意識する以上に「米国などの西側諸国が中国にカラー革命を仕掛けようとしている」という認識が大前提となっている。

「カラー革命」に警鐘を鳴らす習氏の発言回数は、「強迫観念にかられているのではないか?」と思えるレベルに達している。米ニューヨーク・タイムズ紙が米高官の発言を引用する形で、習氏がかつてオバマ元米大統領と会談した際にも「カラー革命の話をしていた」という興味深い話を報じたこともある。

習氏のよく言及する典型的な発言パターンをまとめてみた。

▼「今、敵対勢力は中国で『カラー革命』を起こそうと企《たくら》み、中国共産党の支配と我が国の社会主義制度を転覆しようと画策している」（↑西側陰謀論）

2022年9月のSOC首脳会議（ロイター／アフロ）

▼「彼らが狙う突破口は、イデオロギー分野だ。人々の思想を攪乱しようと謀略をめぐらせている。思想と世論の陣地をいったん崩されたら、もう防御は困難となる」（↑イデオロギー侵略への危機感）

▼「西側敵対勢力は我々の軍隊の西側化、分断化、非党化を吹聴し、あらゆる手段で軍隊に政策を浸透させようと企図している。敵対勢力は、中国でカラー革命を起こすには軍を切り離す必要があることをわかっている」（↑人民解放軍切り崩しへの危機感）

習氏は第20回党大会直前の2022年9月上旬、ウズベキスタンを訪問し、上海協力機構（SCO）首脳会議に出席した。当時は新型コロナウイルスの対策のためのゼロコロナ政策も続けていたうえ、党大会の直前でもあったため、普段は慎重な習氏の外国訪問は驚きをもって受け止められた。

この背景にも、習氏の「カラー革命」への危機感がある。中央アジアの国々は、中国からみれば、「カラー革命」の波及を防ぐ最前線にあるが、これまで同地域に睨みを利かせてきたロシアはウクライナ侵攻のために他国の支援をする余裕を失っていた。その現状を踏まえ、習氏はSCO首脳会議での演説で、「外部勢力による『カラー革命』画策への防御」「テロ対策など安全面での協力」などを訴え、中国が加盟国のために2000人の法執行官に訓練を実施する計画を表明した。

米欧は中国に必ず「カラー革命」を仕掛けてくる——。この危機感は、国内でも習政権の政策の根幹を形づくってきた。2022年10月の第20回党大会では、習氏は活動報告において「国家安全」という言葉に繰り返し言及した。

「国家安全」という考え方は習氏が就任直後に提起したもので、14年には自らを主席とする「中央国家安全委員会」を立ち上げた。通常、党の委員会は、習氏がトップでも、肩書は「主任」にとどまることが多く、「主席」と呼ばれるのは国家安全委員会が中央軍事委員会と並ぶ重要な存在であることを意味する。

習氏は、「総体国家安全観」という新たな概念も打ち出した。安全保障から治安維持のような国内課題まで幅広く含むとみられ、2015年には「国家安全法」という新法も定めた。軍や公安、ネットなどをあらゆる手段を駆使しながら、中国共産党の統治を守る体制を脈々と築いてきたといえる。

強迫観念にかられるかのように、「カラー革命」を防ぐ水も漏らさぬ体制を構築してきた習氏

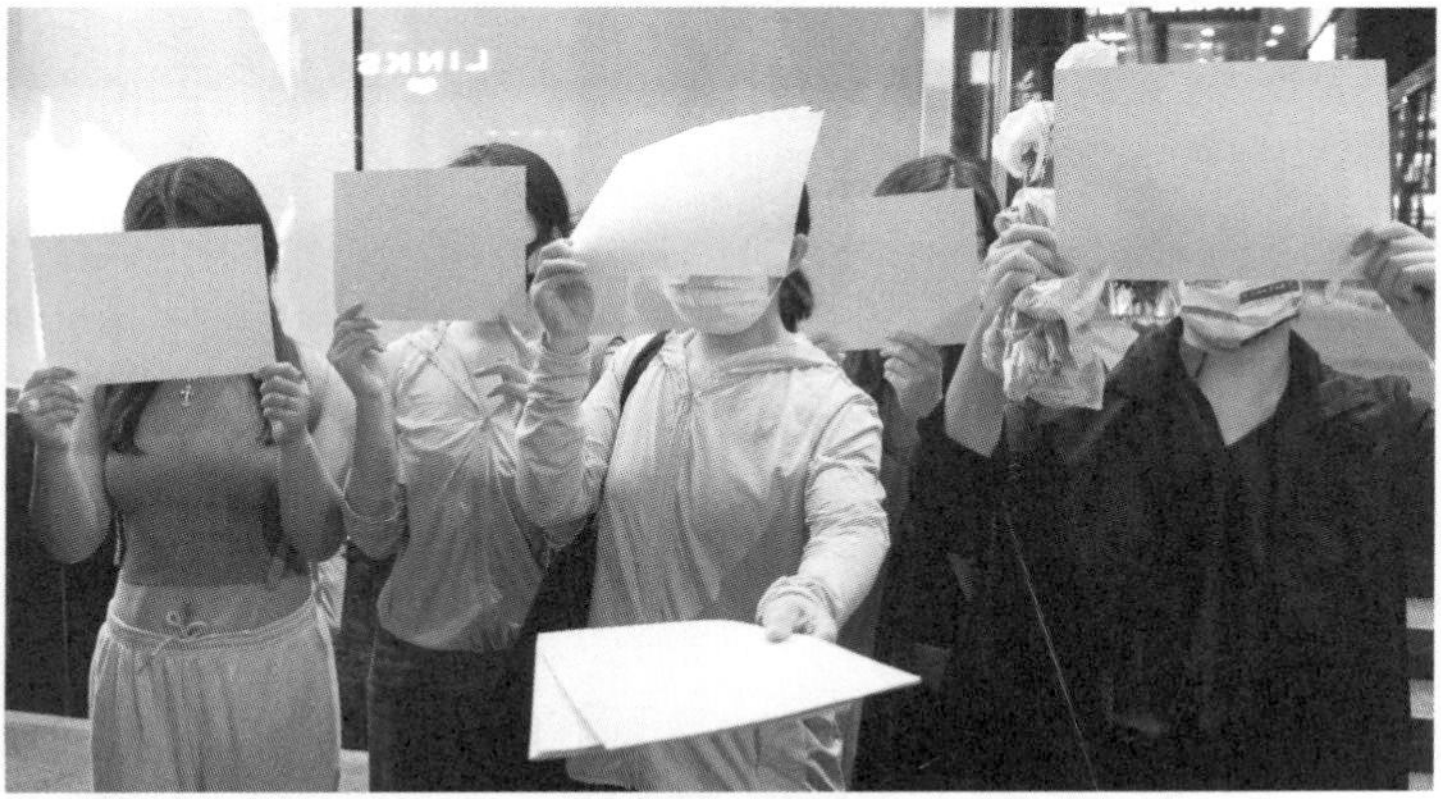

白紙革命（ロイター／アフロ）

だが、3期目政権がスタートした直後の2022年11月、習氏の心胆を寒からしめる事態が起きた。あまりにも激しさを増していたゼロコロナ政策への抗議活動だ。

抗議活動は11月下旬、北京や上海、武漢や広州など全国各地で一斉に発生した。参加者たちは、言論の自由がないことへの抗議の意味を込めた「白い紙」を揃って掲げたため、「白色革命」「白紙革命」などの名前がついた。陰謀史観に立つ習氏の目からみれば、米国が仕掛けた「カラー革命」に見えているのは想像に難くない。

10年間かけて守りを固めてきたにもかかわらず、首都・北京を含む重要都市にするりと入り込まれてしまった――そう習氏が受け止めているとすれば、今後、習氏が「国家安全」の再構築に乗り出すのは間違いない。治安維持のための監視や言論と思想の統制、ネット規制がこれまで以上に加速する可能性がある。

「カラー革命」への対抗は、習氏にとって一時的な政策ではなく、数十年来抱えてきた強迫観念といえる。米中関係の改善や西側諸国の説明、国内世論の安定など一時的な動きを受けて変わるものではない。習氏にとっては、この「恐れ」こそがイデオロギーの根幹をなしているといえる。

香港の民主化活動弾圧において西側陣営の多くの有識者は、「習氏は国際社会に配慮し、最終的には強硬手段をとらない」と見誤った。それも、習氏の恐れを正しく理解していなかったからではないか。台湾海峡をはじめとする危機を加速しないためにも、習氏が抱く「恐怖」の形をいかに把握するかは、関係諸国にとっての重要なインテリジェンスとなる。

第 四 章

習近平氏を待つ課題

100年目標の行方

厦門市の海岸に対岸の金門島からみえるように掲げられた『一国二制度統一中国』のスローガン

福建省の大陸側と平潭島を結ぶ海峡大橋。中国はいずれ台湾まで伸ばす構想を描く

不動産開発の民間大手が資金不足に陥り2年間工事が止まっているマンション（山西省太原市）

ローンと賃貸の二重負担に耐えかね、未完成のマンションに住む人が現れ始めた

中国共産党には、「2つの100年」という奮闘目標がある。1つは、「中国共産党建党100年」に当たる2021年、2つ目は「新中国建国100年」となる2049年をめざした目標だ。

習近平氏は、この2つの中間に2035年というマイルストーンを置いた。習氏が2017年の第19回党大会で明らかにしたそれぞれの目標の中身は、以下のようになる（一部は2020年に発表した「2035年遠景目標」から補強）。

【建党100年＝2021年】
2020年までに「小康社会（ややゆとりのある社会）」を全面建設する

【2035年】
「社会主義現代化の基本的実現」を達成する

①1人当たりGDPを中等先進国レベルに引き上げる。
②都市と地方の生活水準の格差を明確に縮小し、基本的な公共サービスを等しく受けられるようにし、人民全体に共同富裕が行き渡る状態へ確実に歩みを進める。
③経済分野、科学技術分野の実力を大幅に向上させ、核心技術で重大なブレークスルーを実現し、イノベーション国家のトップクラスに躍り出る。
④ソフトパワーを強化し、中華文化の影響力を高める。
⑤法治国家や法治政府、法治社会を基本的に建設し、国家統治システムや統治能力の現代化も基本的に実現する。
⑥国防と軍隊の現代化を基本的に実現する。

【建国100年＝2049年】

今世紀半ばまでに「社会主義現代化強国」を実現する。

①物質、政治、精神、社会、エコロジー各文明をすべてレベルアップし、国家統治システムや統治能力の現代化を実現し、総合国力でも国際影響力でも、世界をリードする国家となる。

②人民全体の共同富裕を基本的に実現し、幸福で安心できる生活を実現する。

③中華民族が世界の民族のなかで聳《そび》え立つ状態をつくりだす。

④人民解放軍を全面的に世界一流の軍隊とする。

習近平氏は終身の国家指導者をめざしているといわれるが、さすがに今世紀半ばの「建国100年目標」を指導者として見届けることは難しいだろう。しかし、「2035年目標」であれば、習氏はまだ82歳だ。鄧小平氏が改革開放路線を訴えた1992年の「南巡講話」は87歳の時だった。2035年なら、習氏が現役の指導者である可能性は十分に想定できる。

習氏は、1つ目の「建党100年目標」はすでに実現したと宣言した。そして「建国100年目標」は、「2035年目標」が実現できれば、その延長線上で達成可能な内容となっている。つまり、2035年のマイルストーンをクリアすることで、習氏は中国共産党の「2つの100年目標」を実現に導いた立役者として、歴史に名前を残すことが可能となる。

中国共産党には、もう1つの重大な目標がある。いわずと知れた「中台統一」だ。中華人民共和国を建国した1949年12月31日、毛沢東は党中央を通じて「前線の将兵と全国の同胞に告げる書」という文書を発表し、翌1950年の人民解放軍と党の使命をこう意義付けた。「台湾、チベット、海南島を必ず解放せよ」。[*1]

名前を挙げられた3か所のうち、残るは台湾のみであり、中国共産党にとって台湾解放はいまだ終わらぬ任務といえる。台湾問題を終結してこそ、初めて一つの歴史にピリオドを打つことが可能となる。「建国100年目標」において「中台統一」は触れられていないが、中国共産党内部では一丁目一番地に掲げられているとみて間違いないだろう。習氏にとっても、欠かすことのできない最重要の使命であり、中間決算である2035年までにも、何らかの実績を残すことをめざしているとみるべきだ。

習氏を取り巻く環境は、決して楽観的なものではない。習氏が2017年党大会で「2035年目標」を掲げた時、習氏にはそれなりの自信があったと推測できる。しかし、その後の5年間で世界の様相は様変わりした。米中対立は一層深まり、米国が主導するハイテク分野の対中輸出規制は中国の技術開発に重い足枷をはめた。

不動産規制に端を発する金融の混乱も、予断を許さない。加えて、2020年に始まった新型コロナウイルスの感染拡大と厳格すぎる防疫対策「ゼロコロナ政策」で、中国経済は大きな打撃を受けた。台湾問題においても、国際社会で台湾の民主主義を守ろうという機運が高まっている。まさに内憂外患の状態だ。

習氏も厳しい環境は認識している。2022年10月の党大会で、習氏は中国が抱える困難や課題をこう描写した。

▼発展の不均衡・不十分という問題が依然として際立つ。科学技術イノベーション能力がまだ高くない。

▼食糧、エネルギー、サプライチェーンの安全保障および金融リスクの防止には多くの重要問題がある。
▼イデオロギー分野で多くの試練に直面している。
▼都市・農村間、地域間の発展の格差および所得分配の格差がある。
▼大衆が就業や教育、医療、育児、養老、住宅などの面で多くの問題を抱えている。
▼生態環境保護の任務が依然として困難を極めている。
▼一部の党員や幹部は責任感に欠け、闘争能力が低く、地道に取り組む精神が足りず、形式主義・官僚主義が依然として際立っている。
▼腐敗根絶の任務は依然として重い。

習氏がここに掲げた課題は、今日に始まった問題ではない。中国において何十年にもわたって放置され、病巣を広げてきた。すべての問題が根底でつながり、絡み合いながら、悪化を続けている。そのうえ複雑化した世界情勢がさらに難問を積み重ね、解の見えない状態を生み出している。

果たして習氏は幾多の困難を乗り越え、次の100年目標に向けての歩みを進められるのか——。本章では、「台湾」「不動産」「半導体とサプライチェーン」「人口減少」の4点を切り口に、習政権の課題と取り組みを分析する。

「台湾統一」にどう臨むか――有事シミュレーションとその課題

習氏が切った統一の期限と新台湾政策「習五条」

習近平政権の長期化と強権化に伴い、世界がもっとも危機感を強めている問題は、「習氏が台湾への軍事進攻に踏み切るのかどうか」だろう。米国からは断続的に「数年内に中国が台湾を侵攻する」との見解が発信され、中国側も米軍に対抗し得る軍備増強に余念がない。

実は、習氏は「中台統一」の達成時期については、自ら期限を切っている。2019年1月2日、習氏は「習五条」と呼ばれる5項目の包括的台湾政策を発表した。[*2] 鄧小平氏の「鄧六条」、江沢民氏の「江八点」、胡錦濤氏の「胡四点」「胡六点」に連なる重要文書だ。

第一：「中華民族の偉大な復興」を台湾同胞と共に果たし、平和統一を実現

第二：「一国二制度」の台湾モデルを両岸各政党・各界の「民主協商（対話）」を通じて模索

第三：「一つの中国」の堅持と共に台湾独立勢力・外部勢力の干渉への武力行使を放棄せず

第四：両岸の融合発展と、共同市場や共通インフラなど統一に向けた基礎づくり

第五：中華民族・文化のアイデンティティを共有し、台湾青年の祖国での夢の実現を歓迎

習氏が示した新方針は、五項目すべてにおいて強力な「統一」への意思が示された。前政権の胡錦濤氏が「胡六点」で統一という言葉をほとんど使わなかったことと比べれば、台湾に向けたメッセージはがらりと変わったといえる。胡氏は、どちらかといえば「現状維持」に力点を置いた。習氏は「統一は歴史の大勢であり、正道である。『台湾独立』は歴史の逆流であり、破滅への道である」と述べるなど、統一の必然性を強い言葉で繰り返し訴えた。

「習五条」には、過去の方針にはなかった新たな概念も盛り込まれた。「時間軸」だ。従来方針には、「いつまでに統一する」という期限への言及はなかった。それどころか、胡錦濤氏は「いつまでも待つ」と語り、台湾が独立しなければよいというような寛容さまでみせていた。

一方、習氏は、第一項目において「中台統一」を「中華民族の偉大な復興」や「中国の夢」と直接結びつけた。「中華民族の偉大な復興」や「中国の夢」は、中国共産党においては「建国100年の奮闘目標」と重なる。習氏はこう語った。

「中国の夢は、両岸の同胞の共通の夢だ」

「民族の復興に果たす台湾の位置づけや役割を真剣に考え、国家の完全統一の促進によって民族の偉大な復興を共に輝かしい事業にしよう」

「中華民族の偉大な復興の過程において、台湾同胞は当然、欠かすことができない」

これらの言葉は、中国が「社会主義現代化強国」を実現した2049年、「中国の夢」の実現を祝う場に台湾も共にあることを強く示唆している。さらに習氏は「両岸に政治的分裂が存在する状態を、次の代、その次の代へと先送りし続けることは絶対にできない」と断言した。つまり習氏は、これまで漠然と進められてきた統一工作に期限を切り、党と自分自身に重いミッションを課したといえる。

では、習氏はどのように中台統一への歩みを進めるのだろうか。海外では2022年10月の第20回中国共産党大会での習氏の活動報告も含め、「武力の放棄を約束しない」という表現が毎回、大きなニュースとなっている。習政権が武力侵攻を示唆したと受け止められているためだ。

しかし、この表現は江沢民氏が「江八点」ですでに言及しており、習政権下で中国共産党の方針に変化があったわけではない。具体的には、次のような表現だ。[*3]

中国人は中国人を攻撃しない。我々は最大の誠意と最大の努力によって平和統一の未来を勝ち取るつもりだ。平和的な方法での統一の実現は、両岸の同胞と全民族にとってもっとも利があるためだ。我々は武力行使の放棄は約束せず、すべての必要な措置を採る選択肢を保留する。これは外部勢力の干渉と極少数の「台湾独立分子」の分裂活動に限定した行為であり、絶対に台湾同胞に向けたものではない。

（江沢民氏の「江八点」より）

武力侵攻とそれに続く台湾の都市や人々の制圧、占領は、現実には非常に難易度が高い。中国にとっても、「平和的な手法で統一を果たしたい」というのは偽らざる本音だ。そのために必要となるのが、「アメ」と「ムチ」だ。

経済支援を軸としたアメとともに、いつでも武力侵攻できるというムチがあって初めて「台湾独立」への動きを防ぐ抑止力を確保できる。一方、中国にとって絶対に避けなければならない最悪の事態は、米国の「陰謀」などにより台湾が独立してしまうことだ。だからこそ、脅しにとどまらず、いざという時には、敢然と米国を相手に戦えるだけの強大な軍事力を一日も早く手に入れる——。これが、中国の等身大の台湾統一方針だ。

台湾世論を取り込むためのアメとムチは、中国共産党が一貫して採ってきた政策だ。しかし、主たる軸足が胡錦濤氏のように「共同発展」や「現状維持」にあるのと、習氏のように「統一」にあるのとでは、内容がおのずと変わってくる。習氏の政策は、従来政策に比べて硬軟のメリハリが強まっただけでなく、工作の対象も変更された。

まず武力による示威行為が明らかに増加した。台湾周辺での人民解放軍の活動が活発となり、空母をはじめとする軍艦の海峡通過や戦闘機の中間線を越えた飛行が頻繁に起きている。民進党政権への圧力に加え、台湾への支持を強める米国への牽制の意味も大きいとみられる。その一方で、経済協力を拡大した。ただし、習政権の経済協力は、従来とはスタイルが大きく異なる。

これまでの協力や優遇策は具体的な統一にはつながらなかったが、習政権は台湾側にメリットを提供しつつ、「統一」を前提としたプロジェクトに力を入れるようになった。ゆえに習氏は、胡時代の「共同発展」という言葉ではなく、「融合発展」との表現を使っている。「習五条」には、具体的な構想も描かれている。

両岸の融合発展の深化は、実用的な平和統一の基礎だ。今後も台湾同胞と大陸での発展の機会を共有し、台湾同胞や台湾企業のために同等の待遇を提供し、両岸の共同市場を構築する。両岸は海峡の両側を完全に接続し、経済貿易協力を拡大し、インフラの接続性を高め、資源エネルギーを相互に利用し、業界標準を共通化しなければならない。金門島と馬祖島、福建省の間に水、電気、ガスを通し、橋をかけることもできる。海峡の両側に隣接する地域や同等の条件を持つ地域の基本的な公共サービスの平等化、包括性、利便性を支持する。

同戦略の中核は、台湾の対岸にある福建省と台湾の経済や社会を一体不可分としていく点にある。すでに、台湾が実効支配する厦門市沖の金門島では、大陸とのインフラの共通化が始まっている。

2018年8月、金門島に福建省から水を供給する海底送水管が完成し、通水式が開かれた。金門島は水不足が長年の悩みであり、中台は国民党の馬英九政権下の2015年、金門島が福建省から河川水を買い取るプロジェクトに合意した。当時、中国側の国務院台湾事務弁公室主任だった張志軍氏は「同じ家の人間は同じ水を飲もう」と呼びかけた。中国は、電気やガスの供給にも意欲を示している。[*4]台湾海峡に橋をかける構想も着々と練っている。中国政府が発表した2035年までの「国家総合立体交通網計画綱要」などによると、台湾海峡がもっとも狭まる福建省の平潭島から台湾本島を長さ約130キロの橋や海底トンネルで結ぶプロジェクトが立案されている。構想によれば、平潭島と「台湾のシリコンバレー」と呼ばれる新竹を高速鉄道により約30分で結ぶという。

もちろん台湾側は同意していない。橋をかければ、事実上の一体化が進むうえ、大陸からの戦車や兵の輸送も容易となってしまうためだ。それでも中国政府は、すでに平潭島と大陸を結ぶ海峡大橋を完成させた。[*5]中国の動画投稿サイトでは、「2035年、あの列車に乗って台湾に行こう」という歌が拡散されている。[*6]習氏のマイルストーンである2035年までに、中台をつなげてしまうことに意欲満々だ。

習政権下では、台湾世論工作の面においても大きな路線変更があった。一つは、胡錦濤政権下で定めていた工作対象「三中一青（中小企業、中低階層、中南部民衆と青年）」を「一代一線（青年一代、基層一線)」に改めた。[*7] さらに、2021年に公布した統一戦線工作条例のなかで、「台湾の内部に愛国統一パワー(力量)を発展させる」との方針を改めて打ち出した。愛国統一パワーとは、習氏の「習五条」のなかでも言及された表現だ。[*8]

この二つの変化には、共通する狙いがある。中国共産党の台湾工作は、その歴史的経緯から台湾の国民党との交渉が中心だった。いわば「第三次国共合作」だ。ところが、国民党は政権の座をたびたび民進党に奪われるようになり、中国共産党側の危機感は高まった。政権党ではない国民党と対話しても意味はない。国民党の支持層に受けのよい優遇策を与えても、世論が二分された状態ではいつまでたっても世論の半分以下にしか効果は届かない。

そこで工作対象を「縦」から「横」へと変えた。国民党支持層や三中といった限定された「カテゴリー」ではなく、次世代を担う若者層や庶民といった幅広い「層」を攻略することで、台湾全体の空気を変える効果を狙ったものだ。同時に、ムチの対象は「台湾独立分子」であり、民進党支持者すべてではないという仕分けも明確にした。

世論への働きかけの内容にも、工夫を加えた。中国共産党への支持や統一を直接的に訴える内容は、かえって台湾の人々の嫌悪感や警戒感を呼び覚ましかねない。そこで「愛国」的な機運を高めることに注力することとした。たとえば、SNSにおけるインフルエンサーを通じ、中華民族の文化、歴史に若者たちが誇りを持つように仕向けたり、反米感情を高めたりする手法に転換した。次世代を担う若年層を中心に、自然と民族としての一体感を持たせる戦略だ。

習氏の台湾政策は、基本的に中長期を睨んだものだ。同時に、確実に結果を出すことにコミットしている。以下では、3期目政権で構築された体制を分析しながら、さらに具体的な戦略と戦術を読み解いていく。

党・軍で進む「台湾シフト」と福建閥の台頭

まずは習氏が台湾問題への対処を睨み、党・政府と軍で敷いた陣営を分析する。いずれも台湾を熟知した「福建閥」を要職に引き上げており、習氏が全面に出て台湾問題を指揮する直轄体制と推察できる。その一方で、習氏は党・政府と軍ではまったく逆の印象を与える政策を打ち出した。

まず、「融和」一色に染まったのが党・政府だ。中国政府は2022年12月末、台湾政策を主管する国務院（政府）台湾事務弁公室主任に宋濤・前中央対外連絡部長を任命した。宋氏は中央台湾工作弁公室主任も兼任する。この人事が注目されたのは、宋氏が江蘇省生まれながらも、長年、福建でキャリアを積んだ人材だったためだ。

同氏は17歳で福建省の農村に下放され、1978年から2001年まで福建省の様々な職場でキャリアを積んだ。最後は福建省国際信託投資公司で副総裁まで務めた。その時期は習氏が福建省党委副書記や省長を務めていた時期と合致するとみられ、交流があった可能性は十分にある。

その後は外交畑に転じ、フィリピン大使や外交部副部長などを務めた。2022年6月までは中央対外連絡部長を務めていたが、その後は要職から外れており、第20回党大会でも中央委員には選ばれなかった。おそらく引退するのだろうと思われていた矢先の重要ポストへの抜擢だった。

言うまでもなく、福建省と台湾の結びつきは強い。多くの台湾の人々は福建出身の先祖を持ち、文化や生活慣習もなじみがある。台湾語の源流は福建・閩南地方の言語だ。経済的にも交流は深く、台湾の企業家たちは改革開放とともに福建省厦門市の特区に進出した。習氏は当時、厦門市の副市長を務めており、台湾と福建の関係の深さは熟知している。

宋氏は福建に深いゆかりがあるだけでなく、人当りもよいといわれている。同氏の起用で、台湾の親中派経済人らを中心に経済関係を深め、台湾の民意の取り込みを図る「協商」戦略を進めるとみられる。

習氏自身も、3期目政権の始動以降、硬軟両様のうち、「軟」を全面に打ち出す発言が目立っている。2022年12月31日に中国中央テレビ（CCTV）で発信した毎年恒例の「新年のあいさつ」では、台湾同胞に向けた決まり文句の「祖国の完全統一」という表現を使わなかった。代わりに「海峡の両岸は『一家族』。両岸の同胞が歩み寄り、手を携えて前進し、共に中華民族の永遠の幸福を築くことを願っている」とのメッセージを伝えた。これまでにないソフトムードを演出しようとする姿勢が垣間見える。[*9]

宋氏も就任早々、習氏の意向を受けた台湾懐柔策を展開した。2023年1月2日に同氏の最初の台湾へのメッセージとなる文章を雑誌「両岸関係」に寄せたが、党系メディアはわざわざこの文章に関する解説記事を発表し、「約1800字の文章中に7回も『平和』という言葉が用いられた」と説明した。[*10]続いて宋氏は1月末には福建省厦門市に赴き、台湾の国民党の洪秀柱・元主席や台湾・金門県長と相次ぎ会談した。台湾企業63社からの輸入を認める方針も打ち出した。国民党元主席との会談では、習氏の新年のメッセージを踏襲し、「海峡の両岸が『一家族』との理念を堅持する」と強調した。

党・政府では台湾への懐柔政策を進めるために福建閥を起用したのに対し、人民解放軍においては台湾への圧力を確実に強めるために、「福建シフト」が進められた。

筆頭は、制服組ツートップの中央軍事委員会副主席に就いた何衛東氏だ。同氏は福建省で軍人としてのキャリアを積み、2019年から台湾を作戦区域に含む東部戦区の司令員を務めた。

２０２２年1月には東部戦区司令員を外れており、その後の役職は明らかにされていないが、同年9月に習氏が総指揮を務める統合作戦指揮センターの臂章《ひしょう》を付けていたところを目撃されている。そのため、同年8月にペロシ米下院議長が台湾を訪問した際には、指揮センターの中核として大規模演習を指揮したとみられる。

何氏は旧南京軍区第31集団軍（現・東部戦区第73集団軍）の出身だ。第31集団軍は福建省厦門市を拠点とし、台湾・金門島を管轄下に置く部隊で、台湾海峡の最前線と位置付けられる。

習氏は福建省厦門市副市長をはじめ福建省で17年間を過ごしており、台湾統一に向けた戦略的拠点として同地域を重視している。福建省時代には、福建省の軍人らと積極的に交流も深めた。特に第31集団軍への思い入れは強く、習氏は福建省を去った後、10回以上も第31集団軍を訪問したとの報道もある。

何氏は40年近く福建省の現場で軍歴を積んでおり、台湾海峡や上陸作戦などを熟知した軍人とみられている。習氏と何氏の具体的な接点は明らかになっていないが、経歴は重なっており、当時から付き合いがあった可能性は十分にある。何氏は第31集団軍で参謀長や副軍長などのキャリアを積んできたが、習氏が党総書記に就いて以降、急速に第31集団軍を出て軍上層部でめざましい出世を重ねた。

習氏の2期目から2期連続で中央軍事委員会委員となった苗華・政治工作部主任も、第31集団軍出身だ。苗氏は政治工作部主任として、習氏が進めた軍改革における実行部隊の役割を果たした。

何氏の後を継いで東部戦区の司令員となった林向陽氏も、第31集団軍で育ったたたき上げの軍人だ。習氏の福建省時代には林氏はまだ若く、当時、どれほど交流があったかはわからないが、習氏から厚い信頼を寄せられた軍人であるのは間違いない。

林氏は２０２０年に中将になった後、２０２１年8月にはたった1年で上将に引き上げられた。一般

図表4-1

人民解放軍で進む「台湾シフト」

<table>
<tr><td>張又俠</td><td>中央軍事委員会副主席</td><td>中越戦争の功労者であり、数少ない実戦経験者。習氏がもっとも信頼する幼なじみ</td><td rowspan="2">←副主席を「作戦系」「政治系」出身者から1人ずつ選ぶ前例を破り、2人とも「作戦系」に</td></tr>
<tr><td>何衛東</td><td>中央軍事委員会副主席</td><td>「台湾海峡・福建閥」の代表格。台湾海峡や上陸作戦を熟知</td></tr>
<tr><td>苗華</td><td>中央軍事委員会委員
政治工作部主任</td><td colspan="2">「台湾海峡・福建閥」。習氏2期目では軍改革の実行部隊を務めた</td></tr>
<tr><td>林向陽</td><td>東部戦区司令員</td><td colspan="2">「台湾海峡・福建閥」。習政権下で異例のスピード出世を果たした</td></tr>
</table>

（出所）筆者作成

に中将から上将への昇格には4年の実績が必要とされるだけに、異例中の異例といえる。さらに、上将に就いた時に東部戦区副司令員から中部戦区司令員に昇格したにもかかわらず、わずか5か月後の翌2022年1月には東部戦区に再び呼び戻され、同区の司令員に就任した。

何氏の軍事委副主席への昇格を見据え、制服組トップと東部戦区司令員という台湾有事を見据えた要職をすべて第31集団軍出身者で占める意図があったとみられる。

中央軍事委員会のもう1人の副主席は、習氏の旧友である張又俠氏が留任した。張氏の父親は張宗遜氏という有名な軍人で、習氏の父親の習仲勲氏とは国共内戦で生死を共にした仲である。習氏と張氏も幼なじみであり、張氏は習氏が誰よりも信頼する人物といわれている。一方で、張氏は2022年には72歳という高齢に達しており、間違いなく引退するとみられていた。同氏が中央軍事委員会副主席に留任したのは、異例中の異例といえる。

張氏は、人民解放軍のなかで数少なくなった実践経験を持つ幹部でもある。1979年に勃発した中越戦争に参戦し、いくつもの功績を立てた。もちろん中越戦争と比べると現代戦の様相はすっかり変わってしまったが、ほとんどの軍人が実戦経験を持たない人民解放軍にとっては貴重な人材であり、習氏の台湾戦略になくてはならない人物といわれてきた。

これまで中央軍事委員会副主席には、作戦系の人物と政治系の人物が1人ずつ就くことが多かった。習氏3期目政権で副主席に就いた張氏と何氏は、2人とも作戦系の人物だ。それだけ「実戦」を意識した布陣といえる。また、第31集団軍出身者らは実戦経験こそないものの、台湾海峡での作戦を熟知した人材だ。

前述のとおり、習政権は武力侵攻をめざしているわけではない。しかし、台湾側に「いつでも台湾を軍事的に制圧できる」という構えを誇示する意図があるのは間違いない。

人民解放軍の実力と有事シミュレーション

それでは、中国人民解放軍の実際の実力や台湾侵攻で想定される戦略はどのようなものなのだろうか。中国には中国共産党が掲げる「2つの100年奮闘目標」に加え、もう一つの100年目標がある。人民解放軍の建軍100年に当たる2027年に向けた「建軍100年の奮闘目標」だ。

同目標は、習氏が2020年10月、第19期中央委員会第5回全体会議（5中全会）で初めて公式に提起した。会議のコミュニケには、以下のように記されている。

――国防と軍隊の現代化を加速し、富国と強軍を同時に実現する。習近平の強軍思想と新時代の軍事戦略方針を貫徹し、党の人民軍隊に対する絶対的指導と政治建軍、改革強軍、科技強軍、人才強軍、依法治軍を堅持し、機械化、情報化、スマート化の融合発展を加速する。全面的に練兵と戦争への備えを強化し、国家主権、安全、発展利益を防衛する戦略能力を高め、2027年に建軍100年奮闘目標を確実に実現する。

その後も習氏は、ことあるごとに人民解放軍に「建軍100年の奮闘目標」を必ず実現するよう発破をかけている。しかし、不思議なことに、一度も「建軍100年の奮闘目標」の具体的な内容は明らかにされたことはない。2027年は、習氏の3期目政権の最終年にも当たる節目の年だ。いったい、習氏はそこで何を実現しようとしているのか。

注目すべきキーワードは、コミュニケのなかで「100年目標」の直前にある「国家主権、安全、発展利益を防衛する戦略能力」との部分だろう。発展利益というのは聞きなれない言葉だが、仮想敵は「中国の発展を阻害する勢力」であり、米国を想定していると考えられる。つまり「米国が中国の発展を阻害した際、対抗できる能力を獲得する」という項目が目標に含まれる可能性が高い。

米国の複数メディアの報道によると、米中央情報局（CIA）のバーンズ長官は2023年2月2日、首都ワシントンにある大学での講演で、インテリジェンス情報として「中国の習近平国家主席が、2027年までに台湾侵攻を成功させるための準備を行うよう軍に指示していることを把握している」と述べた。ただし、「これは習氏が2027年や、それ以外の年に台湾を侵攻すると決断したということではない」と付け加えた。[*11]

これが事実であるならば、「建軍100年の奮闘目標」の内容がおぼろげにみえてくる。習氏は決して台湾の武力侵攻を決めたわけではない。しかし、2049年の「建国100年」や2035年の目標よりもずっと早い建軍100年の2027年の段階で、「いざという時にはいつでも台湾侵攻ができる実力」を手にいれることを決めた可能性が高い。

物量からみれば、人民解放軍の水準は急速に向上している。米軍が予測したアジア太平洋地域における2025年の米中軍事バランスによると、中国軍が保有する主力戦闘機は米軍の8倍、戦闘艦では9倍、潜水艦では6倍強を見込んでいる。米軍は世界最大の軍隊だが、兵力は全世界に分散しており、台湾有事が起きたとしてもすぐに集結するというわけにはいかない。アジア太平洋地域においては、すでに米中軍事バランスの逆転現象が起きつつある。

人民解放軍が増強しているのは戦闘機や艦艇の数だけではない。核戦力やミサイルの開発力の水準は周辺諸国にとっても警戒すべきレベルに達している。

米国防総省は2022年11月に発表した中国の軍事力に関する報告書で、中国が核戦力の近代化や多様化などを加速させ続けていると指摘したうえで、運用可能な核弾頭の保有数は2021年段階で400発を超えたと分析した。さらに、核弾頭数は2035年には1500発に増えるとの見通しを示した。[*12]

ストックホルム国際平和研究所の2023年1月時点の推定では、中国の保有数は前年から2割近く増えた410発で、1位のロシア（5889発）、2位の米国（5244発）に続く世界3位だった。米ロ両国との差はまだ大きいが、米ロは2011年に発効した核軍縮枠組み「新戦略兵器削減条約（新START）」の定めにより、実戦配備された戦略核弾頭数を1550発以下に削減することになっている。ロシアはすでに新START停止を表明しているが、もし計画通りに米ロの核弾頭数が減少すれば、将来的に米中ロの核弾頭数が拮抗する事態が発生しかねない。そこで中ロ両国が組んだ場合、米国

図表4-2

米中軍事バランス一覧表

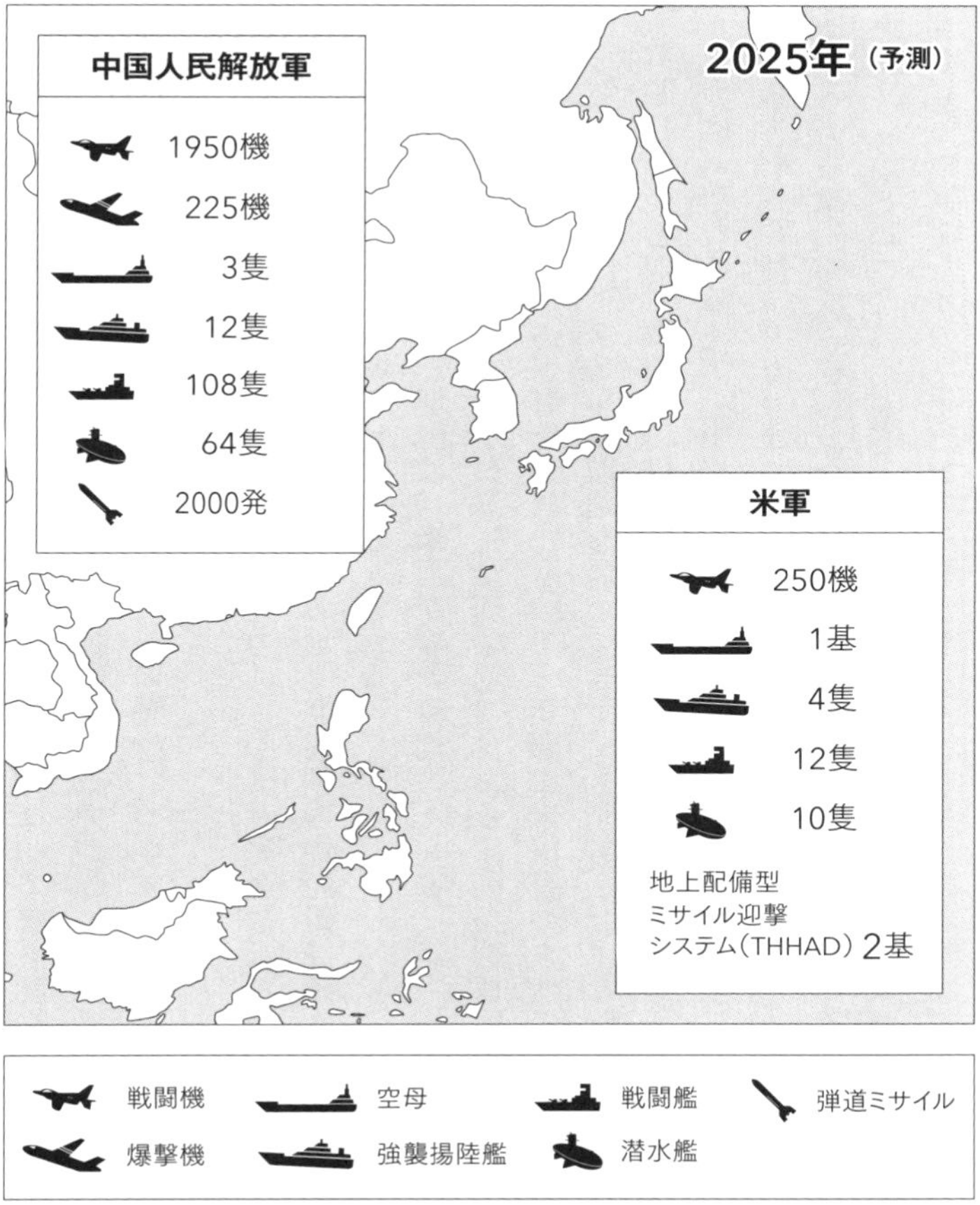

（出所）米インド太平洋軍米議会提出資料（2020）

と中ロの戦力は1対2となってしまう。

2022年に勃発したロシアによるウクライナ侵攻では、ロシアは核攻撃の可能性をちらつかせ、各国によるウクライナ支援の動きを強く牽制した。核戦力の威力が改めて認識されたといえるだろう。中国の保有数が今後、米ロに匹敵するかもしれないとの懸念については、米国側陣営も対策を早期に策定すべき事態といえる。

一方、中距離弾道ミサイルや巡航ミサイルの実力は、中国が完全に米軍を凌駕している。米国防総省の分析などによると、中国は日本を射程に収める地上発射型の中距離弾道ミサイルを約1900発、中距離巡航ミサイルを約300発保有しているとされる。

中国が米国を大きく引き離した理由は、米国が冷戦時代の1987年、核戦争の脅威を避けるために旧ソ連と締結した「中距離核戦力（INF）全廃条約」にある。同条約は射程500〜5500キロメートルの地上発射型ミサイルの保有を禁じたもので、実際に米保有のミサイル数はゼロとなった。

その空白を突き、中国はミサイルの増強を進めてきた。米国も2019年8月にINFが失効して以降は開発を再開しているが、戦力を再構築するまでにはまだ時間がかかるとみられる。

ミサイル戦力は、いわゆる「接近阻止・領域拒否（Anti-Access/Area Denial, A2/AD）」の実現に大きく寄与する。最大射程距離2000キロメートルの中距離弾道ミサイル「東風21（DF21）」は、海上を移動する空母への攻撃も可能といわれ、「空母キラー」の異名を持つ。最大射程距離5000キロメートルの「東風26（DF26）」は、米軍グアム基地も射程内に収め、「グアムキラー」と呼ばれている。射程距離1500キロメートルの地上攻撃型巡航ミサイルならば、日本や韓国の米軍基地も攻撃対象になりうる。

図表4-3

中国（北京）を中心とする弾道ミサイルの射程イメージ

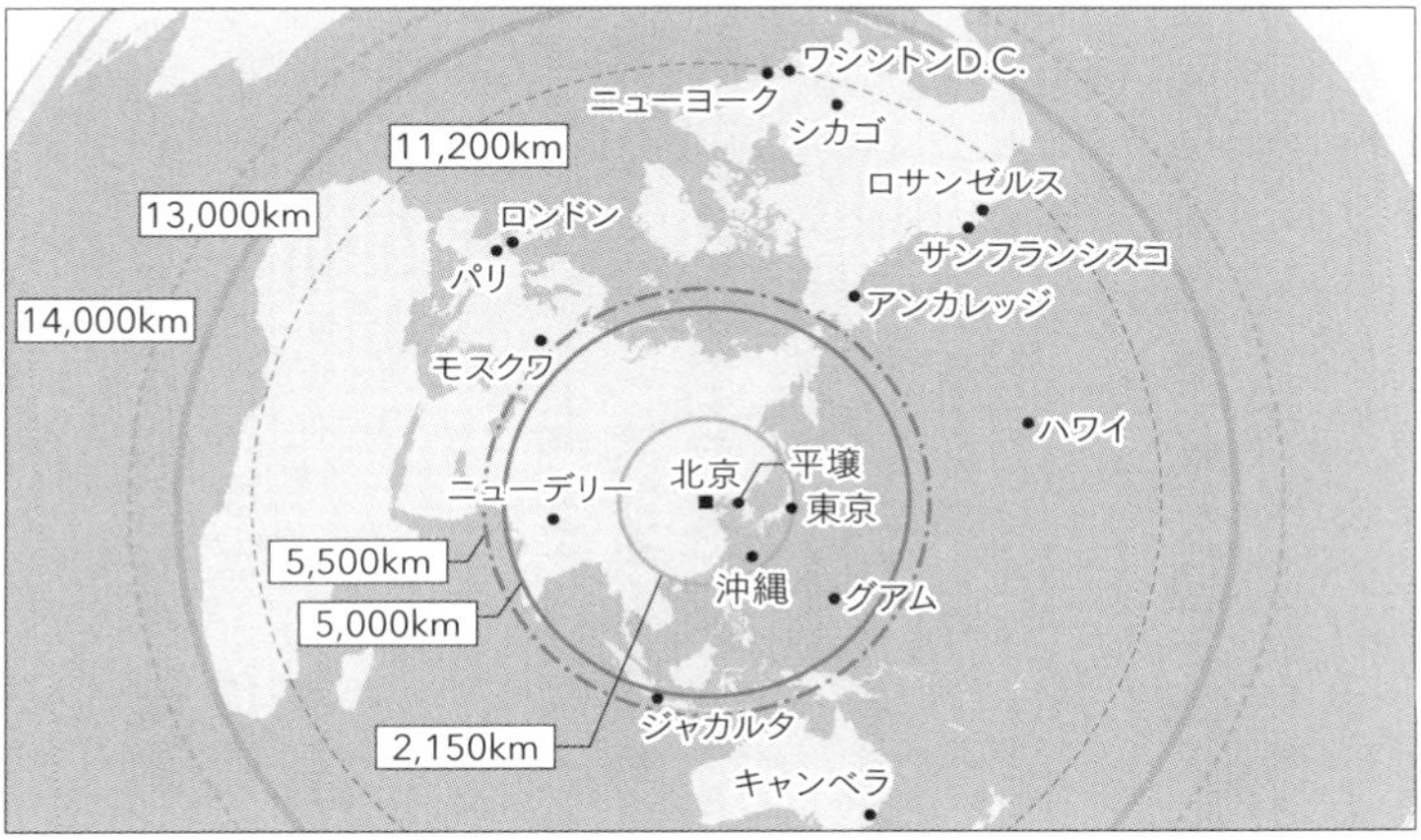

2,150km：DF-21/A/B/C/D/Eの最大射程	11,200km：DF-31/A/AGの最大射程
5,000km：DF-26の最大射程	13,000km：DF-5/A/Bの最大射程
5,500km：DF-4の最大射程	14,000km：DF-41の最大射程

（注）上記の図は、便宜上北京を中心に、各ミサイルの到達可能距離を概略のイメージとして示したもの
（出所）「令和4年版防衛白書」や中国メディアの報道を元に作成

「東風41（DF41）」は移動式発射台から撃てば米本土を攻撃できる

大陸間弾道ミサイルの新たな主力として注目されるのが、2019年の建国70年記念パレードで公開された「東風41(DF41)」だ。中国内の報道によれば、射程距離は中国のミサイルで最長の1万4000キロメートル。約10個の弾頭を搭載し、それぞれの弾道が違う目標を攻撃することができる。固体燃料で機動性も高く、「中国の軍事技術における革命的飛躍」との触れ込みだ。

中国は、極超音速ミサイルの開発も進めている。米軍は2021年夏、中国が2度の発射実験に成功したことを把握した。米軍のマーク・ミリー統合参謀本部議長は同年10月のブルームバーグテレビジョンのインタビュー番組で、この件に関する衝撃を旧ソ連が人類初の人工衛星を打ち上げた事件に擬え、「スプートニク・ショックに極めて近い」との言葉で表した。[*13]

中国の極超音速ミサイルは、地球の周回軌道に部分的に乗せることで射程距離の制約を取り除く技術と、飛行経路を変則的にする技術を備えており、米国のミサイル迎撃システムを無力化する能力を持つとされる。

もう一点、注目すべき中国の動きは、潜水艦を巡る技術力の向上だ。中国は潜水艦の保有数は多かったが、ほぼすべてが通常動力型潜水艦であり、米国の原子力潜水艦からみると大きく後れを取っていた。通常動力型も「中国の潜水艦はうるさい」と他国の軍から揶揄されるほどで、それほど脅威とはみなされていなかった。

だが、中国は急速に技術水準を向上させている。米軍や米シンクタンクの予測によると、中国は巡航ミサイル搭載型原子力潜水艦(SSGN)や攻撃型原子力潜水艦(SSN)の数でも、アジア太平洋地域で米軍に匹敵する隻数を揃えようとしている。

2020年の米海軍情報局の報告書では、中国のSSGNの保有数は4隻、SSNは7隻、通常動力

図表4-4

中国国防費の推移と世界の軍事費

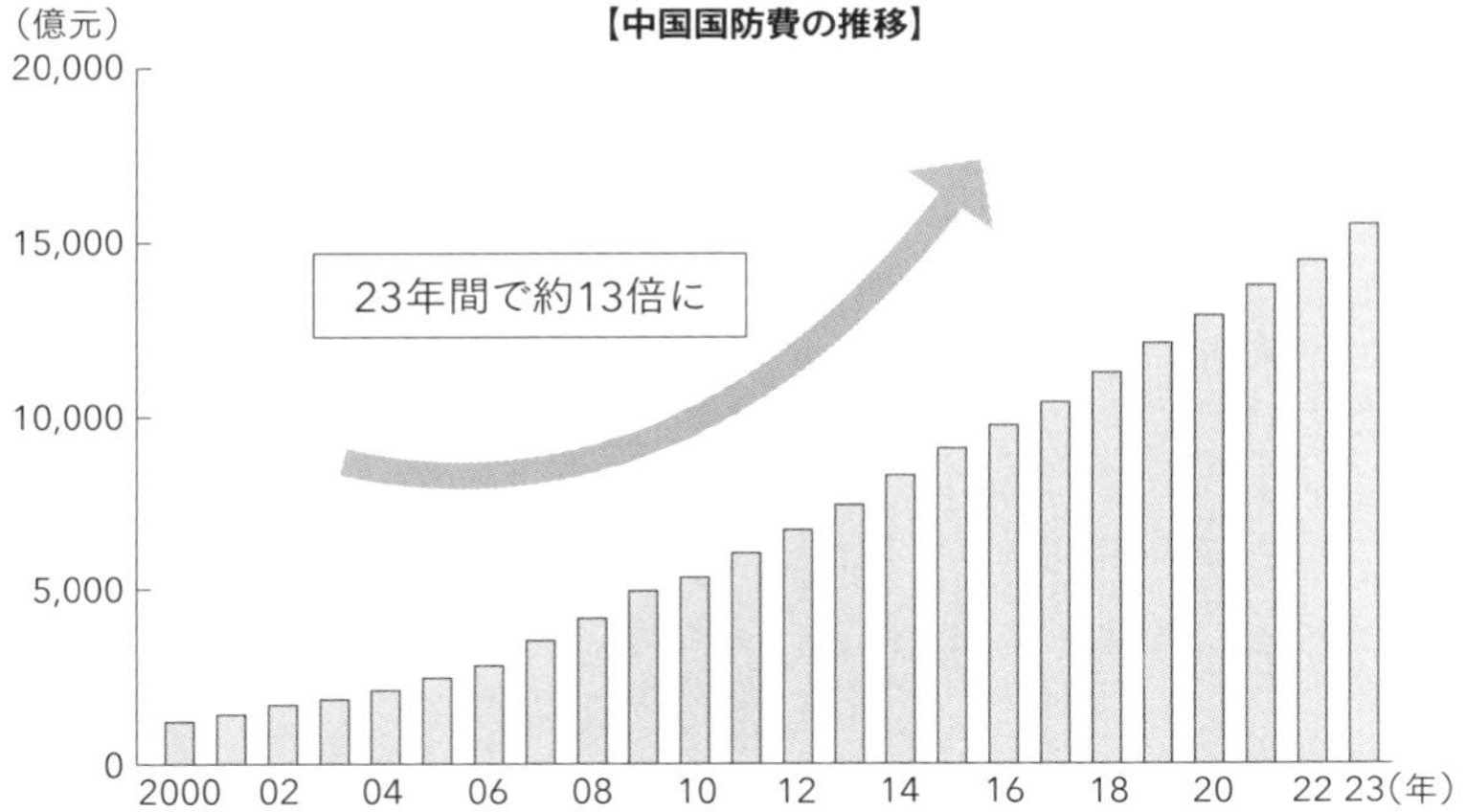

(出所) 中国国家統計局。予算ベース

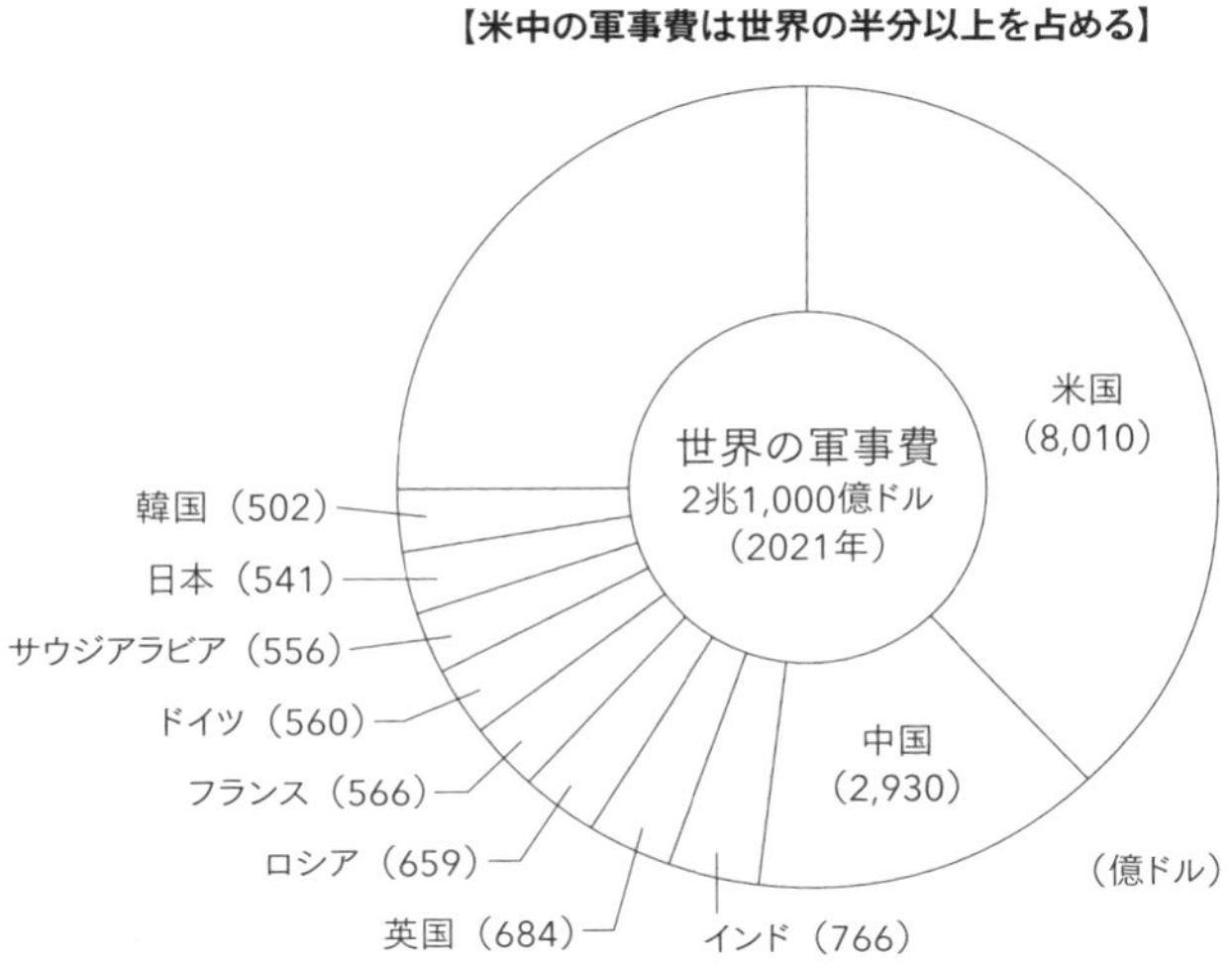

(出所) ストックホルム国際平和研究所 (SIPRI)

型は55隻だった。米戦略予算評価センターの予測によると、中国は2031年には弾道ミサイル搭載原子力潜水艦（SSBN）10隻、SSN18隻の体制を整える可能性があるという。米軍がアジア太平洋地域で通常展開している原子力潜水艦は10隻程度とみられており、中国が優位に立つ恐れもある。[*14]

また、中国の通常動力型潜水艦のうち、かなりの割合で非大気依存推進（AIP）潜水艦への転換が進んでいる。

AIPは原子力潜水艦と同様に「静音性が高い」「ディーゼル機関のように空気を消費しないので長時間潜航できる」という優位性を持ちながら、原子力型のように高額ではない利点がある。

日本でいえば、「そうりゅう」型が採用している。原子力型より速度は劣り、潜航可能期間も短いが、近海で運用するのであれば大きな欠点とはいえないため、能力向上に大きく寄与する存在だ。

国際戦略研究所（IISS）の2018年のレポート「中国の潜水艦戦力概観」によれば、2020年には20隻がAIPに転換される見込みという。[*15]

どこからでもミサイルを発射することができる潜水艦は「接近阻止・領域拒否（A2／AD）」のカギを握るだけに、米国も中国への対抗を急いでいる。2021年にオーストラリアに対し、虎の子の技術である原子力潜水艦の建造技術を供与すると決めたのもその一環だ。オーストラリアは2016年にフランスとディーゼル潜水艦12隻の開発契約を650億ドルで契約していたが、米国の技術供与に伴い、フランスとの契約をキャンセルしたため、フランスは「米国の同盟国に対する裏切りだ」と激怒した。米国にとっては、それだけインド太平洋地域における水面下の戦力増強は喫緊の課題だったということを意味する。

では、仮に台湾有事が発生した場合、人民解放軍はどのような台湾侵攻作戦を想定しているのだろうか。中国は2022年8月、ペロシ米下院議長が台湾を訪問した際、かつてない規模の大規模軍事演習を実施した。

結果的にみると、このような大規模な演習を実施したにもかかわらず、ペロシ氏の訪台は滞りなく実施されたため、中国は外交的に失敗したとの見方もあるが、少なくとも軍事的脅威を誇示する目的は果たしたといえるだろう。

1996年の第3次台湾海峡危機の際には、中国は不退転の姿勢で威嚇に打って出たにもかかわらず、米軍が空母2隻を展開したため、振り上げたこぶしを下ろさざるを得なかった。2022年の「第4次台湾海峡危機」では、米軍の空母ロナルド・レーガンはフィリピン沖にとどまり、中国は戦闘機やミサイルをふんだんに使った派手な演習を十分に実施できた。デモンストレーションとしての効果は、十分にあったといえる。

演習としては実戦度合いが低いとの指摘があるものの、かつてない大規模な展開であり、人民解放軍が有事をどうシミュレーションしているかを推し量ることができる。そこで、人民解放軍がこの演習に込めた作戦の意味を読み解いてみた。

同演習は8月2日から7日の6日間にわたり、台湾本島を取り囲む6か所で実施された。第1の注目点は、1996年に発生した第3次台湾海峡危機の際の演習に比べ、実施エリアが台湾本島に接近していることだ。人民解放軍の自信が伝わる。

第2に、6か所の演習は順番に実施されるのではなく、同時進行で進められた。周到に準備された演習シナリオであることがわかる。第3に、初の実射演習となった台湾東側の海域も含め、島を封鎖する陣形を採った。第4に、本土から発射した弾道ミサイルが台湾本島を飛び越え、台湾の東部海域に着弾した。「A2/AD」の能力を誇示したとみられる。日本の防衛省は、5発が日本の排他的経済水域（EEZ）に着弾したことを明らかにした。

中国人民解放軍国防大学教授の孟祥青少将は、CCTV傘下の国際放送ネットワーク「CGTN」のインタビューで、「台湾海峡での軍事演習はすでに常態化された」「この軍事演習は台湾島に最も近く、初めて島東部に実弾射撃エリアを設けた。海上立体作戦システムを構築し、台湾独立勢力に対し『門を閉めて犬を殴る』態勢を形成した」と語った。[*16]

6か所の演習地域には、それぞれの目的がある。

第1エリアは、台湾海峡に設置された。1996年の第3次台湾海峡危機でも演習地域が3か所設定されているが、当時とは異なり、台湾海峡の事実上の境界である「中間線」よりも内側で作戦を展開した。

危機や事件をきっかけに少しずつ既成事実を積み重ねる中国の「サラミ戦略」の一環とみられ、中国メディアは「もはや中間線は存在しない」と囃《はや》し立てた。今回の大規模軍事演習で、中国が得た「政治的成果」の1つといえる。また、演習エリアは台湾海峡がもっとも狭まった場所でもあり、ここを抑えることで海峡を封鎖する作戦とみられる。

第2エリアと第3エリアは、台湾本島の北部海域であり、台北市や基隆港から目と鼻の先にある。第1エリアと合わせて台湾の島北部をぐるりと囲んだ形であり、台北制圧作戦や特殊部隊による破壊工作、台湾指導者などの要人を暗殺して政権の統治能力を失わせる「斬首作戦」を想定した陣形と考えられる。

なかでも、第2エリアは島最北部近辺の海岸線まで約12キロメートルの位置に設定された。基隆港から台北市までは約25キロメートルしかなく、台湾の政権にとっては喉元に匕首《あいくち》を突きつけられた形とな

図表4-5
2022年8月の大規模軍事演習とミサイル落下地点

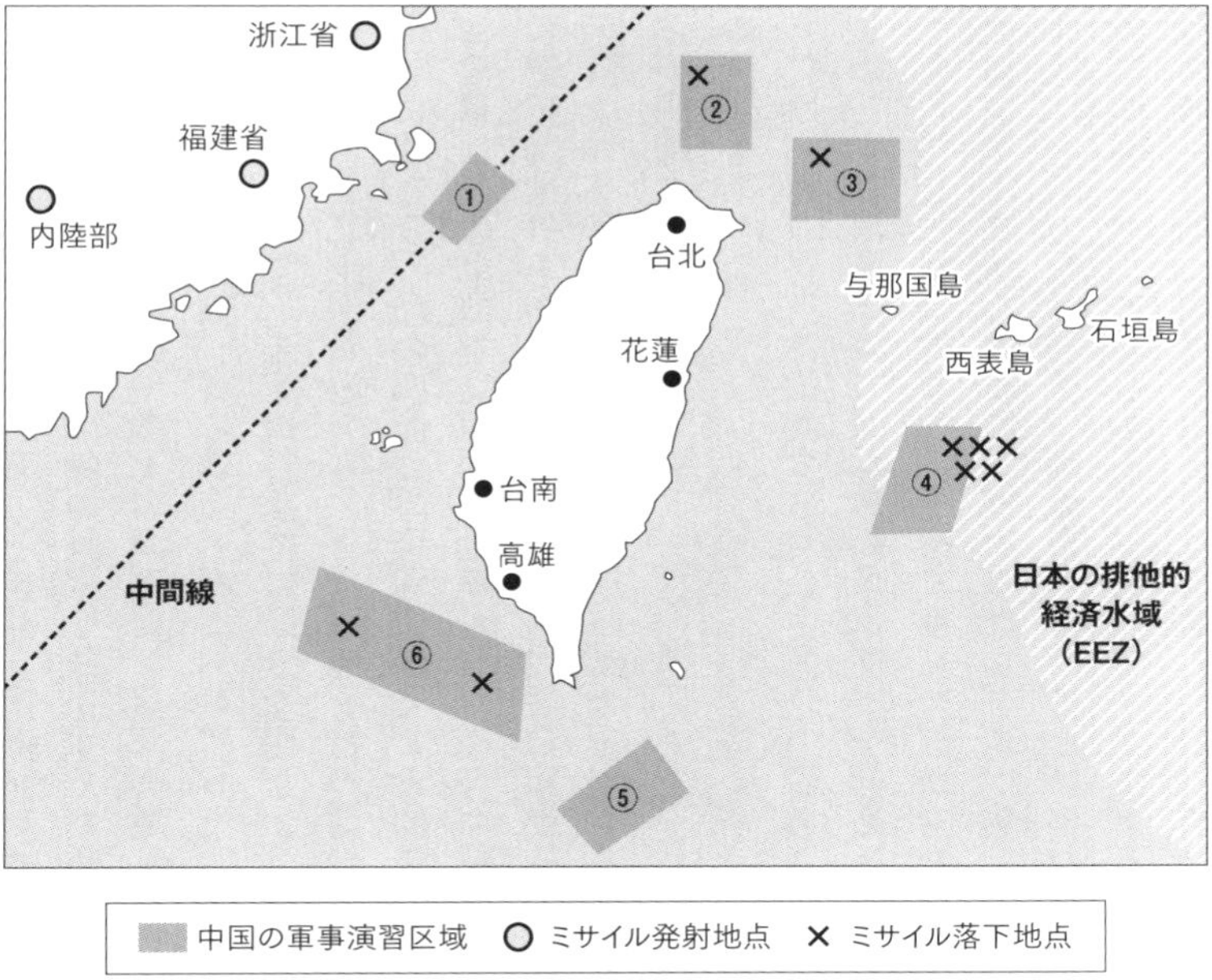

（出所）中国の演習地域は新華社報道などから作成。ミサイル発射・落下地点は防衛省の資料をもとに作成。

る。また、第3エリアは日本のEEZと接し、南西諸島や先島諸島とも近い。沖縄の米軍基地や日本の自衛隊の支援を抑え、台北制圧部隊の動きを確保するための要所となる。

第4エリアは、島東部の太平洋上の海域だ。東部海域はこれまで人民解放軍があまり展開しておらず、台湾侵攻を想定した場合の一つの弱点と考えられてきた。日本のEEZとも完全に重なっており、ここに艦隊を展開することで、米空母打撃群の動きを阻止する作戦を想定している。

同海域は、島の制圧上からみても大きな意味を持つ。台湾本島の東部には海岸に沿うようにして険しい山脈が南北に連なり、島の西側との交通を隔てると同時に、簡単には上陸できない地形でもある。そのため、台湾軍は島の東部を島西部に上陸された場合の反撃拠点と位置付けている。

花蓮市の空軍基地はその重要な拠点だ。人民解放軍が短期制圧を実現するためには、西海岸からの上陸作戦と同時に、東海岸においても台湾軍の動きを制する能力が必要となる。今回は、海上でのミサイル発射などの訓練も実施されたという。中国メディアのなかには、「花蓮の発電所が見える距離まで近づいた」との報道もあった。

第5エリアは、島の真南に位置するバシー海峡上にあり、フィリピンのEEZと重なる。米軍グアム基地をはじめとする南シナ海方面からの米軍支援を抑え込むとともに、台湾や日本へのシーレーン（海上交通路）を封鎖して経済的な混乱を招くうえで欠かせないゾーンとなる。同海域は、日本とアジア各国をつなぐ海底ケーブルをはじめ、様々なケーブルが集中する通信の大動脈エリアでもある。

第6エリアは、島の南西部で、高雄市や台南市といった台湾の経済都市と近接する。台湾の軍隊が展開されている軍事的エリアでもある。中国メディアによると、高雄港からの距離は約20キロメートル、高雄から台湾島最南端に向けて上陸作戦に適したビーチが連なる海岸線からはわずか9キロメートルの距離に近づいたという。6か所の演習エリアのなかでも最大海域が設定された。

演習には2隻の空母、就役してまもない075型強襲揚陸艦、最新鋭の055型大型ミサイル駆逐艦、新型原子力潜水艦などが参加した。最新鋭ステルス戦闘機「J20」や爆撃機「H6k」なども数多く投入された。最新型輸送機「Y20」をベースとした空中給油機が戦闘機に空中給油する様子も披露された。サイバー攻撃の演習も実施されたという。

弾道ミサイルは、福建省沿岸部や浙江省沿岸部、中国内陸部の基地から発射された。防衛省が発表した9発の飛翔距離は350〜700キロメートル。1発は中国が公表していた与那国島の北北西に設定されている訓練海域内の日本のEEZ外に着弾し、5発については中国が公表していた波照間島の南西に設定されている訓練海域内の日本のEEZ内に落下した。陸上自衛隊が展開する与那国島から80キロメートルという近距離にも着弾した。台湾有事の際に日本が台湾を支援しないよう牽制したとみられる。

人民解放軍の死角——海峡をどう越えるか

2022年8月の大規模演習からは、台湾を東西南北すべての方面から一気呵成に攻撃し、短期間で台湾の戦闘力を無力化しようとする作戦が窺える。同時に、シーレーンの封鎖によるサプライチェーンの寸断や、海底ケーブル切断への脅威も改めて認識された。

ただ、演習では海上封鎖に有効な小型艦艇を使って具体的な作戦を実施したわけではないため、人民解放軍が米軍と対峙しながら、どのように封鎖に動くかは未知数だ。むしろ海上封鎖においては、南シナ海で各種の妨害工作を経験してきた中国の海上民兵が、各国にとっての大きな脅威となる可能性もある。

中国にとっての最大のネックは、上陸作戦にある。演習が企図したように、東西南北すべてから一気呵成に島に攻め込み、短期決戦を狙うには大量の兵力が必要となる。もちろん中国は、世界最先端の無人機（ドローン）兵力を誇り、ミサイル戦力も豊富に抱え、サイバー攻撃能力もある。

台湾を軍事侵攻する際には、①サイバー攻撃で電力や通信などの重要インフラを無力化する、②ミサイルで基地や軍事関連施設を攻撃する、②大小様々な無人攻撃機が、蜂のように軍隊や様々な重要施設を襲う――という段階を踏んだうえで、上陸作戦に移行するとみられる。それでも島を制圧するためには、最終的には数十万人規模に上る兵隊の輸送が必要となるだろう。

ロシアは情報戦やサイバー戦を組み合わせたハイブリッド戦の巧者とみられていたが、そのロシアですら、ウクライナ侵攻では戦車と兵士を大量に投入した消耗戦を強いられている。ハイテク時代といえども、ＩＴとドローンだけで手を汚さずに侵略戦争ができるわけではないのだ。

「令和４年版防衛白書」によると、台湾の海軍陸戦隊を含めた陸上戦力は約10万４０００人という。加えて、有事には陸・海・空軍合わせて約１６６万人の予備役兵力を投入可能とみられており、２０２２年１月には、予備役や官民の戦時動員にかかわる組織を統合した全民防衛動員署が設立された。

中国自身もその弱点は熟知している。今、中国が急ピッチで進めているのが、０７５型強襲揚陸艦の建造だ。上海の滬東造船所で建造しており、２０２１年４月に第１号の「海南」、２０２１年12月に「広西」、２０２２年10月には「安徽」が就役した。１隻当たり８～10か月という驚異のスピードで強襲揚陸艦が追加されたことになる。

強襲揚陸艦とは、港でない場所で陸戦部隊の上陸作戦を遂行するための専用艦艇で、ヘリコプター用の飛行甲板を持つ。０７５型は排水量約4万トンで、最大30機の攻撃ヘリコプターと最大１９００人の部隊が収容できる。小型の揚陸艇や水陸両用車両を発着させるデッキ状のドック式格納庫もある。人民解放軍は０７５型の建造を合計8隻注文した。これまでと同じペースで建造されれば、２０２６年には8隻全部がそろい、強襲揚陸艦の隻数では米国に肩を並べることになる。

中国は驚異的なスピードで揚陸艦を増強しているが、それだけで上陸作戦がうまくいくわけではない。中国軍が台湾を短期間で制圧するために数十万人規模の兵力を送り込むとすれば、本土から武器弾薬や食糧などの物資を運び込まなければならない。

中国は「国防動員法」により、民間企業も国防に協力する義務がある。台湾海峡では「中国遠洋海運集団（ＣＯＳＣＯ）」をはじめとして多くの商用船舶が中国本土と台湾の主要港湾の間を往来し、定期運航している大型ＲＯＲＯ船もある。こうした船舶が、兵士や武器弾薬、補給物資の運搬に動員されるのは間違いない。実際、米海軍大学の報告によると、中国の航空会社や海運会社は、平時から人民解放軍の訓練や演習に参加している[*17][*18]。

ただし、民間船舶を動員する場合は、最低でも台湾の港湾をすでに制圧していなければならない。加えて制空権の確保も必要となるうえ、潜水艦の脅威もある。作戦初期に大規模動員するのは容易ではないと思われる。

中国が海上民兵を上陸作戦に動員する可能性を指摘する声もあるが、上陸後に台湾軍や市民の制圧戦を展開しなければならない台湾侵攻においては、あまり現実的な考えとはいえないだろう。最短でも１３０キロメートルの距離で大陸と台湾を隔てる海峡の存在は、中国の侵攻を阻む最大の障壁なのだ。

人民解放軍は、人的な面でも問題を抱えている。兵士の多くが一人っ子という点だ。基本的に大事にされて育ってきたうえ、実際に戦争になった場合、親や祖父母の多くは戦闘への参加を猛烈に反対するだろう。

さらに、人民解放軍は1979年の中越戦争以来、本格的な戦争には参戦していない。かつての人民解放軍は、装備は貧しくとも国共内戦や朝鮮戦争を戦い抜いた練度の高い軍隊だった。今は装備こそ立派だが、実戦経験を持つ現場の兵士はほとんどいなくなった。経験値の乏しさや危険を回避する風潮を無人兵器などの技術力でカバーしようとしているが、実際の戦闘で最後に必要になるのが兵士の粘り強い戦闘力であることに変わりはない。

こうした条件を鑑みると、人民解放軍が物量で米軍と匹敵する実力をもったとしても、作戦遂行能力も含めて台湾制圧が可能な水準に達するのは容易ではないことがわかる。中国共産党の使命は、台湾を焦土にすることではない。「台湾が独立を強行する」「習政権が崩壊寸前に追い込まれる」など特殊な状況にならない限り、台湾侵攻が早期に起こる蓋然性は極めて低いといえるだろう。

制脳権を獲得せよ——新しい「領土」は人々の認知領域

習政権にとって3期目政権の最初のマイルストーンは、2024年1月の台湾総統選だ。

中国としては、たとえ民進党が勝利する結果となったとしても、米国の大統領選のように選挙後の世論の分断が深まる状態に台湾を持っていくことが望ましい。総統選の前も後も、台湾世論に向けた激しい「三戦（世論戦・心理戦・法律戦）」が実行されるだろう。

防衛研究所の「中国安全保障レポート2023」によると、2020年1月の台湾総統選前後の1年間で台湾に対して14億回にのぼるサイバー攻撃が仕掛けられたという。それを超える攻撃が今後も実施される可能性は高い。[*19]

習政権は、「三戦」をさらに進めた「制脳権」という新たな概念を打ち出した。国家や人々の認知領域を支配するための戦いを指す。①敵の状況把握能力を失わせる「認知抑制」、②虚偽情報により誤った判断を導く「認知形成」、③敵の意思決定メカニズムを改竄する「認知支配」――などが想定されている。

習氏は2015年に実施した人民解放軍の抜本改革で、陸、海、空、ロケット軍と並ぶ第5の軍種として「戦略支援部隊」を設立した。情報戦やサイバー戦、宇宙戦を担う部隊といわれている。「令和3年版防衛白書」によると、17万5000人を擁し、そのうち3万人がサイバー部隊に属するとみられる。[*20]今後の対台湾工作において、実際の「台湾解放戦線」の最前線に立つのは戦略支援部隊だと考えられる。彼らが侵略をめざす「領土」は、現実世界の領土だけではない。人々の頭や心のなかにある領域なのだ。

習政権は国民党の不甲斐なさに見切りをつけ、国民党を全面に出して盛り立てる戦略よりも、民進党の中核をなす政治家らを「過激な独立分子」として煽り立て、同時にネット世論を巧妙に操作しながら米国への反感を煽る戦略に軸足を移した。台湾の人々のバランス感覚に訴えたほうが幅広い層を取り込む効果が高いと判断した。そのうえで、中国の軍事的圧力などの強硬姿勢も、「すべて独立・分裂活動に走る勢力や米国のせい」というナラティブ（物語）に落とし込む戦略を描いている。

とはいえ、習氏がどれほど硬軟両面で台湾への攻勢を強めようとも、平和統一への道筋はまったく見えてこない。台湾の人々は70年以上、不安定な世界のなかを生き抜いてきた。そのバランス感覚は絶妙で、総統選や地方選などの選挙結果はいつも国民党と民進党の間で振り子のように揺れてきた。背景には、多くの民意が独立でも統一でもなく現状維持を望んでいるという実情がある。

台湾の国立政治大学選挙研究センターが台湾の将来に関して実施した２０２２年の抽出調査では、「現状維持しながら将来再判断」が28・７％、「永遠に現状維持」が28・５％で、僅差で並んだ。続いて「現状維持しながら独立に向かう」が25・４％、「現状維持しながら統一に向かう」は６・０％、「できるだけ早く独立」は４・６％、「できるだけ早く統一」は１・２％にとどまった。

つまり９割近い人たちが、とりあえずは「現状維持」、すなわち決定的な事態は避けようとしていることがわかる。太陽政策だろうが北風政策だろうが、現状維持による安定を望む人々の心を覆すのは簡単ではないだろう。

一方、現状維持を望む人々の内訳を詳細にみると、習政権の台湾政策の難しさがますます浮き彫りになる。１９９２年以来のトレンドをみると、「現状維持」を望む人々の全体の割合はそれほど変わらないが、「将来的には独立に向かう」と考える人々が増え、その分、「将来的には統一に向かう」と考える人々が減少した。

この変化は、人々の間で台湾人アイデンティティ高まったことと相関関係がある。同じ台湾の国立政治大学選挙研究センターの調べでは、自分を台湾人と考える人々の割合は、１９９２年の17・６％から２０２２年には60・８％まで高まった。

一方、自分を中国人だと考える人々の割合は、25・５％から２・７％まで低下した。台湾人アイデンティティを持つ人々が増えるにつれ、「現状維持が望ましいが、どちらかといえば、いつか独立するのが自然な姿ではないか」と考える人が増えてきても不思議ではない。

台湾世論がどちらかといえば「独立」の方向に傾いている背景には、習政権が香港人アイデンティテ

図表4-6

台湾世論の推移

《自分を台湾人と思うか中国人と思うか》

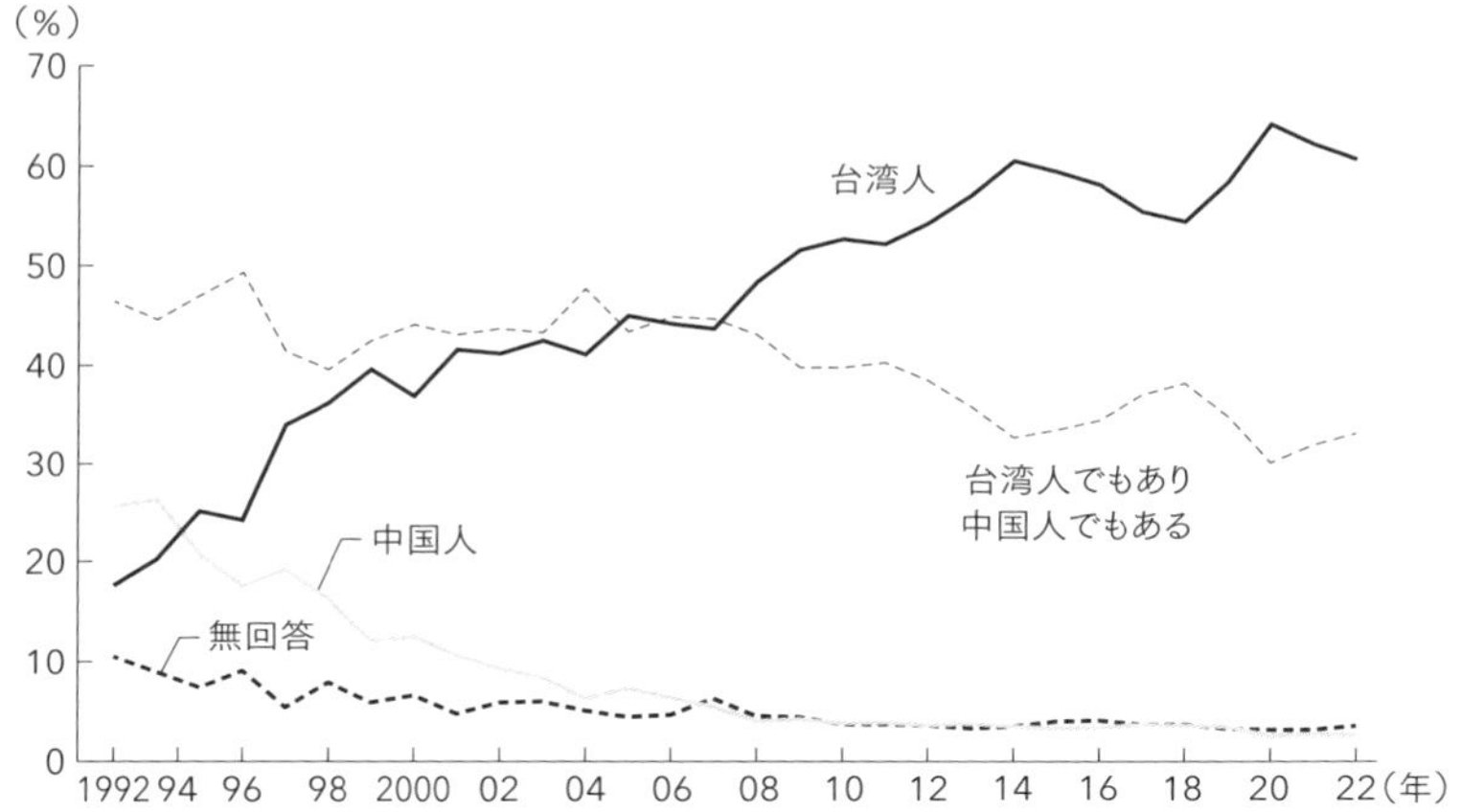

《中台統一か台湾独立か》

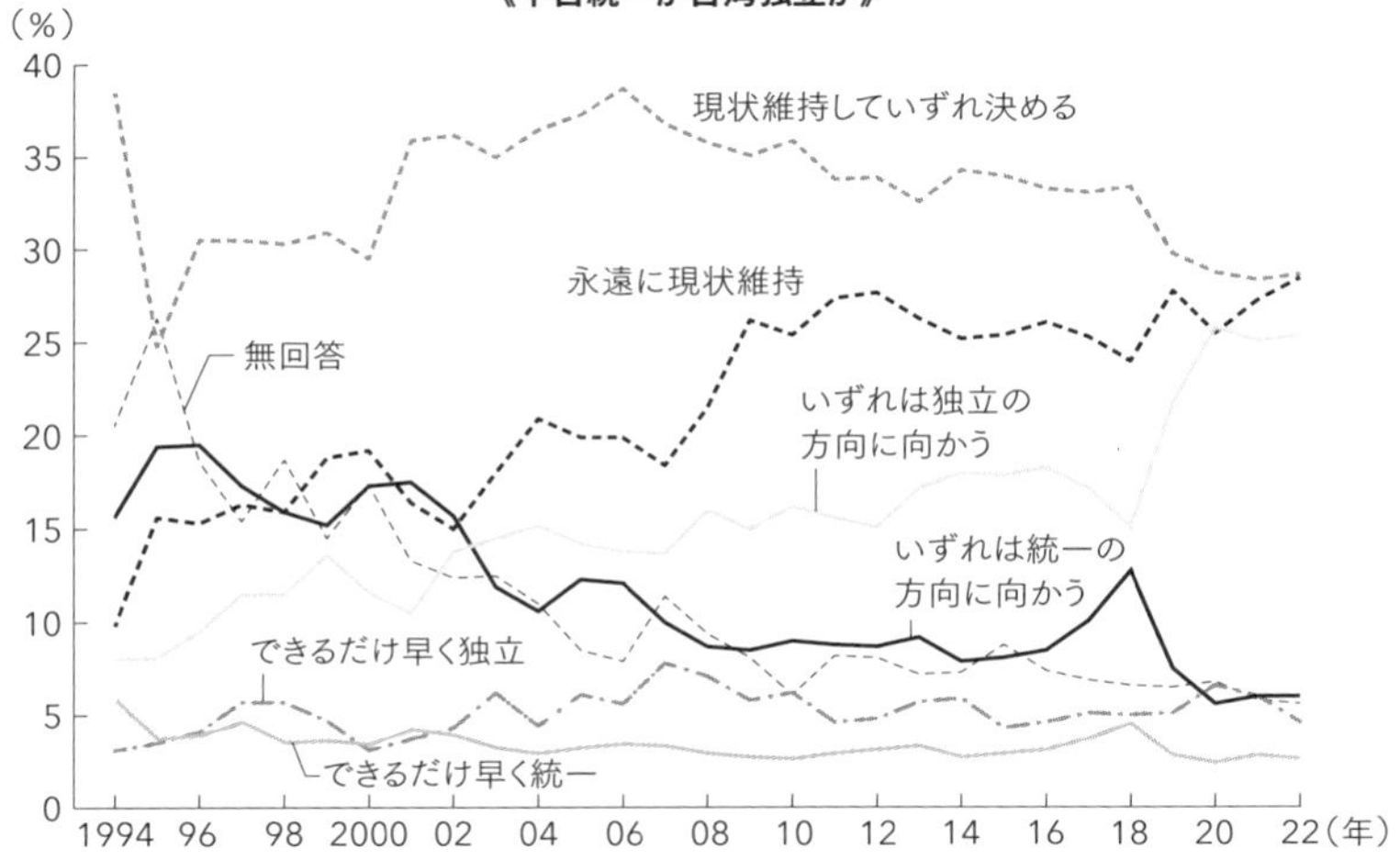

＊いずれも台湾の国立政治大学選挙研究センター調べ

(出所) https://esc.nccu.edu.tw/upload/44/doc/6960/People202212.jpg
https://esc.nccu.edu.tw/upload/44/doc/6962/Tondu202212.jpg

ィを破壊した様子を目の当たりにした影響は大きい。自分を台湾人と考える人や「現状維持しながら独立に向かう」と回答した人々の割合が急増したのは、香港で国家安全維持法が制定された2020年前後の時期と重なる。

同法は香港の政治的自由を大陸並みに制限し、香港返還から「50年不変」と約束された一国二制度に事実上の終止符を打った。いくら世論操作を働きかけても、中国による統治の現実を見た衝撃にはかなわない。習氏自身が台湾政策の選択肢を狭めたともいえる。

いま、習政権は「習五条」にあるように、一国二制度の「台湾モデル」を新たに構築しようとしている。従来の一国二制度という概念は香港で事実上、破壊してしまったので、このままでは台湾に呼びかける統治モデルがなくなってしまうためだ。

中央政治局常務委員であり、習政権の理論の支柱である王滬寧氏が台湾問題を主管し、王氏を中心に新モデルの構築が進む可能性が高い。第20回党大会の活動報告では、「新時代の党の台湾問題解決に向けた総体戦略」という概念も登場した。手は尽くしているが、台湾の人々が納得するようなモデルを作り出すのは容易ではないだろう。

2035年が近づいたにもかかわらず、平和統一に向けてのマイルストーンがなにも作り出せなかった場合、習氏はどうするのだろうか。「最終目標は建国100年にあたる2049年だから」と流すのだろうか。それとも強引に成果をつくろうとするのだろうか。習氏が統一の期限を切ったことは、習氏にとってのリスクであると同時に、世界にとってのリスクでもある。

今後、関係国はどのように習氏の台湾政策と向き合うべきだろうか。

第一に、台湾海峡の軍事バランスを崩さないことが何よりも重要となる。中国による台湾の軍事侵攻は簡単には起きない。それは中国にとって明らかにコストが見合わないためだ。もしも中国側が圧倒的な軍事力の差を手にした場合、中国の軍事侵攻は現実へと転ずる可能性が高まる。

米国や日本は守りを固めると同時に、中国を抑え込めるという事実を明確にわかりやすく中国側に示し続ける必要がある。ロシアのプーチン大統領がウクライナ侵攻の判断を誤ったように、習氏に正しい情報が伝わらず判断を誤るリスクがあるためだ。

第二に、中国による脳や心への侵略を防ぐ手段や技術を開発しなければならない。台湾の未来は台湾の人々が決めるべきだ。それは不正な手段で意思決定を操作された結果であってはならない。

中国やロシアによる選挙や世論を操作するサイバー攻撃は、台湾だけではなく民主主義社会全体への脅威となっている。台湾の民主主義を守るための努力は、ひいては米国をはじめとする西側諸国すべての民主主義を守ることにつながる。

台湾は、「民主主義対全体主義」の戦いの最前線に位置している。

Column

「航空ショー」でみた中国の兵器開発最前線

中国国際航空宇宙博覧会（珠海航空ショー）は2年に1度、広東省珠海市で開かれる最新兵器や航空技術の展示会だ。２０２２年の航空ショーで明らかになった人民解放軍の兵器開発動向から、中国の軍事戦略を読み解く。

注目を集めたのは、大量に出展された無人機だ。軍事企業や一般企業が航空機や戦車などと並んで、様々な用途と大きさの無人機を展示した。さらに、単体の展示に加え、無人機（ドローン）と有人兵器、後方の指揮系統をネットワーク化した統合システムの展示や提案が目立った。

米国が構築を進める「戦闘クラウド」とよく似たクラウド構想も示された。精密誘導兵器や情報速度、センサー能力の向上とともに、人工知能（ＡＩ）と兵器を融合し、広域作戦の高度化をめざす戦略が窺える。

中国兵器工業集団は、攻城戦における人的損傷を最小限に抑えるための小型無人兵器群を展示した。ドローンや戦車と、偵察・通信・飛行機能を併せ持つ徘徊《はいかい》弾、戦場での兵站を担う四足歩行の運搬機などを組み合わせる。それぞれが連動して自律的に動くとみられる。台湾侵攻

航空ショーは中国人民解放軍空軍の創立記念日にも重なり、会場は祝賀ムードに

小型無人機（ドローン）

を想定している可能性がある

各国が開発を急ぐ「アンチドローン（対無人機）システム」も、複数の企業が出展した。中国航天科工集団は、低空探査レーダーや各種のアンチドローン兵器を車両にそれぞれ個別搭載することで、戦況に応じて機動的な構成が可能なシステムを発表した。情報分析・作戦立案・指揮を一体制御するプラットフォーム「ZK－K20」と組み合わせる。

そのうち防空武器システム「FK3000」は、飛行妨害電波を出すドローンガンやミサイル、高射砲など複数の攻撃機能を一括で搭載し、飛来するドローンや徘徊弾を機動的に迎撃する。

高出力レーザー砲システム「LW30」は、ドローンの撃墜コストを1発あたり200円程度に抑えられる。ドローンは低価格のため、高額の兵器での撃墜は効率が悪い点が課題となっていた。数秒の照射でドローンを破壊し、すぐに次の射出に移行する。すでに中東などへ輸出しているという。

個別兵器では、中国航空工業集団が航続距離1万キロメートルを超える偵察・攻撃両用の大型ドローン「翼竜3」を初展示した。全長12メートル、翼幅は24メートル。

翼竜3の特徴は、「航続距離」「ミサイル搭載能力」「多用途」の3点にある。航続時間は従来型から倍増した40時間以上、航続距離は1万キロメートル以上で、米軍グアム基地やインドまで作戦範囲が及ぶ。この航続距離は、すでに配備されている爆撃機「H6k」よりも長い。

中国メディアの報道によれば、翼の下にある8つの発射機と内部弾倉の合計で2・35トンの

中国航天科工集団が展示したアンチドローンシステム。大型車両1台1台に探査や攻撃・防御などの機能を搭載している

「ZK-K2」はアンチドローンシステム全体をコントロールする「最強のブレーン」と呼ばれる。後ろは航空機レーダー「DK1」

1発約200円でドローンを撃墜できるレーザー砲システム「LW30」（右）「LW30」のレーザー照射口（上）

アンチドローン兵器の「FK3000」

大型ドローン「翼竜3」。中国は、航続距離、性能ともトップ水準だと誇る

武器を搭載できる。すでに運用されている「翼竜2」の約5倍の搭載量となる。航続距離の長さと合わせ、人民解放軍空軍の攻撃能力の強化に寄与する可能性が高い。

様々な武器にも対応した。中国のほかの無人攻撃機ではまだ不可能な対戦闘機の空対空ミサイルも発射可能となった。

会場に展示された機体には、空対空ミサイル「PL10」が搭載された（次ページ写真㊨）。PL10は米国の「AIM9X」と比較される第4世代ミサイルで、射程距離は約20キロメートル。翼の下に空対空ミサイル専用の発射レールが取り付けられた様子を確認できる。そのほか、対戦車の空対地ミサイル「藍箭（BA）21AR」と衛星誘導滑空爆弾「LS6」（同写真㊧）、誘導ロケット弾「GR7B」（同写真㊥）などを搭載して展示した。

小型ドローンがハチの群れのように敵機を襲

「翼竜3」に搭載された各種ミサイル。空対空ミサイル「PL10」(右)、誘導ロケット弾「GR7B」（中)、対戦車空対地ミサイル「藍箭」(BA) 21ARと衛星誘導滑空爆弾（左）

う「蜂式攻撃（スウォーム攻撃）」の能力も向上した。中国兵器工業集団と中国電子科技集団の2社がそれぞれ、折りたたみ式の翼を持つドローンを一斉発射できる小型車両を発表した。同攻撃はドローンを数十機から数百機単位で目標に向かわせる。ほとんどを撃ち落としたとしても、わずか数機が重要施設を破壊したり滑走路に墜落したりすれば戦闘能力の低下につながるため、防御の難しい攻撃とされる。

「中国人民解放軍の最大の弱点は、『人』にある」

笹川平和財団の小原凡司上席研究員はこう指摘する。

「上陸作戦に伴って予想される多大な死傷者は、中国社会には受け入れられないだろう。無人機は、作戦の中でより重要な意味を持つようになる」

米国も無人機分野に力を入れており、「機械対機械」や「機械対人間」の消耗戦が想定される。

今回の航空ショーでは、習近平国家主席が推進する「軍民融合」政策を反映し、民生分野の企業の軍事産業への参入が進む様子も垣間見えた。

鉱山爆破を主力事業とする広東宏大は、超音速巡航ミサイル「HD1」など一連のミサイル兵器を出展した。同社は、習政権下で本格的に軍事産業に参入した。HD1はすでに輸出許可をとったという。

特殊チタン合金を開発する民間企業の関係者は、「軍民融合は我々の事業に大きなプラスとなった。国家の支援もあり、軍事向け分野はすでに利益が出ている」と語る。

ロシアによるウクライナ侵攻では、戦況の長期化に伴い、ロシアの兵器不足が指摘された。習氏の軍民融合政策は技術開発の加速だけでなく、戦時下における安定的な兵器供給も睨んでいる可能性がある。

ロシアのウクライナ侵攻を踏まえ、中国兵器工業集団が開発した高機動ロケット砲システム「SR5」も改めて話題となった。SR5は米軍が開発した高機動ロケット砲システム「HIMARS（ハイマース）」と似ていることから、「中国版ハイマース」と呼ばれる。ウクライナ軍に供与されたハイマースは、戦況の「ゲーム・チェンジャー」となった。

米軍のハイマースは227ミリメートルロケット弾6発を十数秒で一斉射撃でき、100キロメートル近く先の目標に対しても命中率が高い。一方、SR5は発射装置がモジュール式になっており、300ミリメートルロケット弾なら4発、220ミリメートルロケット弾なら6

中国電子科技集団が出展した「蜂式攻撃システム」。大量の「自殺型ドローン」を一斉発射し、ハチの群れのように敵方を襲う。

「蜂式攻撃システム」の発射口

中国兵器工業集団の高機動ロケット砲システム「SR5」は「中国版ハイマース」と呼ばれている。展示は偵察・通信・飛行機能を持つ徘徊弾を発射する瞬間を再現している

軍民融合企業「広東宏大」が開発した超音速巡航ミサイル「HD1」

米軍の高機動ロケット砲システム「ハイマース」（ロイター／アフロ）

発、122ミリメートルロケット弾なら20発など、徘徊弾や対艦ミサイルを含む様々な兵器に柔軟に対応できるのが特徴だ。作戦上の必要のほか、輸出拡大に向けて多様性を確保しているとみられる。

軍用飛行機ではあまり目立った進化はなかった。現在の主力は、中国航空工業集団の「20シリーズ」と呼ばれる世代だ。今回、大型輸送機の「Y20」を空中給油機に改造した「運油20」が飛行デモンストレーションを初披露した。人民解放軍空軍は2022年夏に運油20を使った空中給油訓練を海上で実施したことを明らかにしている。空中給油機の活用により、戦闘機の航続距離を大きく伸ばすことが可能となる。

戦闘機分野では、最新鋭ステルス戦闘機「J20」が初めて地上で一般公開された。飛行デモンストレーションの後、駐機場に一時的に姿を現した。前翼（カナード）や尾翼の下の小

初めて一般公開された最新鋭ステルス戦闘機「J20」

さな翼など、多くの翼を備えた様子が確認できた。多くの翼は運動性能や安定性を向上させる一方、ステルス性能を犠牲にする。国産エンジンの推進力不足などの課題が窺える。

一方、開発途上の長距離ステルス戦略爆撃機「H20」は、模型の展示もなかった。同機はグアムやハワイまで攻撃する能力があると噂されるが、デザインも明らかにされておらず、航空ショーでの披露が期待されていた。エンジン開発に課題を抱えているとの指摘もある。

最新鋭ステルス艦載戦闘機「J35」も初披露の噂があったが、登場しなかった。J35は2022年6月に進水した電磁式カタパルトを備えた中国第3の空母「福建」の艦載機として運用される見通しだ。中国の空母打撃群の能力向上につながるとみられている。

習氏は同年10月に開いた中国共産党大会での活動報告で、人民解放軍の現代化について「無

飛行デモを初披露した空中給油機「運油20」。３本の給油管を出してみせた

人機やＡＩを活用した作戦能力の発展や、情報ネットワークシステムの構築と運用を加速する」と訴えた。

２０２２年の航空ショーからは、こうした習氏の方針を受けて無人機の開発やＡＩとの融合が急速に進む状況が明確となった。一方で、米国の構想や戦略を後追いしている面もみてとれる。中国が量だけではなく質の面でも米軍と対抗しうる軍隊を構築するまでには、まだ時間がかかる可能性もある。

米中半導体戦争の勝者は誰か
――「自立自強」とゲーム・チェンジ

米中対立を背景に「21世紀の石油」といわれる半導体を巡る米中覇権戦争が激しさを増している。米国は中国のハイテク産業や軍事技術の成長を阻止するため、冷戦時代を超える厳しい輸出規制を発動した。習近平政権は、国家資源を総動員して「自立自強」のサプライチェーン構築へと邁進するが、半導体分野における中国の遅れはあまりにも大きい。追い詰められた中国に起死回生の道はあるのか。

２０２２年10月７日、米中対立の歴史に新たな１ページが加わった。米国商務省産業安全保障局（ＢＩＳ）が、半導体関連製品（物品・技術・ソフトウェア）の新たな対中輸出管理規制を発表したのだ。米中の半導体サプライチェーンを先端分野では完全に「デカップリング（分断）」する強烈な内容だった。

新規則は、最新鋭兵器の自動制御やスーパーコンピューター、人工知能（ＡＩ）に使われる最先端半導体の中国向け輸出にライセンスの取得を義務付けた。すべての製造装置やその部品の輸出にもライセンスが必要となったうえ、一定以上の微細度があるロジック半導体やＤＲＡＭ、ＮＡＮＤフラッシュメモリーの製造装置には原則としてライセンスは出さないことが決まった。

さらに、第三国経由や技術者経由の技術流出にも網をかけた。外国企業が米国発の技術を使った製品を対中輸出する際にもライセンスの取得を要求したほか、個人による半導体製造や設計の支援について

図表4-7

半導体製造過程における国別シェア

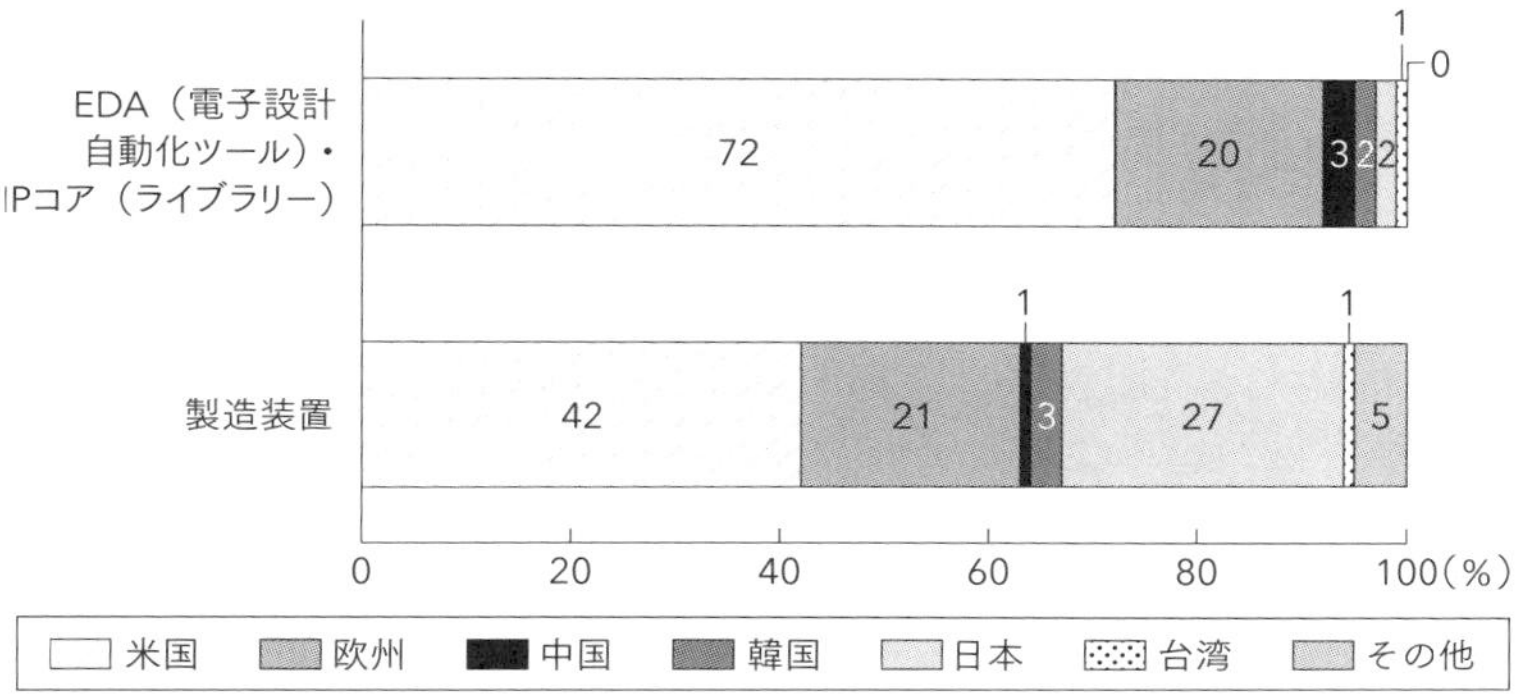

（出典）米国半導体工業会「2022米国の半導体産業」

も原則ライセンスを義務付けた。

新規制のあまりにも厳格な内容に、世界には衝撃が走った。米国の半導体産業が中国の巨大市場の大部分を放棄する内容であり、米国自らが返り血を浴びることも恐れない捨て身の対中牽制策だったためだ。米国政府は規制の発表と同時に、同盟国にも協調を求めた。米国以外の国が引き続き製品を供給すれば、中国に抜け道を与えてしまううえに、他国の半導体企業や半導体製造装置メーカーが漁夫の利を得る結果になりかねないためだ。

米国が特に名指ししたのが、オランダと日本だった。バイデン米大統領は２０２３年１月末、岸田文雄首相とオランダのルッテ首相と相次ぎ会談し、「直談判」に及んだ。日本とオランダは、半導体製造過程のなかでもリソグラフィと呼ばれる製造工程（光を使って微細な回路をシリコンウエハーに焼き付ける技術）で支配的な地位にある。

なかでもオランダのＡＳＭＬは、回路線幅の微細な最先端の半導体製造に欠かせない極端紫外線（ＥＵＶ）

リソグラフィ工程の装置をほぼ独占している。日米蘭3か国が足並みを揃えたことで、中国は最先端の製造装置の新規入手がほぼ不可能となった。半導体は「21世紀の石油」や「産業のコメ」と譬えられるが、中国はまさに最先端産業のライフラインを断たれたも同然だ。

米国依存の中国ハイテク産業——米国が震撼した兵器も「米国製」

中国は、世界最大の半導体消費市場だ。米国半導体工業会（ＳＩＡ）によると、２０２２年の世界の半導体市場規模は前年比３・３％増の５７４１億ドルだった。そのうち中国市場は、新型コロナウイルス対策のための「ゼロコロナ政策」などで同６・２％の減少となったものの、１８０４億ドルとなり、世界トップである約３割のシェアを占めた。[*21]

世界から中国に半導体が流れ込む理由は、中国が「世界の工場」であるためだ。一時は世界のノートパソコンの9割が中国で生産されていた。台湾の鴻海（ホンハイ）精密工業も米アップルのスマートフォン「ｉＰｈｏｎｅ」の大半を中国国内で生産しており、半導体の巨大な需要を生み出している。

ところが、需要の大きさにひきかえ、中国の半導体自給率は低い。米調査会社ＩＣインサイツによると、２０２１年の中国のＩＣ（集積回路）自給率は16・7％だった。一方、米インターナショナル・ビジネス・ストラテジーズ（ＩＢＳ）の調べでは、２０２１年の自給率は23・92％だった。両社のデータに乖離が生じるのは、自給率の捉え方が違うためだ。ＩＣインサイツは主に「中国国内で生産されたもの」が対象で、ＩＢＳは中国が設計し、他国の半導体企業に生産を委託したものも含まれるとみられる。

いずれにしても、中国は半導体需要の8割前後を海外に依存しており、「世界の工場」として望ましい

図表4-8

中国の半導体生産高と自給率

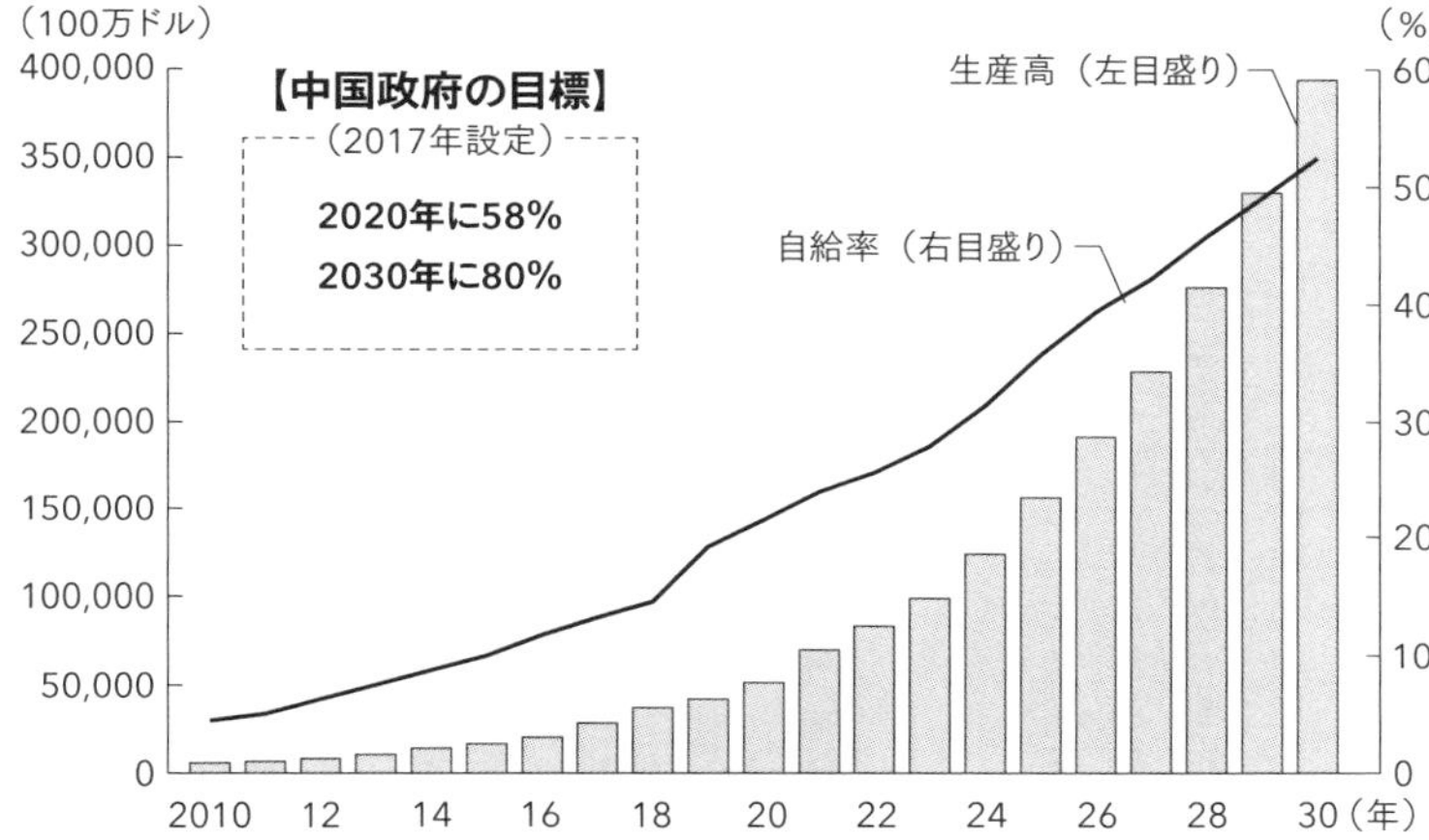

（出所）International Business Strategies,Inc.（IBS）調べ（2022年6月）
2022年以降は予測データ。IBSと中国政府の自給率の定義は必ずしも一致しない。

状況ではない。中国の軍事技術は、習氏の「軍民融合」の号令のもと、急速に発達し、米国の脅威となっているが、半導体を海外に依存している以上、その基盤は実は脆弱といえる。

中国が開発する極超音速ミサイルはその代表例だ。同ミサイルは速度が速く、変則的な軌道で飛翔するため、既存のミサイル迎撃システムを無力化する「ゲーム・チェンジャー」と呼ばれている。中国は2021年夏、2発の発射実験に成功したといわれる。

一方、米ワシントン・ポストは同年秋、中国の極超音速ミサイルには半導体をはじめとして300種類を超える米国の先端技術が使用されていると報じた。これでは、米国の技術が米国を脅威に晒しているのも同然だ。米国が対中輸出規制に走るのは、安全保障の観点からみて当然の措置といえる。そして、中国人民解放軍は基幹技術の米国依存を脱却しない限り、永久に「世界一流の軍隊」にはなれないのだ。

習政権は2015年に発表した国家戦略「中国製造2025」で、半導体の自給率引き上げを重要な政策目標として掲げた。「中国製造2025重点領域技術ロードマップ」によれば、ICの自給率は2015年時点ですでに41%であるとの前提のうえで、20年に49%、30年に75%に引き上げるとした。

2017年の改訂版では、16年時点の自給率を33%と下方修正したものの、目標については20年に58%、30年に80%と上方修正した（中国政府は自給率の定義を公表していない。ICインサイツやIBSの数字に比べてかなり大きいように思えるが、恐らく中国で外国企業が生産したものも、中国企業が設計して海外で生産されたものも含めていると推測される）。

立ちはだかる「経験」の壁――設計偏重、製造の蓄積進まず

中国政府の大方針を受け、半導体産業には巨額の資金が流れ込んできた。2014年に政府の傘下に設立された最大ファンド「国家集成電路産業投資基金（大基金）」の第1号ファンドは総額約1400億元、2019年の第2号ファンドは総額約2000億元を集めた。

地方政府もそれぞれに基金をつくり、地元の企業に資金を供給した。こうした基金は補助金と同じ性質を持つと考えられるが、中国政府は世界貿易機構（WTO）に補助金として報告しておらず、米国政府は疑念を示している。

金融機関も、半導体関連産業への融資を積極化するよう指導されている。2021年11月26日に中国

図表4-9

半導体産業を巡る中国政府の動き

2014年	自国の半導体産業を育成する**「国家集成電路産業発展推進綱要（ガイドライン）」**を策定 ↓ ● **国家集成電路産業投資基金（大基金）**の設立 《2014年1期＝1400億元》《2019年2期＝2000億元》 ● 税制優遇や補助金、投融資推進などを大規模に展開
2015年	**「中国製造2025」**→半導体自給率目標（2020年に49％など）を設定
2020年	**「新時期に集積回路・ソフトウェア産業の質の高い発展を促進するための若干の政策」**を発表 →サプライチェーンの川上から川下までや人材育成などをあらゆる政策を用いて支援
2021年	**「第14次5か年計画（21～25年）」**と2035年までの長期目標を発表 →集積回路がイノベーション振興の重点分野に
2023年	1兆元（19兆円）規模の半導体産業支援策を検討か？

銀行保険監督管理委員会が発表した「銀行業・保険業による高水準の科学技術の自立自強に対する支援に関する指導意見」では、ハイテク企業への融資残高や対象企業を持続的に増やしていく方針が示された。[*22]

豊富な資金と国家戦略を背景に、国内には半導体事業への投資ブームが起きた。中国の技術系コンサルタント「中商産業研究院」の分析によると、2021年に企業データサービス「企査査」に登録された半導体関連の企業は約12万社に上る。同データベースへの新規登録数は2019年には8442社、2020年には2万3111社だったが、2021年には前年比ほぼ倍増の4万7392社に達したという。[*23]

投資は活発化したものの、中国の半導体自給率はなかなか向上しなかった。背景の1つとして、半導体製造技術の高い壁がある。最先端半導体をつくるためには、高度な製造技術を持つ人材が不可欠だ。

図表4-10

中国政府の半導体産業の支援策

1、補助金	中芯国際（SMIC）は2020年に約500億円を受給 ＊上場企業への補助金は2011年7000億円→2020年3.3兆円規模に拡大（経済産業研究所調べ）
2、税制優遇	2020年「若干の政策」で強化 ex.回路線幅28ナノメートル以下の企業→黒字化から10年間は企業所得税25％を免除 ex.回路線幅28ナノメートル以下など高度な技術を持つ半導体関連企業→材料や製造設備の輸入関税を免除
3、資金供給	「大基金」合計3000億元規模 地方政府や民間ファンドの投資額10兆円超？

中国でも回路線幅が数十ナノ（ナノは10億分の1）メートルレベルの半導体なら、製造装置を輸入すれば生産は可能であり、中国最大の半導体受託生産企業（ファウンドリー）である中芯国際集成電路製造（SMIC）などでは、回路線幅14ナノメートルレベルの半導体なら量産が可能な水準まで達していた。

しかし、回路線幅が原子レベルに近づく最先端半導体では、非常に繊細な製造技術やプロセスの開発が求められる。そうしたノウハウを得るには長年の経験が必要で、世界の半導体産業でも優れた人材は一握りしかいないという。歴史の浅い中国の半導体業界が急きょ育成するのが難しいのはもちろん、米国や韓国、台湾でも熟達した人材は貴重な存在であり、厚待遇で引き抜きをしようとしてもなかなか簡単に集めることはできない。

そのため、中国の半導体産業は世界水準でみても急速に成長したものの、高度化が進んだのは設計分野やパッケージングなどの後工程が中心で、

図表4-11
中国半導体関連企業の新規登記数

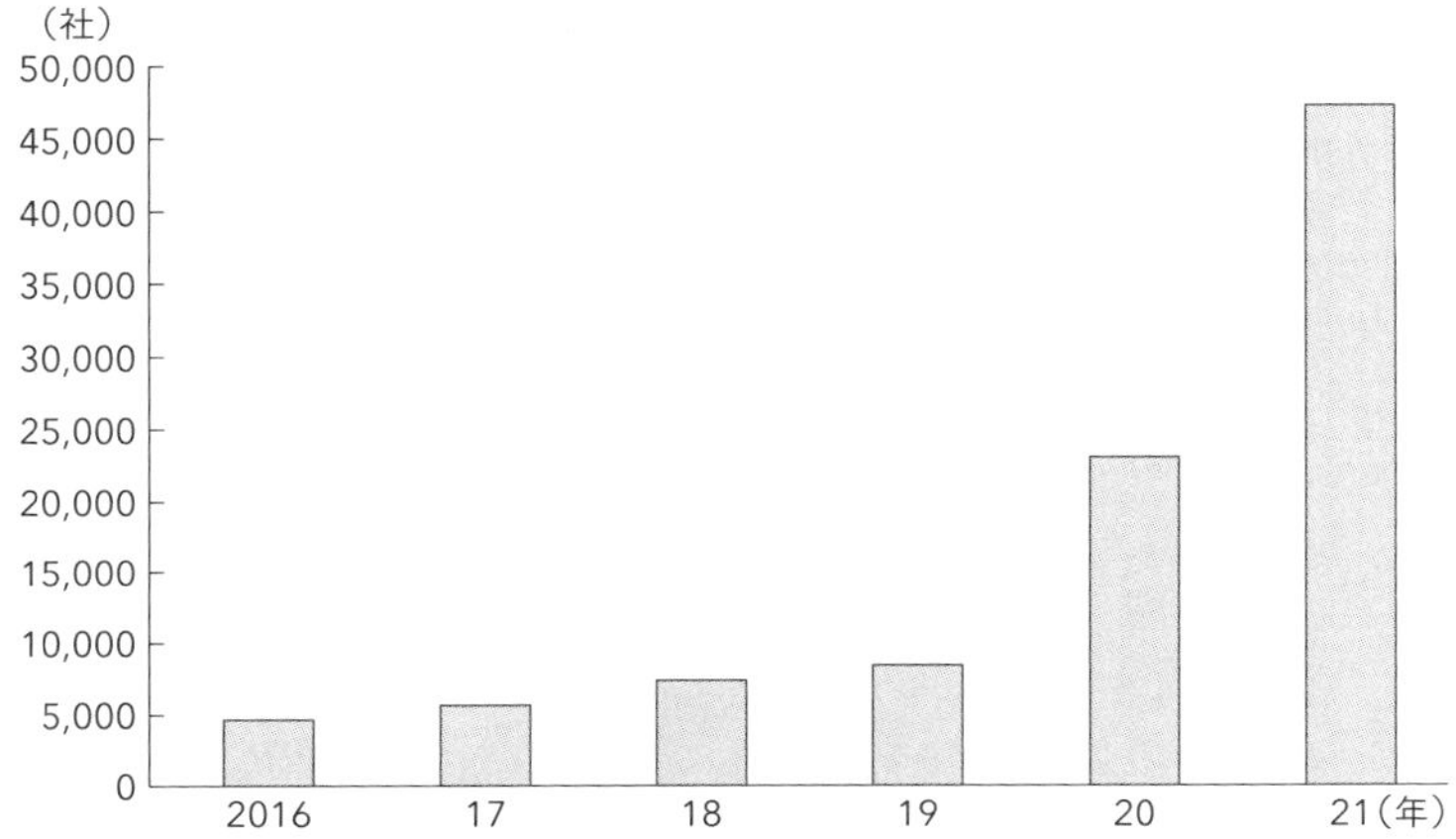

（出所）中国データベース企業「企査査」調べ（2022年）

微細加工を施す最先端半導体の製造技術はなかなか進展しなかった。中国は当初、「国家集成電路産業投資基金」の資金力で海外企業を買収し、手っ取り早く製造技術を入手しようとしたが、米国などに阻まれ、あきらめざるを得なかった。

国家の号令のもと、大量の資金が投じられるなかで、重複投資や粗雑な投融資など非効率な資金投入が多かった面も否めない。多額の投資を受けて工場を建設しても、まともに製造していない企業も多かったといわれる。最大手の紫光集団をはじめ、債務を抱えて経営破綻する半導体企業も続出した。

ただ、破綻企業が目立つことは、ただちに中国の半導体産業育成が挫折したと結論付けるのは早計といえる。中国で新産業が勃興する過程では、常に雨後の筍のように数百、数千に上る企業が設立され、淘汰の嵐の後に生き残った数社が産業を確立するというプロセスが常道であるためだ。

米国が中国のハイテク企業の成長を封じ込めよ

うとする動きは徹底している。最初に狙い撃ちされたのは、中国通信機器最大手の華為技術（ファーウェイ）だ。高速通信規格「5G」分野におけるファーウェイの躍進はすさまじく、米国は2019年5月に同社を「エンティティー・リスト（禁輸リスト）」に登録し、最先端半導体の輸出を制限した。

ファーウェイのスマホ出荷台数はピーク時には米アップルを抜いて世界2位となったこともあるが、米国の制裁で高機能スマホの生産に必要な半導体が不足した結果、販売台数が激減した。そこで傘下の半導体設計会社、海思半導体（ハイシリコン）での開発を急ピッチで拡大したが、米国は台湾などの海外企業への生産委託にも制限をかけてきた。

そこでファーウェイは、自ら中国国内で完結する半導体サプライチェーン（供給網）の構築に乗り出した。有望企業に自社で出資したり、地方政府などが資金支援する企業を技術面で支援したりするなどして、半導体の安定確保の道を探っている。2022年までの数年間で半導体分野への投資額は、推定4000億元（約8兆円）に達したという。[*24]

だが、その努力が実を結ぶ前の2023年2月、バイデン米政権はファーウェイの息の根を止めるかのような政策に踏み切った。米国企業にファーウェイへの部品・製品輸出を全面的に禁じる方針を打ち出したのだ。それまでは安全保障の懸念が生じない品目や汎用品、「5G」に直接使われない半導体などについては個別に認めており、米議会での報告によると、2020年11月からの約半年間で614億ドル分のライセンスが与えられたという。

こうした抜け穴を封じることで、中国の半導体産業育成の実質的な旗振り役であるファーウェイに打撃を与え、米国は中国の産業育成にさらに重い足枷をかけた形だ。

米国はファーウェイ以外にも、中国の名だたるハイテク企業を次々と名指しで規制の対象としていっ

図表4-12

米国の対中輸出規制の経緯と22年10月の異次元規制

《米国の対中半導体輸出規制》

2018年	8月	米国輸出管理改革法が成立
2019年	5月	**華為技術（ファーウェイ）を規制リスト（エンティティーリスト）に追加。** 米国由来の技術が25％以上組み込まれた製品をファーウェイに販売する場合は許可申請が必要に
2020年	5月	**ファーウェイ規制を強化。** ファーウェイや半導体設計子会社の「海思半導体（ハイシリコン）」が設計したチップは、米国外で製造しても米国製の技術やソフトウェアを使っている場合は米商務省の許可が必要に
	8月	**ファーウェイ規制をさらに強化。** ファーウェイが設計していない製品についても米国製の技術やソフトウェアを使って作る半導体や製造装置の輸出や中国内移転を原則不許可に。エンティティ—リストに載る関連会社も拡大
	12月	**中芯国際集成電路製造（SMIC）と関連企業を規制リスト（エンティティーリスト）に追加**
2021年	10月	2020年11月から21年4月までの約5ヵ月間にファーウェイとSMIC向けの輸出許可申請の大半にあたる合計1000億ドル分が許可されていたことが米議会で判明し、問題に
2022年	10月	大規模かつ厳格な対中半導体輸出規制を発表
	12月	**長江存儲科技（YMTC）や中科寒武紀科技（カンブリコン）など36社をエンティティーリストに追加**

《2022年10月の異次元規制》

1、AIやスパコン向けは事実上禁止	中国における人工知能（AI）などの先端コンピューティングやスーパーコンピュータの設計、開発、生産、メンテナンスなどに使われる半導体チップに米国由来の技術やソフトウェアが使われている場合、米国外で生産された製品であっても事前の許可申請を求める
2、先端半導体の製造装置は原則供給停止	16ナノメートルまたは14ナノメートル以下のロジック半導体、18ナノメートルハーフピッチ以下のDRAMメモリ、128層以上のNANDフラッシュメモリに関する製造装置については許可申請を求める。中国企業の工場向けには「原則不許可」とし、中国内の多国籍企業の工場向けには事案ごとの審査とする。アフターパーツやサポート活動、制御ソフトウェアも対象とする。
3、設計ソフトの提供を制限	米国企業が世界シェアの大半を握る半導体回路の設計ツール「電子設計自動化（EDA）」も規制対象に。すでに所有するソフトのアップデートも制限される。
4、「米国人」の技術支援も制約	米国人による中国の半導体の開発や生産活動の支援には許可申請が必要となる。「米国人」には米国に登記された法人の従業員も含まれる。軍事分野以外で米国人の就業に制限が課せられるのは初めて。

た。半導体分野では、2020年12月に中国最大の半導体受託生産企業（ファウンドリー）である中芯国際集成電路製造（SMIC）、22年12月にはファーウェイへ米製品を流したと疑われた長江存儲科技（YMTC）が禁輸リストに加わった。

人工知能（AI）向けの半導体などを手掛ける中科寒武紀科技（カンブリコン）、露光装置に強みを持つ上海微電子装備集団（SMEE）も禁輸対象となっている。他の分野では、監視カメラ大手の杭州海康威視数字技術（ハイクビジョン）や太陽光パネル大手などもリストに入った。

米商務省によると、2022年12月時点で禁輸リストに掲載された中国関係は633企業・団体に上った。禁輸リストは1997年から始まったが、633企業・団体のうち、およそ8割はトランプ政権が発足した2017年以降に加えられたという。

2022年10月の対中輸出規制では、製品や製造装置に加え、半導体を設計するためのソフトである電子設計自動化支援ツール（EDA）の輸出やライセンス、バージョンアップも規制の対象となった。EDA分野の国別シェアでは、米国と欧州が9割以上を占める。中国では半導体の設計分野が急速に進化していたため、打撃は大きい。

米中両国の経済が複雑に絡み合った今、「米中のデカップリングは不可能だ」という指摘も根強くあったが、少なくとも先端半導体分野においては、完全なデカップリングが現実となる事態が出現した。

習氏は2022年の第20回中国共産党大会の活動報告で「核心的な技術の攻防戦に打ち勝つ」と演説した。だが、核心技術は一朝一夕には育たない。中国が急ピッチで進めてきたAIやスーパーコンピューターの開発にもストップがかかる可能性がある。そして、ハイテク技術が停滞すれば、中国が軍民融合で進める最新鋭兵器の開発にも支障が出る。習氏の「強国戦略」と「強軍戦略」には、大きな狂いが生じようとしている。

起死回生の「ゲーム・チェンジ」シナリオはあるか

中国の技術開発が、官民ともに一時的に停滞するのは避けられない。では、中長期において米中の半導体戦争は、どのように展開していく可能性があるのだろうか。

中国が足元で採り得る手段としては、当面、①米国との関係改善や取引を通じ、対中輸出規制の緩和をめざす、②米国以外の半導体技術を持つ国が米国に同調しないよう働きかけ、輸入ルートを確保する、③中国国内で完結する半導体サプライチェーンの確立を加速する——の3つしかないだろう。

①と②は外交的手段であり、米欧など西側諸国との関係に依存する。自国のみで努力できるのは③の産業育成だ。とはいっても、できることには限りがある。中国は生き残りに向けて、次のような「現実路線」のシナリオを想定している。

【当面は、最先端ではない半導体の生産力拡大と応用技術の開発に注力する】

最先端の兵器や自動運転技術などを除くと、回路線幅2ナノメートルといった最先端半導体が必要な製品は実はそれほど多くない。中国の現在の成長産業は電気自動車(EV)だが、EVの製造で重要となるのは電力や電圧を制御するパワー半導体だ。同半導体はメモリーやロジックとは異なり、回路線幅は数十ナノメートル程度の技術が主流であり、中国の製造技術でも十分に製造できる。すでに中国ではパワー半導体工場建設に投資資金が流れ込んでいる。また、国産メーカーでも14ナノメートルまでは量産が可能となっており、7ナノメートルの生産も視野に入れているとの見方もある。まずは製造可能な半導体を製造しながら、少しずつ製造ノウハウの蓄積や製造装置の開発を模索していく。

【高機能な製品向けには中国が得意な応用力でカバーする】

人口知能（AI）など高機能な技術向けの半導体は、微細加工したメモリーやロジック半導体が必要となる。米国の規制が今後どう動くかにもよるが、線幅が米国のレッドライン（対中輸出規制）より広い半導体であれば、海外の企業に製造委託することは許される。そこで、半導体の設計を工夫するとともに、適用する製品側でも演算能力の限界に対応した工夫を施し、技術力不足をカバーする努力をするとみられる。ただし、中国が対応力をあげれば、米国側もレッドラインを引き上げる可能性は高く、どこまでいっても弥縫策の域は出ないのが現実だ。

中国は当面はやれることをやりながら、最先端技術の獲得を急ぐ戦略を採ろうとしている。問題は中国が仮に回路線幅2ナノメートルクラスの製品を製造できるようになったとしても、その域に達するまでに膨大な時間がかかる点にある。中国がその水準に達した時には、世界ではすでに汎用品となっている可能性は高い。古代ギリシャの哲学者、ゼノンが唱えたパラドックスでアキレスが100メートル先にいる亀を永久に追い越せないように、中国が半導体戦争の勝者となるシナリオはかなり限定されると考えるべきだろう。下手をすると、生き残れない可能性も高い。

ただ、中国にはナローパスだが、「起死回生シナリオ」もある。中国が「ゲームチェンジャー」となり、各国が積み上げてきた競争をすべてリセットするという戦略だ。

中国が狙うチャンスは、「ムーアの法則」の終焉にある。米インテル共同創業者のゴードン・ムーア氏は「半導体チップのトランジスタの集積度は2年で倍増する」との法則を唱えた。予言通り微細化は急ピッチで進んだが、既に線幅は原子レベルに近づき、性能向上や電力消費量の削減は限界に達しつつあるといわれる。

その一方で、今後は次世代通信規格「6G」のサービス開始やAI、あらゆるモノがネットにつながる「IoT」の発達で世界のデータ量は爆発的に増えるのは間違いない。このままでは電力消費が急増する。電力消費量をどう減らすかは今後、地球レベルの課題となるが、既存のICでは微細化は限界に達し、十分な省エネが果たせない恐れがある。

そこで期待されているのが、「技術の非連続」となるイノベーションだ。中国はそこに一つの可能性を見出している。

【シナリオX】中国が「ポスト・ムーア」で狙う大逆転

中国の習近平国家主席が2012年の就任以来、3度も視察に訪れた場所がある。湖北省武漢市にある「光バレー（中国光谷）」だ。

そこには光ファイバーや光電子など光技術の国・省級研究機関や大学、実験室が100以上集まり、約30万の技術者が働く。2022年6月に同地を訪れた習氏は「科学技術の生命線をしっかりと掌握しなければならない。それが国家安全の要だ」と演説した。

同地で進められる研究開発のなかでも近年、中国が国家的命運をかける技術として浮上したのが、武漢光電国家研究センターなどが手掛ける「光電融合」だ。この技術は、ポスト「ムーアの法則」時代を担う筆頭格と目される。

ＡＩやあらゆるモノがネットにつながる「ＩｏＴ」の発達で世界のデータ量は爆発的に増えている。このままでは電力消費が急増する。そこで期待されるのが光電融合だ。電子によるデータ処理と光の伝達を融合し、１００倍以上の伝送容量、１００分の1の電力消費も可能という。

中国にとって光電融合は単なる技術のブレークスルーではない。産業・軍事のチョークポイント（供給網の要所）を抑え込まれ、米国に好きなように振り回される。そんな世界を一変させるゲームチェンジャーなのだ。

光電融合の産業地図は、まだ白紙の状態にある。中国が技術の実用化にいち早く成功すれば、世界に先駆けて次世代のエコシステムを構築できる可能性はゼロではない。「半導体の微細化競争」という勝てない勝負の呪縛から一気に脱する大逆転シナリオだ。

清華大学や北京大学など様々な機関に専門組織が設置され、それぞれが連携しながら開発を進めている。２０２２年には深圳の大学が技術者の育成を目的とした「集成電路・光電芯片学院」を開校し、約３００人の1期生を集めた。米中半導体戦争の局面転換に挙国体制で臨む構えだ。[*25][*26]

実は光電融合は新しい概念ではない。米国など西側諸国での開発の歴史は長く、なかでも最先端を走るのは日本だ。ＮＴＴは60年以上に及ぶ光技術の基礎研究を背景に光電融合技術を開発した。チップ用は、２０３０年以降の実用化をめざす。

ただ、こうした技術は普及にはまだ時間がかかると想定されている。日本や米国では重要性は認識されているものの、まだ国家戦略の中核として推進される状況には至っていないのが実情だ。一方、専制国家である中国では、いったん国家戦略と位置付けられれば、資金に糸目をつけずに開発や普及を進めることが可能だ。

非連続の技術革新が起きる時、守るものを持たない後進者が有利になるのはしばしばみられる現象だ。中国がインターネットサービスで世界の先頭に立てたのは、社会インフラが遅れていたためだった。電話やパソコンが普及していないからこそ、スマホがあっという間に普及した。スマホでの支払いが普及したのも、現金への信用が低かったためだ。

半導体も、周回遅れの中国だからこそ、「リープフロッグ（カエル飛び）現象」を起こす可能性はある。米国が中国の技術開発を阻害しようとすればするほど、中国の技術が独自の進化を遂げるという皮肉な結果を招く可能性もゼロではない。

日本政府は今、国策として半導体産業の再興に急速に舵を切った。有事の際にも日本が半導体を確保できる体制を整えるためには、自国産業の育成と生産能力の確保は不可欠であるのは間違いない。一方で、すでに周回遅れの日本が今からどれだけ巨額の投資をつぎ込んでも、世界のトップに躍り出ることは容易ではない。

日本政府は２０２２年、台湾積体電路製造（ＴＳＭＣ）熊本工場の建設に５０００億円近い補助金を投じたが、誘致できたのは主に回路線幅20ナノメートルレベルの汎用技術にとどまった。それもすべて、日本が主導権を握るための優位な条件を持たず、他者に依存せざるを得ない状況にあるためだ。現行技術だけにこだわる限り、日本もすでに確立されてしまった半導体業界の構造から脱することは難しい。

中国は既存の半導体技術への投資と並行して、「ゲーム・チェンジ」を仕掛けようとしている。日本も同様に「ポスト・ムーア」も同時に睨んだ国家戦略を展開していく必要があるのではないだろうか。

米中の半導体戦争の余波は大きく、日本や日本企業は翻弄されて続けている。だが、米中の競争の表層のみを追いかけているだけでは、世界に起きるかもしれない次のパラダイムシフトに乗り遅れる恐れがある。動乱はリスクでもあり、チャンスでもある。そして、長い積み重ねを必要とする基礎研究で日本には一日の長がある。

自らゲーム・チェンジを仕掛け、日本の技術で世界の先頭に立つ――。そうした野心がない限り、日本は米中の狭間でいつまでも体力を消耗し続ける小国となりかねない。

不動産バブルと債務危機――「灰色のサイ」が暴走する日

習近平政権が直面するいくつもの課題のなかでも、習氏を悩ます難題は不動産市場をいかにコントロールするかだろう。不動産価格は庶民の手が届かない水準まで高騰し、極端な貧富の差の原因となっている。だが、不動産価格を引き下げる政策をとれば、不動産バブルが崩壊し、深刻な金融危機を招く恐れもある。

中国の不動産市場は、次のような問題を抱えてきた。

(1)不動産価格の高騰
(2)不動産に過度に依存した経済構造と過剰債務問題
(3)不動産税（固定資産税）や遺産税（相続税）を通じた富の再分配機能が未確立

北京市や広東省深圳市の不動産価格は、年収の50倍に達した。努力しても一生家も買えない状況は、

図表4-13

世界の住宅価格の年収倍率

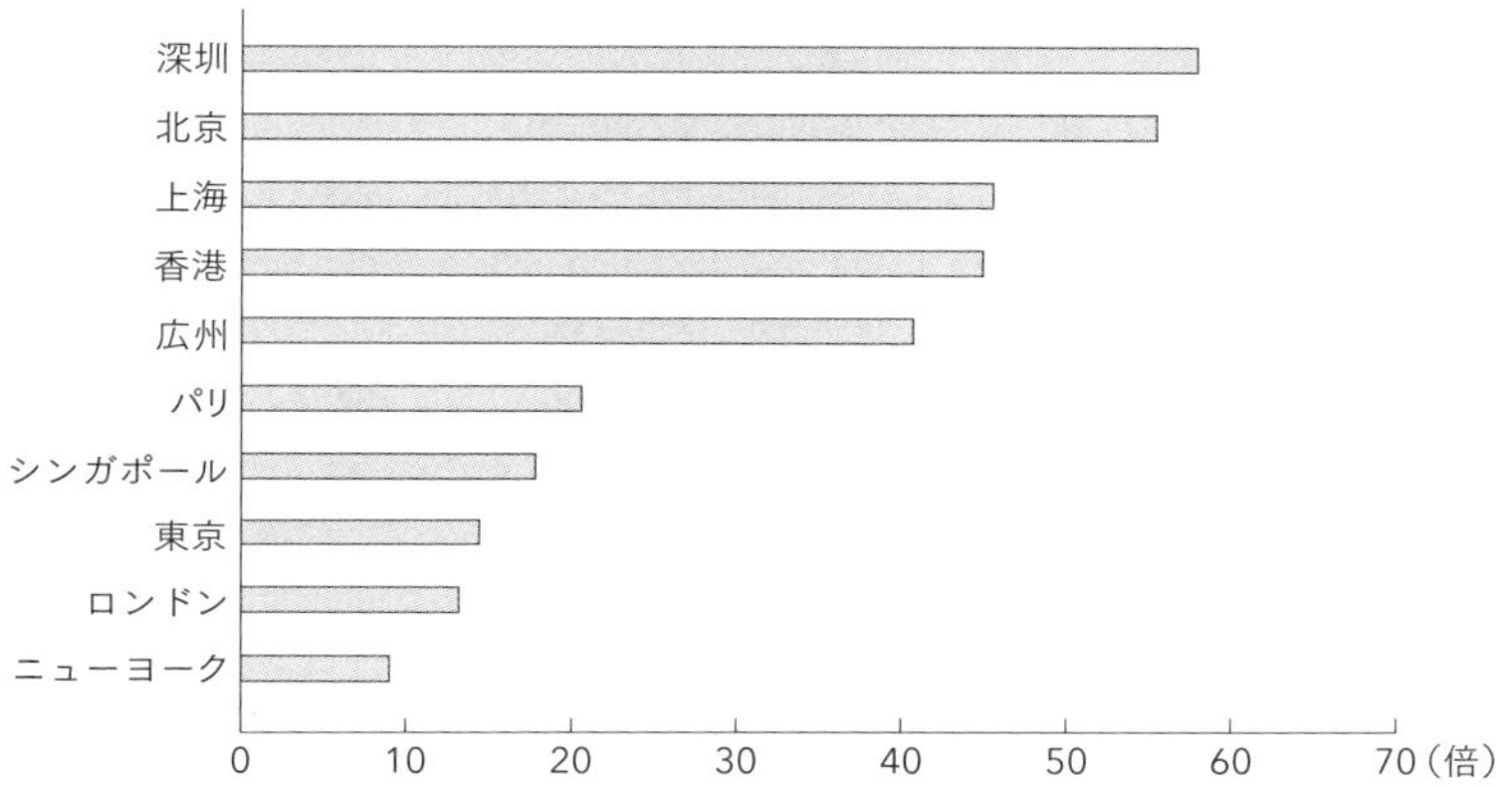

（出典）如是金融研究院（2021年6月）

民意の離反を招きかねない。

経済構造の歪みも中国が長年抱える課題だ。中国の経済成長は、不動産投資に過度に依存している。米ハーバード大学のケネス・ロゴフ教授が2020年に発表した試算によれば、建設業など関連産業を含む不動産分野がGDPに占める割合は29%に達し、不動産分野の経済活動が20%落ち込むと、GDPは5~10%減少する可能性があるという。

加えて、地方政府の財政は土地使用権売却収入が大きな割合を占め、金融機関のビジネスも不動産デベロッパーへの貸し出しや住宅ローンに依存している。

不動産バブルは退治したいが、バブルをつぶせば中国の経済は大不況に陥りかねない。一方で、バブルが続けば、国内の投資資金はいつまでも住宅やインフラの建設に注ぎ込まれ、成長産業の育成に効率的に向かわない。

習政権は政権発足以来、不動産市場の構造改革

や過剰債務対策の検討を進めてきた。だが、試みはいずれも軌道に乗せられずにいる。

なぜ中国共産党は長年、不動産市場の構造改革に着手することができずにいるのか。背景にある中国の経済・社会が根源的に抱える問題を読み解きながら、不動産市場の行方を分析する。

矛盾だらけの中国不動産市場

中国の不動産市場は、いくつもの大きな矛盾のうえに成り立っている。

第一の矛盾は、これだけ取引価格が高騰した「究極の商品経済」にもかかわらず、土地はすべて国有または公有であり、個人による所有や売買は禁じられている点だ。人々が売買しているのは土地そのものではなく、土地の使用権だ。期限は、「住宅用地70年」「工業用地50年」「商業用地40年」と定められている。

では、使用権の期限が来たらどうなるのか。2007年に制定された物権法149条、および2020年に引き継がれた「民法」259条によれば、「住宅の建設を目的とする建設用地使用権は、その存続期間満了後に自動的に更新される」と明記されている。だが、自動延長する際の更新料などについては、「法律や行政規定などに従って処理する」と書かれているだけで明確な規定はない。[*27]

仮に、土地価格の3割や4割といった高額の更新料が必要となれば、社会は大混乱に陥るだろう。不動産という高額商品の取引に関するこれほど重要な前提にもかかわらず、皆があえてこの問題を曖昧にし、答えを出そうとしてこなかった。

一つの理由として、実際に問題が発生するのがまだ先の話であるためと考えられる。土地使用権の売買は、1990年代に本格化した。その頃に購入された使用権の期限が到来するのは、2060年代となる。多くの人が「なんとかなるだろう」と考えているのだろう。ある意味、異常事態といえる。通常の資本主義社会であれば、将来保証されるかどうかもわからない権利が、年収の数十倍もの価格で盛んに売買されることはあり得ない。

だが、中国では逆にすべてが曖昧にされているからこそ、不動産による錬金術が成立してきたともいえる。中国特有の「問題の先送り」が、不動産ビジネスにも如実に表れている。

2つ目の矛盾は、不動産に関する税制が確立されていない点だ。習政権は2021年、日本でいえば固定資産税にあたる不動産税の試験導入を決定したが、結局、翌年には延期が発表された。

相続税についても必要性は早くから指摘されており、2004年には遺産税（相続税）に関する法案が起草されたが、導入は見送られ続けてきた。2010年にも本格施行を睨み、法案が改定されたが、やはり実現には至らなかった。習政権の1期目や2期目でも何度も遺産税導入に関する観測が浮上したものの、まったく道筋をつけられずにいる。

相続税には、社会を公平に保つ機能がある。不労所得に課税することで、人々の努力や創意工夫が報われる社会を維持することが可能となる。富の再分配を通じて、社会保障の質を維持・向上していく役割も果たす。

こうした機能は本来ならば社会主義社会にこそ必要とされるはずだが、中国では富の再配分機能を用意しないまま、不動産の私有化・商品化・市場化がスタートした。その結果、富が固定化し、富める者がますます富む社会を生み出した。

中国の都市住民にとって、資産形成の始まりは、計画経済時代の終了とともに実施された「住宅の払い下げ」にある。

それまで都市住民は住宅を私有できない代わりに、「単位」と呼ばれる職場から格安の賃料で住宅を供給されていた。その頃、住宅建設は「生産性のない建設」であると位置づけられていたため、多くの人々は狭く劣悪な住戸に暮らしていた。

改革開放が始まると、住宅の「私有化」「商品化」「市場化」という3つの改革が始まった。その目的は、2つあった。1つは、民間部門が主体となって住宅不足の解消や住環境の改善を進めること。もう1つは、政府機関や国有企業から住宅整備の負担を切り離し、効率性を高めることだ。そこで、単位が保有していた住戸は、従業員らに非常に安い価格で払い下げられた。

そして、その払下げ住宅が後の富裕層の「タネ銭」となった。当時、夫婦が共に条件の良い単位に所属していたり、うまく立ち回れたりした人々は、複数の住戸を手にすることができた。そして、この時点で住戸を手に入れられたかどうかが、人々のその後の人生を大きく分けた。

今から振り返れば、この時点で相続税や不動産税を導入するべきだったのだろう。しかし、対象が「使用権」だったためか、必要な議論がなされないまま、社会は不動産バブルへと突入していった。

中国人民銀行が都市部住民世帯を対象に実施した「2019年中国城鎮居民家庭資産負債情況調査」によると、都市部世帯の住宅保有率は96・0%に達した。保有住宅軒数は「1軒」が58・4%、「2軒」が31・0%、「3軒以上」が10・5%となり、平均保有軒数は1・5軒に達した。実に4割以上の都市部世帯が、2軒以上の住宅を保有していることになる。*28

中国の都市部で特徴的な現象は、何軒も住宅を保有している人々が必ずしも高収入層ではない点にある。北京や上海の日系企業で働く現地スタッフや運転手が3～4軒の住戸を保有し、日本人の現地法人トップより数倍も「富裕層」だという話はよくある話だ。

こんな事態が起きるのも、相続税がないためだ。加えて、一人っ子政策が富の集中を一層加速させている。大都市生まれの人々は、自分の親と配偶者の親の双方から住宅を丸ごと相続する可能性が高い。さらに、その人物が自分でも資産形成のために住宅を購入した場合、その子供は将来、何もしなくても祖父母や親からの相続で3戸以上の住宅を手にすることになる。北京市や上海市で市中心部から地下鉄で30分程度の距離にある住戸は、広さ100平方メートル規模で価格は2億円に近い。中国の都市部には数億円の資産を持つ「庶民」がざらに生活しているのだ。

このまま相続税のない社会を続ければ、持てる者と持たざる者の格差は広がる一方だ。しかし、相続税の導入には、中国共産党幹部を含め、すでに住宅を持つあらゆる層から強い反対がある。家族や一族をことのほか大事にする中国では、自分の子供や孫に資産を遺そうとする思いが強い。

相続税を課せられることによって資産の多くを国に納めなくてはいけないのであれば、住宅の購入意欲が大きく減退するだろう。複数の住宅を保有していた人々はそのいくつかを早期に手放そうとするかもしれない。住宅価格の暴落は避けられない。また、複数の住戸を持つ都市の「庶民」の場合、現金収入が必ずしも多くない家庭もあり、日本並みの不動産税の導入には猛反発することが予想される。

習氏はかつてないほどの強力な権力を手にしたが、その習氏ですら相続税や不動産税の導入は鬼門であり、踏み切れずにいる。その一方で、習氏がめざす「共同富裕」にとって、富を再配分する税制の導入は不可欠だ。この壁を突破できるかどうかが、習政権にとっての大きな試金石といえる。

地方政府の土地依存と「隠れ債務」

中国の不動産市場の背後には、さらに大きな矛盾がある。地方財政と「隠れ債務」の問題だ。中国経済の「時限爆弾」ともいえる。

中国の地方政府にとって、土地使用権の売却収入は主要な財源だ。財政収入の半分近くを土地の払い下げが占めており、不動産の価格が下がったり、不動産が売れなくなったりすると、地方財政を直撃する構造となっている。

中国の法律では、地方政府は使用権売却収入の3割を中央政府に納めた後、残りの7割を財源として利用できる。[*29] こうした仕組みは、胡錦濤政権下で確立した。本来の目的は、不足する社会保障財源に充当するためだったが、結果的には地元の経済成長率を底上げするため、不必要なインフラ建設など乱開発の加速につながった。

地方政府は地元の不動産開発会社や建設企業と結託し、地上げのようなビジネスに走った。地方の財源不足を安易に土地の払下げで埋めようとした中央政府の思惑は、中国の不動産バブルと非効率な投資、過剰債務を助長する結果をもたらした。

地方政府を巡るさらに深刻な問題は、「隠れ債務」の存在だ。地方政府がいくら地上げ屋のようなビジネスに手を出そうとも、そこには一定の財政規律が求められる。一方で、数字の実績を求められる地方政府のトップにとっては、経済成長率を手っ取り早く押し上げられる不動産開発へのインセンティブは大きい。

そこで地方政府が「地方政府融資平台（ＬＧＦＶ）」という簿外のプラットフォームを通じて膨大な資

金を調達し、道路や住宅に投資するスキームが急速に広まった。中国の多くの地方都市は、LGFVが参画する巨額のインフラ投資によって急速に経済成長を果たした。そして、経済成長したことにより、さらに新たなインフラ需要を生み出すという循環で拡大を続けてきた。LGFVは、地方都市にとって「打ち出の小槌」の役割を果たしてきたといえる。

地方政府とLGVFの関係は曖昧だ。LGFVは地方政府の代行として財源を調達することは禁じられているが、地方政府が主導するインフラ事業に主体的にかかわるため、地方政府による資金調達とほぼ同じ意味を持つ。さらに、LGFVへの融資には、地方政府による「暗黙の保証」があるとみなされている。

LGFVの事業が失敗しても、地方政府が返済義務を負う法的根拠など明確にされていないにもかかわらず、背後に地方政府がついている以上は債務不履行になることはないだろうという曖昧な期待が強力な信用を生み出した。その信用を背景に、一見して事業性に欠けるプロジェクトでも、簡単に融資が実行されてきた。

つまり、中国全土で非合理な融資が実行され、不良債権予備軍の山が続々と築かれてきた。米金融会社ゴールドマン・サックスの調査によれば、2020年末の段階でLGFVが抱える債務の規模は、中国のGDPの半分以上に当たる8兆2000億ドルに達した。[*30]

LGFV問題には、もう1つ別の側面もある。LGFVが発行する社債は、中国で個人が資産運用のために購入する「理財商品」の主要な運用項目となっている。各地のLGFVで相次いでデフォルトが起きるような事態になれば、庶民がなけなしの金を投じて購入した理財商品の多くが破綻しかねない。

多くの庶民は、LGFVが発行する社債は「地方政府が保証する安全な運用先」ととらえてきた。それだけに、損失を被った人々が「政府に騙された」と考える可能性は十分にある。各地で抗議活動が相次ぎ、社会治安が悪化すれば、中国共産党にとっては、統治を揺るがす危機に発展する恐れもある。

習近平政権の2つの改革と挫折

習近平氏は中国の不動産市場の構造問題と過剰債務問題を「灰色のサイ」と呼び、何度も警告を発してきた。「灰色のサイ」とは、高い確率で大きな問題を引き起こすことが想定されるにもかかわらず、普段は看過されてしまいがちな問題を指す。日頃は大人しいサイだが、いったん暴走すると手が付けられなくなる様子を表した譬えだ。

習政権は、サイを追い払うために2つの抜本改革に取り組んだ。

地方政府の債務問題を巡っては「債務の可視化」を図るため、地方債発行の容認という改革に乗り出した。2014年の法改正で地方政府による地方債の発行を正式に容認し、LGFVによる不透明な資金調達の代わりに、地方政府が透明性の高い市場メカニズムを通じて資金を調達する仕組みへの転換を狙った。

同時に、地方が抱える債務状況を中央政府が正確に把握し、過剰債務が発生しないように指導できる体制の構築もめざした。[*31]

しかし、地方債の発行容認は必ずしも中国の過剰債務問題の解消につながらなかった。それどころか、中央政府の主導で地方債の発行が膨らむ結果につながった。背景には、新型コロナウイルスの感染拡大や厳格な防疫措置「ゼロコロナ政策」などの影響で中国の経済活動が停滞した事情がある。

図表4-14

インフラ債の新規発行枠

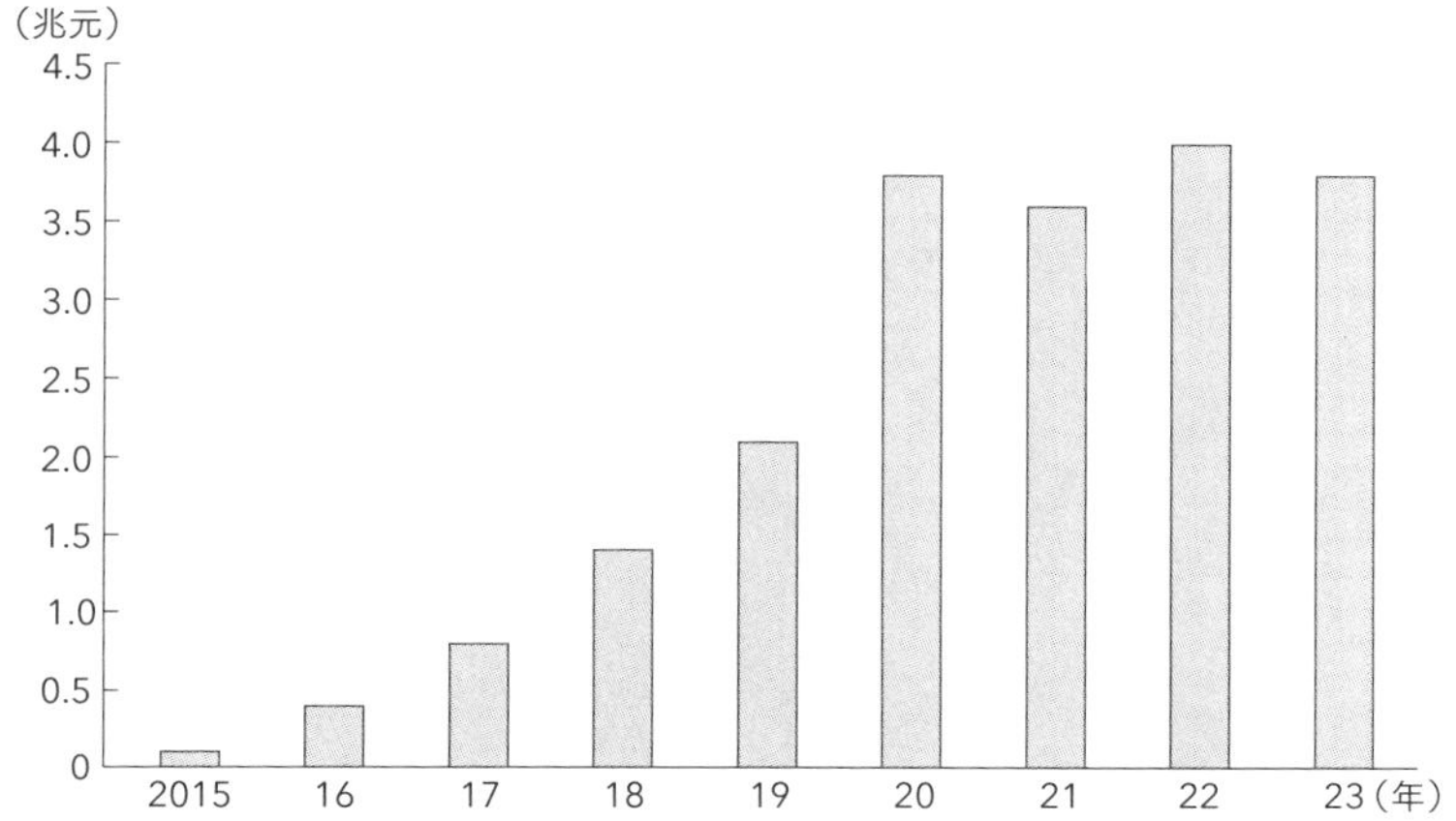

（出所）中国財政省

中国政府は景気を刺激するために、地方政府に積極的な地方債の発行を奨励した。特に、地方債のなかでもインフラ建設など収益性のある事業のために発行する「専項債（インフラ債）」の発行が急拡大した。地方債は、LGFVに代わる中国経済の新しい「打ち出の小槌」となった。

２０２２年の事例を振り返ると、中国政府は同年3月、２０２２年の専項債の新規発行枠を3兆６５００億元と決めた。ところが、新型コロナの感染拡大のために上海市をはじめとして各地で実施されたロックダウン（都市封鎖）で経済活動が停滞した結果、景気下支えのために各地方政府に前倒し発行を促した。そのため、当初設定された新規発行枠は7月末までにほぼ発行を終えてしまい、中国政府は8月、下支え効果が弱まらないよう、さらに最大５０００億元超の発行枠を上積みすることを決めた。

このような状況下で発行される債券には、「市場の見えざる手」よりも中央政府の意向が強く働くのは避けられない。地方債の発行を容認した最大の目的であったはずの市場メカニズムの導入も、次第に有名無実化していった。中央政府が奨励し、中央政府が設定した目標を達成するために発行される債券は、市場メカニズムとはかけ離れた存在であるためだ。

香港の鳳凰網などの報道によれば、2018年に中国財政省が地方債の積極発行を推奨した際、地方債の引き受け金融機関に対して、地方債と国債との利回りの差を一定以上に確保してよいとの「指導」を実施したという。結果として地方債のスプレッドが広がり、消化が促進された。[*32]

地方債の増加は、将来的には利払い負担の増加や返済圧力となって地方財政を圧迫する。習政権は債務危機という「灰色のサイ」を追い払うために地方債の発行容認に踏み切ったが、足元での景気浮揚を優先したため、かえってサイを太らせる結果に陥ってしまった。

習政権が取り組んだもう1つの改革が、不動産バブルの退治だ。中国政府はこれまでにも何度か不動産業界の小幅な引き締めを実施してきたが、2020年夏以降は供給面と需要面の双方で「異次元」といわれる引き締め策に乗り出した。

供給面では、中国人民銀行（中央銀行）と規制当局の中国銀行保険監督管理委員会が2020年8月、金融機関が不動産開発会社に融資する際の最低財務基準として「3つのレッドライン（三道紅線）」を発表した。続いて、21年1月には銀行の総融資残高に占める住宅ローン残高などの上限を定め、需要面での総量規制にも乗り出した。[*33]

《3つのレッドライン》

(1)総資産に対する負債の比率が70％以下

(2)自己資本に対する負債比率が100％以下
(3)短期負債を上回る現金を保有

需要と供給の両面で引き締めを図ることで、不動産開発会社の乱開発や過剰融資を防ぐとともに、需給の逼迫で価格が高騰しないよう市場をコントロールしながら、ソフトランディングを図る狙いがあった。

しかし、市場は思惑通りには動かなかった。中国恒大集団をはじめとして過剰債務体質だった不動産大手は、「3つのレッドライン」の基準を満たせず、貸し渋りに遭った結果、資金繰りが悪化して一気にデフォルトの危機に陥ったのだ。

恒大のような不動産開発会社の経営危機は、不動産市場に多大な混乱をもたらした。こうしたデベロッパーは、全国で次々と新規物件を開発しながら、購入者からの前払い代金で次の物件の建設に着手するという自転車操業を続けてきた。銀行の貸し渋りで資金繰りが悪化すると、工事や資材の代金が払えず、未完成のまま工事が停止する「爛尾楼」と呼ばれる物件が多発した。

この事態をみた人々の住宅購入意欲は急速に冷え込み、住宅在庫は膨らみ始めた。一方、購入物件の工事がとまり、物件引き渡しのメドがたたなくなった購入者たちは住宅ローンの支払いを拒否するようになった。

金融機関の経営にも影響を及ぼしたほか、関連のニュースが報じられるたびに、住宅の買い控えがさらに広がる悪循環に陥った。当時は新型コロナウイルス感染防止のための「ゼロコロナ政策」による経済活動の停滞も重なり、不動産の販売は急速に落ち込み始めた。

不動産市況の悪化は、地方政府の財政にも影響を及ぼし始めた。２０２２年には地方政府の土地使用権の売却収入が23・3％減となり、７年ぶりに前年水準を大きく下回った。不動産開発業者が資金不足で開発用地の使用権購入に踏み切れなくなったためだ。

さらに２０２０年以降、各地方政府では新型コロナウイルスの感染拡大と習政権下で実施された厳しい「ゼロコロナ政策」のため、住民の隔離費用や検査費用などの行政負担が急速に増大した。もともと厳しい財政状況を強いられていた地方政府にとっては、土地使用権売却収入の激減と新型コロナで膨らんだ行政コストの増大に同時に見舞われる事態に陥った。

習政権が導入した不動産業界への引き締め策は、そのタイミングも相まって一番懸念されていた地方政府の破綻リスクを急速に現実世界に引き寄せる結果となったのである。

習政権の大転換――バブルと不況の同時進行か

不動産市況の悪化は、急速に景気を冷え込ませた。厳しすぎる「ゼロコロナ政策」の影響も加わり、２０２２年の経済成長率は３・０％と当初目標の「５・５％前後」を大幅に下回った。加えて、コロナ対策を巡る混乱は、政府に対する不信感を広げた。習政権は同年11月末、突如としてゼロコロナ政策を終了したが、医療機関や医薬品などの準備もないままにあらゆる防疫措置が解除されたため、中国全土ですさまじい勢いで感染が広がった。

北京大学の研究チームの推計によると、ゼロコロナ終了からわずか１か月余りの間に中国での累計感染者数は９億人に達したという。高齢者を中心に多くの死者も出たという。

図表4-15

地方財政の収支は悪化している

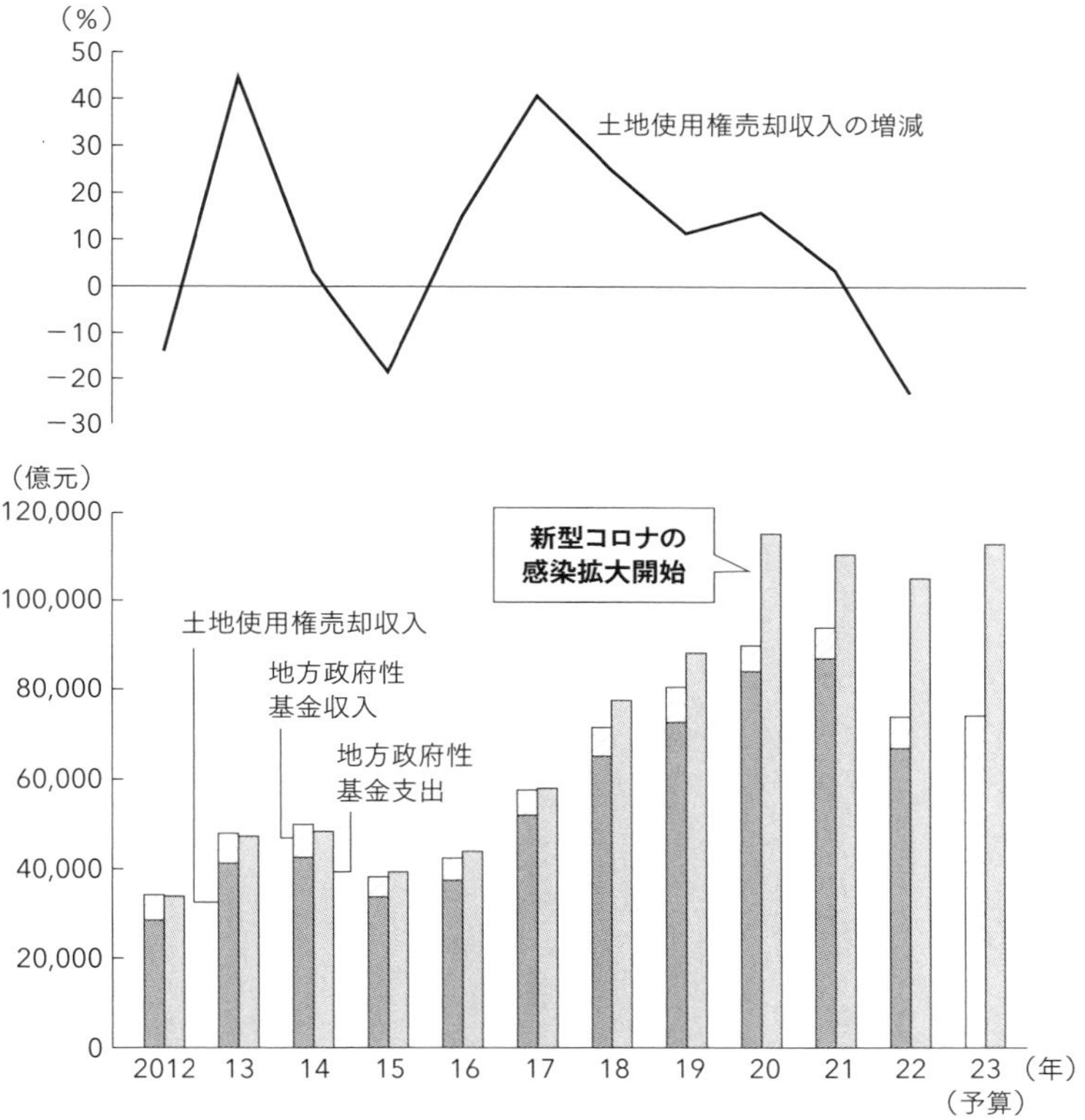

（出所）中国財政省

習政権は経済の立て直しと人々の不満の鎮静化を図るため、不動産政策を180度転換する決断を下した。中国人民銀行と中国銀行保険監督管理委員会は2022年11月11日、「金融による不動産市場の安定的で健全な発展支援を徹底する通知」を発表した。

通知には、不動産開発企業に対する融資の奨励や住宅の確実な引き渡しを保証するための特別融資の提供、資産管理会社による資金難の不動産開発企業に対する支援の奨励、住宅購入契約に変更があった場合の住宅ローン利用者の保護など、6分野16項目の支援策を盛り込んだ。

この通知を受け、国有銀行などは2023年の年明けまでに、主要不動産開発企業向けに少なくとも3兆元（約60兆円）を超える融資枠を設定した。

さらに、中国政府は2023年1月、不動産市場引き締めの目玉として導入した融資基準「3つのレッドライン」を大幅に緩和することを発表した。緩和の対象は、広域で営業する不動産開発会社主要30社とされた。シンクタンクの中指研究院によると、2022年の住宅販売で上位30社の販売額は計約5兆2000億元（約100兆円）に達し、住宅販売額の4割前後を占めたという。

住宅購入意欲を喚起するため、住宅ローンについても住宅販売が不振な地方都市では下限金利の撤廃を容認した。様々な地方都市が住宅購入者に補助金を出すなど地方ごとに住宅購入奨励策も実施された。

この大転換は本来、不退転の決意で「灰色のサイ」の退治に乗り出すはずだった習氏にとっては、大きな敗北といえた。

習政権2期目から3期目にかけ、不動産政策が大きくぶれたことは、習氏にとっては大きな誤算となった。習氏の当初の目論見では、2期目の政権で不動産問題の解決へ抜本的な道筋を示したうえで、3期目政権では相続税や不動産税といった富の再配分機能を具体化し、その先にある「共同富裕」に歩みを進める道のりを描くはずだった。

しかし、景気の回復を図るため、習政権は構造問題を先送りしてでも、不動産市場を元の状態に戻さざるを得なかった。

この政策のブレは、中国経済に深い爪痕を残す可能性がある。なによりも、政策への信用を失ったことだ。構造改革を実施するに当たり、もっとも重要な条件は中長期の方針がぶれないことだ。習政権の不動産政策は短期間のうちに引き締めから緩和へと正反対の方向に動いた。その結果、不動産改革は「いったん停止」どころか、以前よりも問題が悪化してしまう恐れもある。

習政権が景気回復のために打ち出した不動産支援策は、手厚く、資金供給も潤沢であるため、都市部を中心に住宅への投資意欲が再燃する可能性は十分にある。だが、再燃したバブルは以前よりも選別性が高まることは避けられない。

政府の引き締め策が引き起こした市場の落ち込みをみて、庶民の心にはすっかり不信や恐怖が刻み込まれた。加えて、中国では深刻な人口減少が加速しており、「三線都市」「四線都市」と呼ばれる地方都市の不動産需要は、いくら資金が供給されても復活するのは難しい。

今後、想定されるのは「大都市における不動産バブル」と「地方における深刻な不動産不況」が同時進行する事態だ。持てる者と持たざる者の経済格差は、さらに拡大するだろう。

地方発の債務危機という「灰色のサイ」のリスクも、ますます膨らむことになる。つまり、いったん引き締め政策を実施しながら短期間で大幅緩和へと逆戻りしたことで、習氏の当初の目的とは真逆の事態が訪れようとしている。

とはいえ、情報統制が徹底した中国共産党政権のもとでは、西側諸国のように簡単には金融危機は発生しない可能性もある。中国政府には地方都市や金融機関、不動産開発会社に大量の資金を供給しながら、事実上の財政破綻やデフォルトという事態を覆い隠し、問題を先送りする手段があるためだ。

しかし、それは病巣を膨らませるだけだ。当然ながら、バブル経済も永久に続くわけではない。中国は、このままではいつか来る破綻の「Xデー」に向けてひたすら歩みを進めることになる。

中国政府が国家的な破綻を回避する道は、「王道」にしかないかもしれない。中長期を睨んだ改革のグランドデザインを描き、不退転の決意で軸のぶれない構造改革に乗り出す。ただし、不動産市場や一部の金融機関の改革だけでは改革は永久に成功しない。過剰債務や乱開発の対策として再び総量規制のような対策を導入しても、再び不動産発不況が発生し、習氏2期目と同じ挫折の道を歩む可能性が高い。

中国の不動産問題は、中国社会のあり方や中国共産党の統治のあり方すべてに端を発しているため、描くべき改革のグランドデザインは不動産市場の範囲にとどまらない。構造改革に乗り出す前に、まずは不動産分野以外のしっかりとした経済の柱を確立し、抜本的な構造改革に耐えうる強靭な体力を蓄えることが必要だ。

なによりも、民間経済の活力は欠かせない。イノベーションの意欲をそぐような民間経済への統制を撤廃するとともに、成長産業を支える人材を確保するために教育への統制も見直す必要があるだろう。

活力ある民間経済と成長産業が育てば、株式市場への興味も高まり、不動産投資一辺倒だった人々の意識も変わるかもしれない。また、経済成長率を押し上げるために実施されてきた非効率なインフラ投資は撤廃し、財源を社会保障の充実に振り向けることも欠かせない。将来不安が減ずれば、人々の消費意欲も刺激され、不動産投資に依存した経済構造の是正にもつながる。

つまり中国の経済、社会、政治を俯瞰し、中長期を見据えたグランドデザインを描かなければ、中国はいつまでたっても不動産問題の軛《くびき》から逃れることはできないのだ。

果たして中国は、「建国100年」の2049年に向け、習氏が掲げる「中国の夢」を実現できるのか、それともなすすべもなく、「Xデー」に行きついてしまうのか——。それは中国共産党が新中国建国以来100年をかけて築いてしまった社会の歪みを、抜本から正す決意があるかどうかにかかっている。

人口減少が待つ未来——「未富先老」の大国をどう維持するか

中国にとっての真の脅威は、この先、確実に訪れる人口減少と超高齢社会の到来だろう。国連が2022年7月に発表した人口推計「World Population Prospects 2022」は、中国の総人口がピークアウトする年を2019年の推計から10年も前倒しし、2022年からとした。*34

実際、中国が2023年1月に発表した2022年末の人口は、前年より85万人少ない14億1175万人となり、61年ぶりの減少を記録した。さらにインドの総人口も下回り、「世界最大の人口大国」の地位を譲った。

過去に中国の人口が減少したのは、毛沢東政権下の1960年と1961年のことだ。大躍進政策の無謀な鉄鋼・食糧増産計画で農業が壊滅的な打撃を受け、深刻な飢饉によって約2000万人が餓死したといわれている。

当時の統計をみると、出生数の激減と死者数の激増の双方により人口が大幅に減少した。一方、

2022年の場合は、死者数はそれほど大きく増えていないが、出生数が大きく落ち込み、人口が減少した。

出生数の減少の背景には、長期的な要因と短期的な要因がある。長期的な要因は、1979年から2015年まで36年間続いた「一人っ子政策」だ。人口減少の弊害に気付いた中国政府は、2016年に従来の産児制限を取り下げ、夫婦が2人目の子供まで持つことを認めた。

だが、時はすでに遅すぎた。若年層の人口がすでに減少トレンドに入っていたうえ、経済成長によりライフスタイルが多様化し、子供を持つことを望まない若者が増えていた。都市部の非婚化、晩婚化も進んでいた。

そこで習政権は2021年5月、今度は3人目まで子供を持つことを容認した。出産や育児の奨励策を講じる方針も発表した。だが、2人目を持つ政策すら浸透していないなかで、3人目の奨励策には社会の冷ややかな反応しか返ってこなかった。

若年層が子供を持ちたくない理由の一つは、経済的な問題だ。中国では経済成長とともに大学入学希望者が急増し、受験戦争が激しさを増している。教育熱が過熱し、子を持つ親は、父親、母親の双方が多大な費用と時間を子供の教育に割くことを余儀なくされている。2人目、3人目が不要というよりも、育てる余裕がないという声も少なくない。

一方、都市部の住宅価格の高騰を受け、多くの若者は結婚して安定した家庭を築く展望を描けずにいる。特に、習政権下では住宅価格が乱高下する局面も増え、購入に二の足を踏む人々も増えてきた。中国では、結婚の際に男性が住宅を用意することを必須条件と考える女性やその家族が多く、そうした風潮も結婚・出産を阻害する要因となっている。

図表4-16

中国の人口

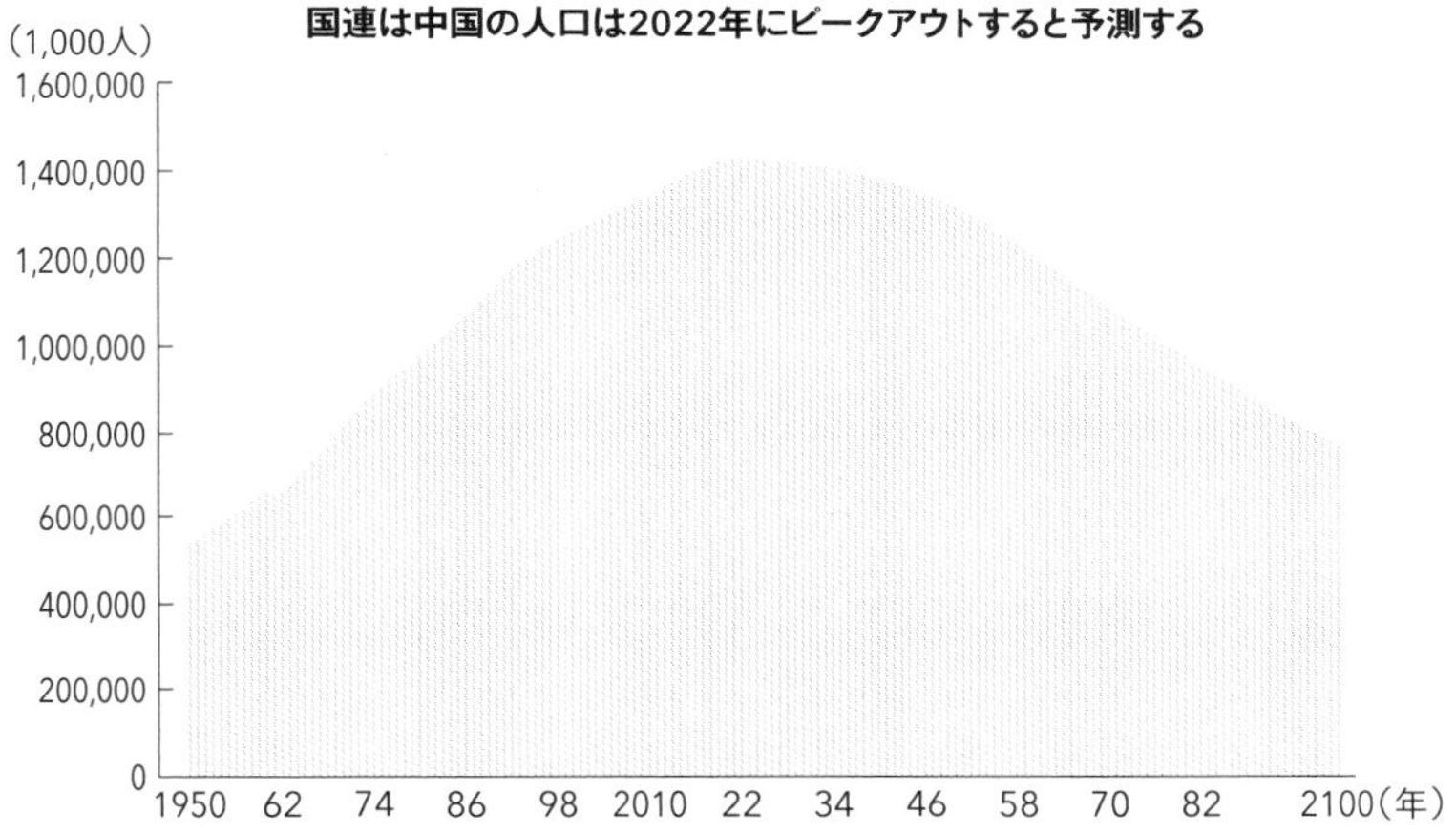

国連は中国の人口は2022年にピークアウトすると予測する

（出所）国連人口局

図表4-17

中国の出生数と死亡数

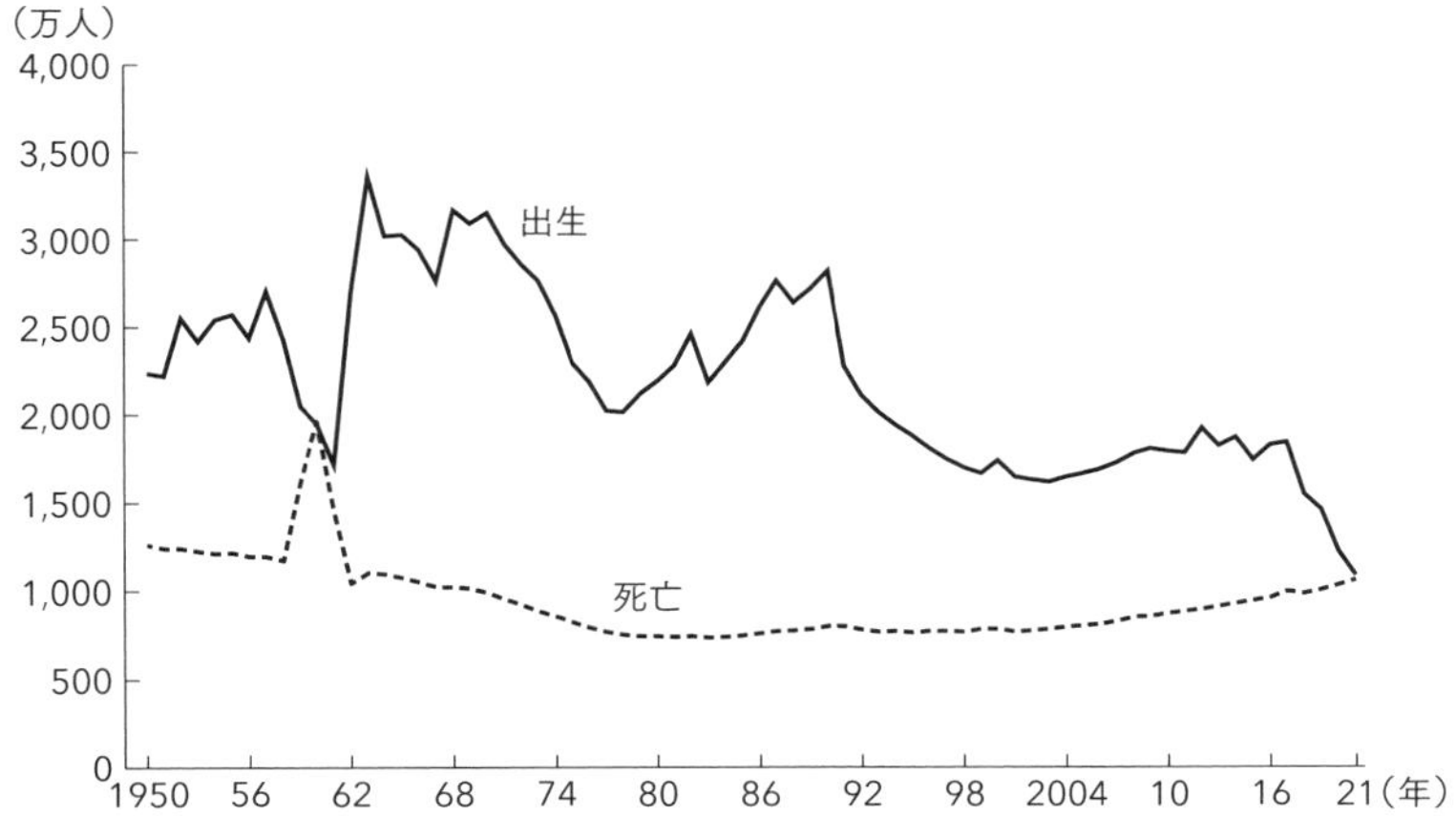

（出所）国連人口局

加えて過去の一人っ子政策の影響で、若者たちの肩には、両親とその祖父母という最大6人の扶養義務がのしかかる。中国は社会保障や介護、医療制度が十分に整備されていないため、若者たちは少なからぬ将来不安を抱えており、出産や育児に臆病にならざるを得ないのが実情だ。

2020年からの3年間は特殊要因も加わった。新型コロナウイルスの感染拡大とその防止のための「ゼロコロナ政策」の影響で、経済に急ブレーキがかかったのだ。各地で次々と街がロックダウン（都市封鎖）され、多くの店舗は休業を余儀なくされた。長期の休業を繰り返し強制され、体力を使い果たしてそのまま閉店してしまった店舗が数え切れない。

失業者数も急増し、まだ職を失っていない人々も明日の自分がどうなっているかもわからない状況に追い込まれ、子供を持とうという希望や余裕は失われた。ゼロコロナのピーク時は、出産をしようにも、いざという時に受け入れてくれる病院があるかどうかもわからなかった。婚姻数も激減した。

結婚式を予定していても、突然、その都市や地域が封鎖を命じられれば式をキャンセルせざるを得ない状況下、結婚を先延ばしする人たちも続出した。

人々の生活と人生設計を破壊したゼロコロナ政策は、2022年をもっていったん終了した。短期的には結婚や出産の数が上向くかもしれない。だが、長期的な出産数の減少トレンドに変わりはなさそうだ。中国政府は景気浮揚のために不動産依存の経済運営に回帰しており、都会の住宅価格は庶民の手が届く範囲に落ち着く可能性は低い。

国連の人口推計「World Population Prospects 2022」は、2022年以降の将来的な中国の人口動態を以下のように推測している。

▼総人口は２０４０年に13億７７５６万人、２０５０年に13億１２６４万人に減少する。
▼出産適齢期の女性が一生の間に産む子供の平均数である「合計特殊出生率」は、先進国でいえば２・１を下回ると人口は減少傾向に転ずるとみられている。中国の合計特殊出生率は２０２２年に１・18、２０３０年に１・27、２０４０年に１・34、２０５０年に１・39となる。
▼生産年齢人口（15〜64歳）は２０２２年に９億８４３０万人、２０３０年に９億７２４５万人、２０４０年に８億６６６３万人、２０５０年には７億６７３７万人となり、２０２２年からの約30年間に２億１６９３万人減少する。
▼総人口に占める65歳以上人口の割合である「高齢化率」は２０２２年に13・７％、２０３０年に18・２％、２０４０年に26・２％、２０５０年に30・１％となる。世界保健機構（ＷＨＯ）と国連の定義によると、高齢化率が７％超で「高齢化社会」、14％超で「高齢社会」、21％超で「超高齢社会」と呼ぶ。中国が高齢化社会となったのは２００１年、高齢社会となったのは２０２１年だ。そして２０３４年には21・６％に達し、超高齢社会に突入する。中国の高齢化のスピードは、日本と比べても大幅に早い。
▼年齢中央値は２０２２年の38・５歳から50年に50・７歳に上昇する。69年に55・１歳になり、日本の54・９歳を上回ると推測されている。

中国は豊かになる前に高齢化が進む「未富先老」問題に直面している。

超高齢社会が訪れれば、数億人という他の先進国にはない規模の高齢者が生まれる。彼らの生活をだれが支えていくのかは、簡単には答えの出ない難問だ。

超高齢社会では、生産年齢人口の減少も避けられない。そのなかで、どうやって経済成長を維持していくのか。

この2つの疑問に対して、習政権が取り組もうとする改革の方向性と課題を分析する。

超高齢社会の到来と年金・社会保障問題

中国高齢化の進展は、年金や社会保障に多大な影響をもたらす。

中国の公的年金には、都市部で働くサラリーマンや公務員が強制加入する「都市従業員基本年金」と、都市部の非就業者や農民が任意で加わる「都市・農村住民基本年金」の2種類があり、この2つで10億人超をカバーしている。主流は都市従業員基本年金だ。

都市従業員基本年金の保険料は、2022年時点で原則として事業主が賃金総額の16%、従業員は8%を負担する。中国社会科学院は2019年4月、企業負担の保険料率が16%のままで推移した場合、2027年に積立金が減少しはじめ、2035年にマイナスに転ずるとの推算を発表した。[*35]

しかし、2020年から始まった新型コロナウイルス禍の影響で打撃を受けた中小企業の支援策として保険料負担を減免したため、積立金は2027年を待たずに減少することになった。2020年の年金の収入は前年比16%減る一方、高齢化により支出は4%増え、積立残高は1割減の4兆8300億元となった。残高が前年を下回るのは、データが比較可能な2010年以降で初めてだった。[*36]

多くの地方で年金の支払い余力が低下しており、財政による穴埋めは増加傾向にある。なかでも高齢化が深刻で年金積立金の赤字が続いていた東北地域では、2020年には中央政府や地方間の財源移転

図表4-18

中国の年金積立金

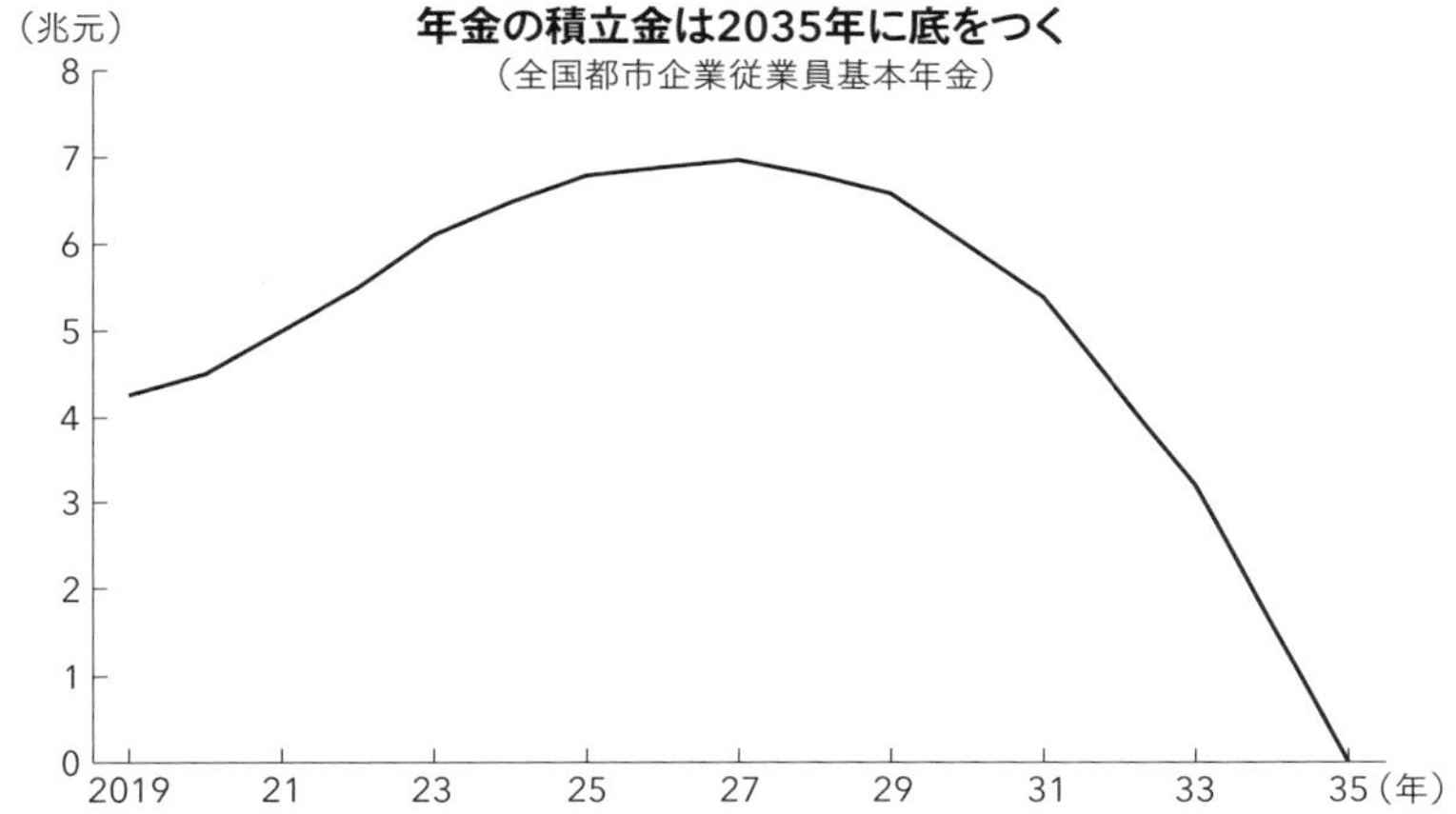

（注）中国社会科学院の試算による
（出所）「中国養老精算報告2019-2050」（中国労働社会保障出版社）

など通常の支援や補助金だけでは給付が滞るリスクが発生した。

そこで中央政府は、遼寧省、黒龍江省、青海省には中央や基金などから合計681億元を拠出することを決定した。新型コロナ禍という特殊事情があったとはいえ、中国ではすでに年金給付を綱渡りで維持する状況が現実のものとなっているのだ。[*37]

基金全体に支給される補助金も1兆元を超え、すでに補助金なしでは運営できないのが実情だ。国連の人口推計によれば、2050年には中国では現役世代2人で高齢者1人を支える状況となる。現状のままでは、年金基金の破綻は回避できない。

中国政府は、公的年金の財源不足を補うため、高齢者の老後生活を支える資金源を「公的年金」「企業年金」「個人年金」の3本柱で支える構図を作りだそうとしている。

中国の企業年金制度は1980年代中頃

に、一部の国有企業で年金の上乗せ制度として始まった。公的年金の原資不足の問題が顕在化してくると、政府は企業年金制度を幅広い企業に拡大することで社会保障の拡充を図る方針を打ち出した。2004年に関連法を改正し、現行の確定拠出年金制度を導入した。

しかし、企業年金への加入は進んでいるとはいいがたい。2020年の段階で企業年金を設立している企業は10万5000社と、全国の法人数の0・4%にとどまる。加入している従業員数は2718万人で、都市従業員基本年金の加入者数の6%程度、全就業人口の4%弱に過ぎない。多くの庶民からは、企業年金は一部の国有企業や優良企業に勤めるエリートのみが享受できる「特権」とみなされている。[*38]

個人年金に至っては、制度づくりが始まったばかりだ。中国政府は2022年4月に「個人年金の発展推進に関する意見」を出し、保険料を個人が全負担する積み立て方式の年金を試験導入すると発表した。企業の従業員が個人で年間最大1万2000元を拠出し、金融商品を選んで運用する仕組みだ。一部都市で1年間試行した後、全国的に実施するとの方針を打ち出した。

ただ、この制度も一般庶民に広がるには時間がかかるとみられる。中国では個人向けの金融商品が発達しておらず、金融システム自体も債務危機のリスクを抱えている。個人が年金として購入した金融商品が相次いで破綻するような事態が起きれば、社会不安の火種となる恐れもある。[*39]

中国政府は法定退職年齢（定年）の引き上げにも取り組んでいる。同方針は「第14次5カ年計画（2021〜25年）と2035年長期目標の概要」の主要課題として盛り込まれた。これを受けて作成された「第14次五カ年計画国家高齢者事業発展・高齢者養老サービス体系計画に関する通知」は、5カ年計画中に「法定退職年齢を段階的に引き上げる」と明記した。そのうえで、江蘇省で2022年3月から定年延長制度を試験的に導入した。[*40]

現在の中国における定年は男性が満60歳、女性は幹部が満55歳、一般従業員は満50歳となっている。定年延長を試験導入した江蘇省は、①本人が希望し、雇用主が同意すれば最短1年から定年の延長を可能とする、②女性の一般従業員の定年を管理技術職などの場合は50歳から55歳に引き上げる――といった内容を定めた。

政府は2025年までの5カ年計画中に制度を全国に拡大したい思惑とみられるが、その際も江蘇省の試験導入のように個人の希望も踏まえながら少しずつ引き上げていく方針をとるとみられる。

ただし、中国社会では定年延長への抵抗は大きい。定年延長には「老後の就業機会の拡大」という側面もあるが、定年までは年金が受給できないため、多くの人々が「年金受給総額の減少」ととらえているためだ。

夫婦の共働きが多い中国では、高齢者は孫の世話をする役割も期待されており、子供世代も定年延長に否定的な立場にある。加えて、若年層の反発も大きい。若者は本来、年金負担の減少でよい影響を受けるはずだが、就職難に苦しむ中国の若年層は、定年延長は自分たちの就業機会の減少につながると考えている。

医療保険の財源不足も、社会に不穏な空気をもたらしている。3年間続いた「ゼロコロナ政策」は、大規模検査の実施や集中隔離、度重なる都市封鎖（ロックダウン）など各地の地方政府に莫大な出費を強いた。使われた費用は、各省単位で数千億円規模にのぼるという。

その結果、地方政府が担う医療部門は財政的に圧迫され、国が運営する医療保険の基金も底をつき始めた。一部の地方では、個人の積立金を基金に振り分けるなどの対策を打ち出したが、庶民の猛反対に遭い、各地でデモが起きた。これ以上の大規模な改革を全国的に進めることは難しいとみられている。

中国の庶民は、普段は政治には関心を示さない。しかし、生活に直結する問題では一気に不満を爆発させ、団結して地方政府などに立ち向かう。

今後、年金や医療保険が期待していた通りに給付されない事態が起きれば、収拾のつかない騒乱も起きかねない。だが、政府が問題を先送りしようにも、社会保障の財源不足はいかんともしがたい問題だ。習政権に打てる手はあまりにも少ない。

生産年齢人口の減少と縮む市場

国連の推計によれば、中国の２０５０年の生産年齢人口（15～64歳）は、２０２２年の9億８４３０万人から約２億人減少し、７億６７３７万人となる見通しだ。生産年齢人口の減少は、中国の中長期的な潜在成長率を押し下げるほか、「世界の工場」としての中国のポジションを脅かし、工場建設などの投資も減少する。

住宅購入の主要な年齢層である30代、40代の人口減少は、不動産市場の縮小にもつながる。消費や貯蓄の減少も避けられない。政府系シンクタンクの中国社会科学院は、「なんらかの少子化対策を実施しない限り、中国のＧＤＰが２０４０年からの20年間で20％以上減少する」との見方を示している。

中国政府は労働力不足に対処するため、技術開発と人材育成に力を入れる方針を打ち出している。人工知能（ＡＩ）やロボットの開発で、生産現場や輸送、接客、医療現場などにおける労働力を機械に置き換えていく方針だ。

人材育成を巡っては、習氏は２０２２年10月の中国共産党大会の活動報告で、過去の報告にはなかっ

図表4-19

中国の生産年齢人口と高齢化率

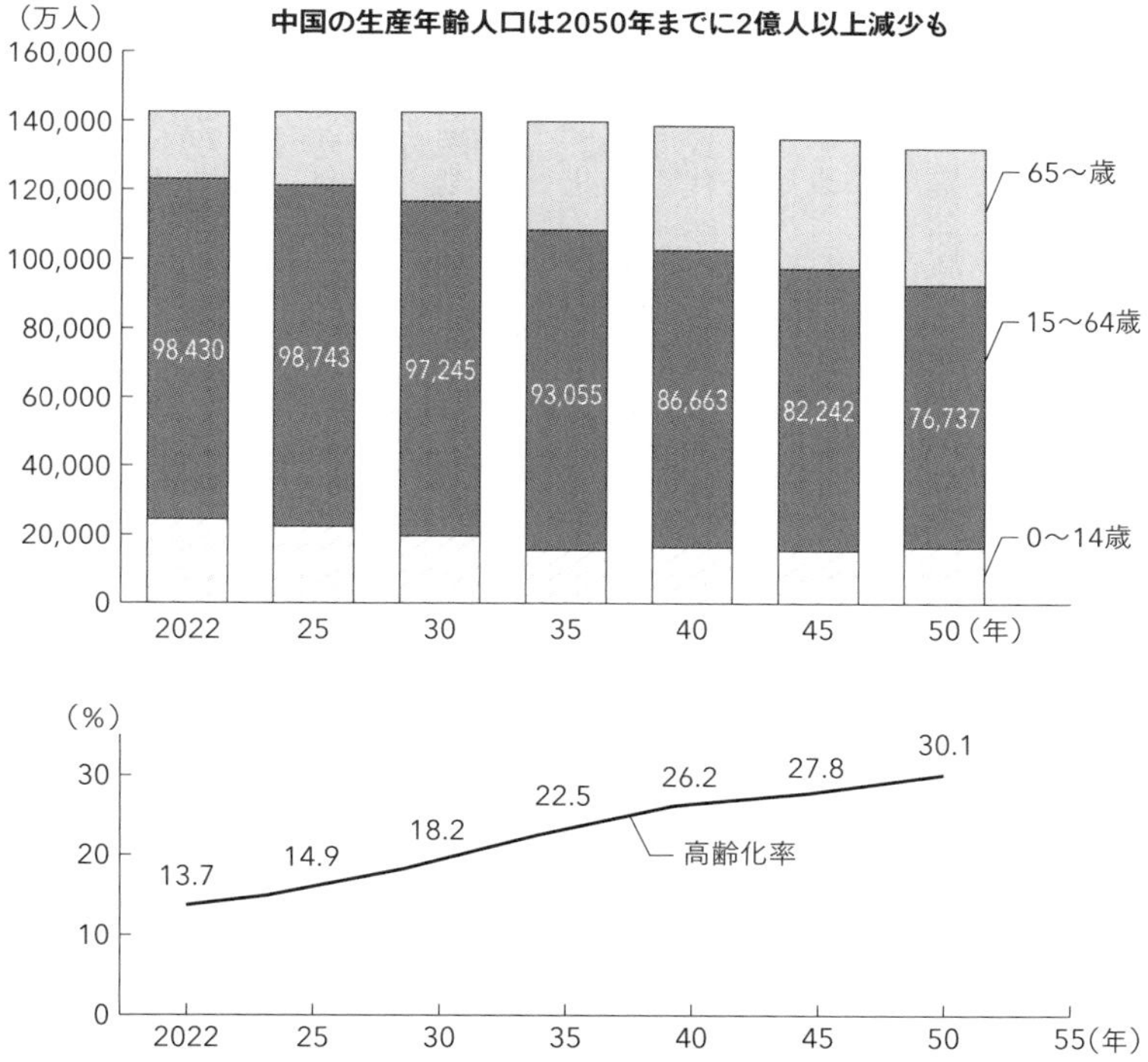

（出典）国連「世界人口推計2022」（中位推計）

た「人材育成」に関する項目を新設した。「科学教育興国戦略を実施し、人材による現代化建設へのサポートを強化する」と題し、勤勉で質の高い人材を党と人民の事業のために育成すると訴えた。

生産年齢人口が減少していくなかで、コントロールが難しいのが人材と職業のミスマッチだ。中国では経済成長とともに大学進学率が上がり、毎年1000万人規模の新卒が生まれるようになった。大学卒業生の多くは都会のホワイトカラーとして働くことを希望するが、学生や家族らが過去の受験競争で費やした努力に見合うと考えられる水準の求人はそこまで多くはない。

そのため、「大学を卒業しても希望の仕事がない」といった状態が発生する一方で、ブルーカラーなどでの人材不足が深刻になりつつある。

「2025年までに製造業の重要産業で3000万人近く、介護職員や家政婦で少なくとも4000万人が必要になる」との推計もある。労働者の不足は、経済成長のボトルネックになりかねない。

そこで中国政府は、若者たちが技能工や介護職など幅広い職業をめざすよう誘導する政策に力を入れ始めた。全国人民代表大会常務委員会は2022年4月、職業教育と普通教育が対等の地位にあると位置づける改正職業教育法を可決し、翌月から施行した。高等職業院校を卒業すれば大卒、中等専業学校卒業なら高卒とそれぞれ同じ扱いになる。

共産党や政府に属する組織に職業訓練校の卒業生の採用枠を増やすよう促すとともに、企業の採用でも差別を禁じる。官公庁や企業での昇進に関する査定でも、差別しないよう求めた。職業教育の推進に必要な政府の予算の割合を増やすと同時に、企業の訓練校運営への参入も促す。社会に根付く学歴信仰を是正し、少子化で不足が懸念される労働力の確保を急ぐ狙いだ。

若者たちの就業を巡っては、文化大革命時代を彷彿とさせる政策も展開されている。人民日報は

2023年5月4日、1面トップに「習近平が中国農業大学の学生の手紙へ返信」という記事を掲載した。中国では指導者が人民の手紙に返信する形でメッセージを発することは多く、5月3日は「青年節」でもあったため、「学生への返信」には違和感はない。

問題は、その対象が「中国農業大学の学生」であったことだ。習氏は「農村振興という大舞台で功を立てるように」と学生を激励した。それが現代の「上山下郷運動」の大号令ではないか、と人々の懸念を呼んだのだ。

文革時代の上山下郷運動も、きっかけは1968年12月の人民日報に掲載された毛沢東の指示だった。「若者たちは貧しい農民から再教育を受ける必要がある」。この言葉が10年間にわたって1600万人に上る若者の人生を狂わせた大運動を引き起こした。

習氏はそれ以前から、しきりと若者を農村に向かわせようとしている。その先鋒を務めているのが中国共産主義青年団（共青団）だ。2023年3月には共青団中央が「農村振興工作指導小組会議」を開催し、「組織はより幅広い層の青年を農村振興という大舞台での活躍に動員しなくてはならない」と訴えた。

若者たちの多くを都市から農村に送り出す政策は、就業対策という目的と同時に、習氏自身が7年間の農村生活で「おおいに学んだ」というように、社会主義的・共産主義的な思想で若者たちを染め上げる狙いも垣間見える。

人民解放軍でも、採用難が課題となりつつある。2022年8月、人民日報は人民解放軍が大学院生の入隊年齢制限を24歳から26歳まで引き上げるとし、理工系の大学生を優先する方針を伝えた。ハイテク戦争が加速するなかで、軍の内部でも理工系に強い人材の需要が高まっている。[*41]

しかし、高学歴の理工系学生は、一般企業でも引っ張りだこの人材だ。今の中国なら、若い頃からどこにいっても高給や厚待遇が保証される。わざわざ年功序列型の軍の給与体系に甘んじようという学生は多くない。

そもそも軍では、一般の兵士を集めるのも難しくなりつつある。一人っ子が基本の中国の家庭では、大事に育てた我が子を好んで「3Ｋ職場」の印象が先行する軍に入れようとするインセンティブは高くない。2022年12月には予備役人員法が改正された。退役軍人などで構成する予備役を有事の際に迅速に戦線に動員するのが目的で、将来不足しかねない現役兵を予備役が支える体制を作ろうとしている。

中国政府も生産人口の減少に備え、様々な策を講じているが、いずれも弥縫策の印象は否めない。つまるところ、必要な政策は出生数の増加に尽きるだろう。習政権下でも、数々の少子化対策が出されてきた。これまでの経緯や政策は、以下の通りとなる。

【出産制限の緩和】

●2013年11月に開催された第18期中央委員会第3回全体会議（3中全会）において、夫婦双方または片方が1人っ子である場合、第2子の出産を認める方針を決定。[*42]

●2015年10月の第18期中央委員会第5回全体会議（5中全会）において、1人っ子政策を撤廃し、1組の夫婦が2人の子供を産むことを可能にする方針を決定。「人口・計画出産法」を改正し、2016年1月1日から施行。[*43]

●2021年5月の中央政治局会議は、夫婦1組に子供3人までの出産を容認する方針を決定。7月に「出産政策の最適化による人口のバランスの取れた長期的発展の促進に関する決定」を出し、出産や育児、教育コストの引き下げなどの措置を規定。2021年8月に「人口・計画出産法」を改正し施行。[*44]

●2021年8月の「人口・計画出産法」改正で、「財政、税収、保険、教育、住宅、就業などの支援を通じた家庭の出産や養育、教育の負担を軽減」「育児休暇の充実」などの措置を明記。[*45]

●2022年3月、政府は「3歳以下の乳幼児にかかる養育費用を個人所得税の控除対象にする」と発表。[*46]

【出産・育児支援策】

●2022年8月、「積極的出産の支援措置のさらなる整備と着実な実施に関する指導意見」を発表。各省政府や国務院各部門、各直属機関などに向け、7分野の20政策に取り組むよう促した。[*47]

1、出産・育児支援サービスの拡充
2、託児サービスの質・量両面での発展
3、育児休暇や育児手当などの整備
4、賃貸住宅の充実や住宅ローン優遇、税制などを通じた支援強化
5、貧困家庭の子供の就学支援や宿題・習い事などの負担・費用の軽減
6、出産・育児を支援する就業環境の構築
7、出産奨励に向けた広報や行政サービス、管理の強化

このなかでも特に大規模な政策は、2022年8月に出された「積極的出産の支援措置のさらなる整備と着実な実施に関する指導意見」だろう。人口減少への強い危機感が垣間見える。全国かつあらゆる

機関にまたがる一連の政策は、実施されれば中国の出生率上昇の一助にはなるだろう。しかし、政策は様々な部門の密接な連携が必要となるうえ、地方政府の財源は乏しく、現実にどの程度、実効性があるかは未知数だ。

中国の「未富先老」問題は、堂々巡りの袋小路にある。経済が好転しなければ、人々の将来に対する不安は募る。地方政府の財政も悪化し、年金や健康保険の給付も減りかねない。社会保障への不信が強まれば、出生数はますます減少するだろう。一方で、出生数が減少すれば、生産年齢人口が減少し、生産や消費、不動産市場は縮小する。経済の先細りは避けられない。景気の悪化は、さらなる人口減少につながるだろう。

この悪循環を断ち切る術はあるのだろうか。

数少ないナローパスの第一歩として、中国の政治への信頼回復が避けて通れない課題となるはずだ。中国における庶民の生活はあまりにも未来が定まらない。ある日突然、世の中の常識が変わってしまう。昨日までよかったことがダメになってしまう。明日、自分がどこに連れていかれるかわからない。苦労して立ち上げた事業や店舗を閉鎖させられる。あてにしていた報酬や年金が得られない――。人々が何よりも無力感を覚えるのが、これらの暴力的な変化に対して、国から一切説明がなされないことだ。このような状態で、人々はどうやって明日を信じればよいのだろうか。

中国共産党がまず真っ先に断ち切るべきは、中国共産党の無謬性へのこだわりではないだろうか。「党は間違えない」という前提があるからこそ、改革に踏み切ることが難しい。仮に改革に踏み切っても、誤りを認めてはならない前提がある限り、なぜその改革が必要かを国民にきちんと説明することが難しい。結果として、説明もなく理不尽を強いられた庶民の間には不信ばかりが蓄積する。

かつて中国共産党が誤りを認めたことが一度だけある。鄧小平氏が1981年に提起した歴史決議だ。文化大革命は「党、国家、人民に、建国以来、最も深刻な挫折と損失をもたらした」と認め、文革を発動した毛沢東には「重大な誤り」があったと認定した。歴史をきちんと総括し、国民に説明したからこそ、無理な辻褄合わせをする必要もなく、過去を振り切って改革開放へと歩み出すことができた。

一人っ子政策も、不動産市場も、過剰債務も、医療・社会体制の不備も、中国が今、直面する課題のすべては、多くの人がずっと前から誤りに気付きながら、皆が先送りを続けてきた問題ばかりだ。先送るたびに問題は悪化し、ますます改革は難しくなってきた。これ以上、先送りを続ければ、中国の経済も社会も引き返すことのできない崩壊の道へと突き進んでしまうだろう。

誤りの蓄積は、決して習氏のせいではない。しかし、習氏はただ1人で14億人国家を担う体制を自ら築き上げ、すべての責任を引き受けた。たとえどんなに返り血を浴びたとしても、中国共産党の先送りの歴史に終止符を打たねばならない地位に立っている。そして、巨大な中国の道を誤らせないことは、今や世界に混乱をもたらさないための最低条件ともなっている。習氏はただ1人で、世界の運命をも握っているのだ。

中国、そして世界の未来のために――。習氏が自ら背負った使命は、あまりにも重い。

おわりに

「中国式鎖国」と世界が迎える「ポイント・オブ・ノーリターン」

本書では、主に習近平政権の構造と意思決定システムのあり方について分析を重ねてきた。それでは、その政権構造のもとで中国はどのような方向に向かい、世界にいかなる影響を与えようとしているのか。最後にこの点を考察したい。

習近平3期目政権が始まってまもなく、中国の対外政策と国内政策の両面で正反対のベクトルを持つ方針転換があった。

まずは中国外交の位相が一変した。手始めに世界を驚かせたのは、2023年3月に開かれた全国人民代表大会の最中に発表されたサウジアラビアとイランの国交正常化への仲介だ。続いてロシアとウクライナの和平提起やアフガニスタン問題への立場表明、ミャンマーの軍政支援や隣国バングラディシュとの仲介提案など、立て続けに地域問題に関与する大型外交を展開した。

加えて、アフガニスタンをはじめ、それぞれの地域で従来の米国の関与のあり方を名指しで批判するなど、各国の地域問題から米国を排除しようとする意図も隠さなくなった。

その一方で、国内においては異なる変化がいくつも起きていた。外交姿勢とは対極的に「内に閉じようとする動き」だ。

その一つが2023年7月に施行された改正反スパイ法だ。従来の反スパイ法は、スパイ取り締まりの対象を「国家機密」に関する情報やモノの収集・提供などとしていたが、改正法では「国家安全や利益」にかかわるものに拡大した。そもそも「国家安全」という概念自体が何を指すのか明確ではなく、恣意的な運用も懸念される内容だ。

同法が社会に与えた心理的効果は覿面《てきめん》だった。中国に駐在する外国人たちは、中国の人々との深い交流を控えるようになった。中国人側も、政府や国有企業の関係者を中心に外国人との接触を避けるようになった。会議や会食などの場では、雑談であっても政治や要人に関する踏み込んだ話題はしないのが当然の礼儀となった。

その頃、中国政府は厳格な新型コロナウイルス対策「ゼロコロナ政策」で低迷した中国経済を立て直すため、外資の積極導入や改革開放を盛んに呼びかけていた。海外ではこれら2つの矛盾した政策に疑問を抱き、中国の縦割り行政に原因を求める分析も散見された。だが、習政権の思考回路に立てば、この2つの政策に矛盾はない。

経済成長を維持しながら科学技術の「自立自強」を実現するためには、外資企業の積極誘致は不可欠だ。その一方で、中国国内に米欧陣営の外国人が闊歩《かっぽ》し、人民の思想に影響を与えるのはおよそ容認できることではない。

結果として、外国人と中国人が同じ空間に存在しながら「見えない長城」で隔てられ、本質的には触れ合うことのない状態、いわば「中国式鎖国」といえる状況が出現することとなった。

「鎖国」を巡っては、不可思議な人事も人々の心をざわめかせた。閣僚級の要職である中国最大の政府系シンクタンク、中国社会科学院の院長に「中国歴史研究院」の院長だった高翔氏が就任したのだ。

歴史研究院は、歴史を重視する習近平氏の肝いりで2019年に社会科学院傘下に新設された。なぜ人々が驚いたかといえば、習氏3期目入り直前の2022年夏に歴史研究院の匿名論文が激しい論争を巻き起こした事件があったためだ。

論文のタイトルは「明清時期の閉関・鎖国政策の再考」で、「明や清の鎖国政策は中国の領土や文化の安全を守るためであり、悪いことではない」と訴えた。中国では、こうした論文は単なる論文ではない。文化大革命が京劇を批判する論文から始まったように、内容が突飛であればあるほど、人々は新たな政治運動や粛清への号砲ではないかと疑う。この論文も「習政権は鎖国政策を検討しているのではないか」との疑念を呼び起こした。ネットは反発や怒りの声で溢れ、歴史研究院も顰蹙《ひんしゅく》を買った。

その論文を執筆、もしくは監修したとみられているのが、明・清史を専門とする高氏だった。高氏がトップに抜擢された社会科学院は傘下に40近い研究機関を抱え、中国の様々な政策への提言機能を果たしている。歴代の院長は法律や経済、マルクス主義の学者や政治経験者が顔を揃えており、高氏のように明や清の歴史が専門というのは異例中の異例だ。

そもそも世間からあれほど批判された論文の責任者ならば、左遷されてもおかしくはない。「やはり、あの論文は習氏の意向を受けて書いたものではないだろうか」。大抜擢人事には、再び疑念が広がった。

さらに、3期目を迎えた習政権は、挙国体制での「自立自強」と食糧の大増産に一層邁進するようになった。もともと習政権は、2020年から「双循環」という新たな発展モデルを掲げてきた。これは「国内大循環を主体として、国内外の双循環が互いに促進する経済の新発展モデル」を指し、サプライチェーンの強靭化や国内消費の拡大を柱とする。

これらの政策が加速する様をみて、「鎖国への準備ではないか」との不安が広がるなか、習氏はわざわざ、こう注釈を付けた。「双循環は『鎖国』をしようとしているのではない。他国が我々に門戸を閉ざした時、自分たちだけでもよりよく生きていけるようにするためだ」（2023年6月、内モンゴル自治区視察時の座談会を巡る人民日報報道）。習氏の念頭には、すでに明確に「事実上の鎖国状態」への予感と備えがあることが読み取れる。

積極外交の展開と「中国式鎖国」の兆し――。アンビバレント（相反）ともいえる2つの動きには、共通する背景がある。習政権が根源的に持つ体制崩壊への「恐れ」と「過剰防衛」だ。

習氏が3期目の党総書記に就任した直後の2022年11月、中国各地でゼロコロナ政策に反発して「白紙」を掲げた抗議活動が広がった。その直後、中国政府がゼロコロナ政策を停止したため、海外では「民主化が進み始めた」との期待も出た。

しかし、実際は逆だ。「白紙革命」の衝撃は民主化の進展ではなく、むしろ民主化の後退をもたらすアクセラレーターとなった。

同年11月末、中央政法委員会書記に就いたばかりの陳文清氏は、全体会議でこう宣言した。「敵対勢力の浸透や破壊活動を打破し、社会秩序を撹乱する違法犯罪行為を打破しなければならない」。習政権は、「白紙革命」のような動きを「米国などが仕掛けたカラー革命の一環」と確信している。「敵対勢力の浸透」をみすみす許してしまったことへの衝撃は大きく、習政権の監視と統制を一層加速することとなった。

中国が国際社会でしきりと「中国陣営」をつくろうとする深層心理にも、西側の勢力拡大に対する恐れと過剰防衛が滲む。古来より「中華」の概念を持つ中国は、今でも同心円的世界観が色濃く、「自国の領土」と定めた地域への執着は強いものの、米国に代わり世界のリーダーや「世界の警察官」を務めたいという意欲は実はあまり強くない。

その一方で、強烈に抱いているのは、「自国の安全空間」を確保したいという欲望だ。米国による中国共産党体制への挑戦を防ぐためには、国際社会においてできるだけ多くの味方を確保するとともに、周辺国は「緩衝地帯」として、できるだけ「反米」や「非米」の状態に保つことが望ましい。ロシアや中央アジアの国々は、中国にとってカラー革命の侵入を防ぐための現代の「万里の長城」なのだ。

では、習政権は、今後の世界秩序をどのようにとらえているのだろうか。

習氏は様々な場でこう訴えてきた。「１００年に1度の変革の時が来ている。世界、時代、歴史の変化がかつてない形で展開する」。その言葉からは、世界がもはやかつて来た道へと帰ることのない「ポイント・オブ・ノーリターン」に立つ覚悟が滲む。

第1に、中国は「米中協調にはもう期待や依存はしない」と割り切った。新型コロナの感染拡大やロシアによるウクライナ侵攻への中国の対応を受け、米国における対中世論はかつてないほど悪化した。今後、米国の政権が民主党になろうと共和党になろうと、国民全体からよほどの強い支持を得た大統領でなければ、台湾問題や人権問題を看過して対中融和政策を打ち出すことは難しいだろう。

第2に、習政権は「米国1極体制から多極体制へと移行する世界」に賭ける方針を固めた。

習氏はかつて政権を握った直後、当時のオバマ米大統領に「米中で太平洋を二分するG2体制」を提案したことがある。中国共産党体制の生存空間を確保しつつ、第2次世界大戦後に構築された世界構造との共存を図る提案といえる。もちろん、その体制は米国からにべもなく拒絶された。だが、だからといって中国の国力は米国と単独覇権を争う域には達していない。それどころか、最近では加速する人口減少や米国の経済制裁により、予想より早く落日が始まる恐れも強まった。このままでは、永遠に米国の軛《くびき》から脱せない。

一方で、世界では中東やインドなど「グローバルサウス」と呼ばれる国々が力をつけ始めた。冷戦期に広がった「第三世界運動」や「多極世界」といった概念がいよいよ理想論から現実問題へと生まれ変わろうとしているのだ。中国はその流れに便乗する戦略にカジを切った。台頭する各国に働きかけて自国が生きやすい新秩序を誘導しながら、多極世界を米国陣営による対中封じ込め策への盾とする考えだ。

多極世界の実現に向けた中国のアプローチは明快だ。地域大国に対等な立場や敬意を強調しながらプライドを巧みにくすぐり、米国からの自立や自律外交戦略を訴える。もちろん、米国のように内政に文句をつけたりしない。

こうした他国への不干渉政策は、実は中国自身のリスクを減らす方策でもある。一例がアフガニスタン問題だ。関与はアピールするが、軍事介入して「帝国の墓場」に陥ったソ連や米国のように統治に直接関わろうとはしない。

中国が描く新世界。その秩序のもとでは誰も他国に路線や制度を押しつけず、各国は自律的に秩序を保つ。こうした仕組みはある意味で民主的だが、衆愚政治とも似通う。一歩間違えば、世界を待つのは欲望優先の「無秩序な新秩序」となりかねない。

G7が死守しようとする「法の支配に基づく自由で開かれた国際秩序」も、力を失いつつある。これまで西側主導の世界を支えてきたのは、「米国が供与する安全保障への信頼」と「経済制裁の威力を最大化するドル基軸体制」だった。そのいずれも、中国の関与政策や人民元の国際化による挑戦により揺らいでいる。各国を従わせる米欧の神通力には陰りがみえ始めた。

国連の機能不全も加速する一方だ。そもそもウクライナ侵攻を仕掛けたロシア自身が安全保障理事会の常任理事国だ。中ロと米欧の主張が割れ、合意形成どころではない。その構図は、もはや茶番劇以外の何者でもない。

現在の国際法やルールは、多くの犠牲を払った「過去の過ち」を教訓に人類が積み上げてきたものだ。それらが効力を失った時、結果として戦争や人権侵害による悲劇に見舞われるのは力のない個人だ。

人類社会は今、習氏が訴えるように「100年に1度の変革」の時に直面している。その変革を果たして人類の「退化」ではなく「進化」とできるのか――。現代に生きる我々一人ひとりが、重い問いを突きつけられている。

第20期中国共産党中央政治局員ら主要人物26人の全データ

＊年齢、肩書は2023年3月現在。
写真は、李強、陳敏爾、丁薛祥、蔡奇は共同通信社提供、
黄坤明、王小洪、苗華はロイター／アフロ

国家主席・中央軍事委員会主席

習近平

習派

シー・ジンピン／Xi Jinping（69歳）

中国共産党の「核心」

中国建国後の1953年6月、北京市で生まれた。父は中国共産党の革命の英雄で、後の八大元老の一人である習仲勲氏。習氏は高級幹部の子弟が集う「八一学校」で中学まで学んだが、文化大革命で教育は中断した。父の仲勲氏は党を批判する小説の出版に加わった疑いで「反動分子」とみなされ、追放された。習氏も反動分子の息子として迫害を受けた。

1968年から毛沢東の号令で知識青年が農村に向かう「上山下郷」運動が始まると、習氏も翌年、陝西省延安市梁家河村に赴いた。当時、習氏は15歳で、知識青年のなかでも年少だった。7年間にわたる期間も、群を抜いて長いものだった。中国国

出身
陝西省富平県（北京市生まれ）

学歴
清華大学化学工程学部、清華大学法学博士（1998－2002年）

ポスト
総書記・国家主席・中央軍事委員会主席・中央政治局常務委員

経歴
中央軍事委員会弁公庁秘書→河北省正定県党委書記→福建省廈門市副市長→寧徳市（現）党委書記→福州市党委書記→福建省党委副書記・省長→浙江省党委書記→上海市党委書記→中央政治局常務委員・中央書記処書記・中央党校校長→中央政治局常務委員・中央書記処書記・国家副主席・中央党校校長→中央政治局常務委員・中央軍事委員会副主席・中央書記処書記・国家副主席・中央党校校長→中央軍事委員会主席・国家副主席→中央政治局常務委員・党総書記・国家主席・中央軍事委員会主席

営メディアの報道によると、村で暮らしていた習氏は何度も入党申請を提出したが、「反動分子の子供」という理由で却下され続け、10度目にしてようやく入党を認められたという。

文化大革命が終わると、習氏は「工農兵学員推薦」により、75年に清華大学に入学した。清華大を卒業する頃には父親の仲勲氏も復帰しており、広東省党委書記を務めていた。

卒業後の習氏は中央軍事委員会弁公庁で秘書の仕事に従事したが、農村への赴任希望を出して河北省正定県の党委書記となった。85年に福建省厦門市副市長に就いた後は、寧徳市（現）、福州市の党委書記、福建省党委副書記・省長を歴任した。福建では台湾に近い厦門市などで台湾企業と交流したほか、台湾海峡と面する南京軍区（現東部戦区）第31集団軍の軍人たちとの関係も深めた。浙江省党委書記としては、同省の経済発展で実績を残した。

２００７年3月に上海市党委書記に就いた後、７カ月後の同年10月の第17回党大会で中央政治局常務委員に抜擢され、周囲から次期党総書記候補とみなされるようになった。習氏は江沢民元国家主席の派閥ではなかったが、江氏や曽慶紅元国家副主席ら江派は胡錦濤前国家主席が率いる共産主義青年団派に対抗するために習氏を後継者として推した。江派と共青団派のつばぜり合いのなか、習氏は12年の第18回党大会で党総書記に就いた。

就任後は、「反腐敗闘争」を通じて江派の幹部らを粛清するとともに党・軍の改革を進め、党と習氏に権力が集中する体制を築いた。

首相

李強

リー・チャン／Li Qiang　（63歳）

習派（浙江閥）

労働者出身の習氏「女房役」

習氏が浙江省党委書記として赴任した時代に約2年半、党委秘書長を務めた。そこで日本の首相に対する官房長官のように「女房役」を務め、厚い信頼を得たといわれる。習氏の元秘書という側近はほかにもいるが、李氏は習氏が浙江省党委書記に就任して2年後に自ら望んで任命した秘書といわれ、信頼の厚さが垣間見える。

浙江省の生まれで、17歳から故郷・瑞安県（現瑞安市）で農機などを扱う労働者として働き始めた。その後、共産党に入り、たたき上げの役人として浙江省内の県や市でキャリアを積んだ。「役人として下積みから始め、ありとあらゆる役人のポストを経

出身
浙江省瑞安市

学歴
香港理工大学（2003－05年）

ポスト
首相・中央政治局常務委員

経歴
浙江省党委秘書長→党委副書記→省長→江蘇省党委書記→上海市党委書記・中央政治局員→首相・中央政治局常務委員

験してきた」と評される。

習氏の秘書時代の話はあまり伝わっていない。習氏が中央で指導部入りしてからは浙江省長、江蘇省党書記と出世を重ねた。習氏が党総書記2期目に入った2017年10月の第19回共産党大会で中央政治局入りを果たし、中央への登竜門である上海市党委書記にも就任した。

中国では、首相に就任する人物は事前に副首相を経験することが慣例となっていた。李氏はその慣例を破り、副首相や中央での役職を一切経験せずに首相に就任した。指導者としての経験値は、経済先進地である浙江省や江蘇省、上海市に限られる。浙江省長だった2014年に中国の経済メディア「財新」の取材を受け、こう語っている。「我々は『3本の手』というスローガンを提唱している。1本目は『政府の手』、2本目は『市場の手』、3本目は『自治の手』だ」。民間経済の発達した浙江省幹部として、当時は民間の力の活用に力を入れていたことが窺える。

上海市党委書記時代には、外資系企業の集積地のトップとして外資系企業との付き合いもあり、人当たりの良さが経営者らから評価されていたとの声もある。19年には、上海証券取引所に習氏の肝煎りといわれるハイテク企業やベンチャー企業専門の「科創板（市場）」を創設した。一方で、従来の上海市トップに比べれば海外企業との交流が少なかったとの評価もあり、内向きを強める中国共産党の姿勢を反映していたとみることもできる。

新型コロナウイルスの感染拡大を受け、22年3月から約2カ月にわたった上海市の事実上の都市封鎖（ロックダウン）を実施した。閉じ込められた住民からは、怨嗟《えんさ》の対象ともなった。現場視察時に住民から詰め寄られて困惑する場面の動画がネットに出回ったりもした。責任を問われる可能性も取り沙汰されたが、結果的には「上海市はコロナとの闘いに勝利した」と総括され、習氏からの評価には影響しなかった。

全国人民代表大会常務委員会委員長

趙楽際

ジャオ・ルォージー／Zhao Leji　（66歳）

習派（陝西閥・父親関係）

習氏父親の巨大陵墓を建設

青海省のたたき上げの役人として、当時の最年少である46歳で省党委書記になった。陝西省党委書記を経て、習氏が党総書記となった2012年に党中央政治局入りを果たした。

趙氏は習派のなかでも不思議なポジションを占めている。地方時代に趙氏を評価して引き上げたのは江沢民派の大番頭、曽慶紅元国家副主席といわれる。だが、青海省で中国共産主義青年団の組織に所属し、共青団派との関係も良好とみられている。一方で、習派とされているにもかかわらず、経歴上には習氏と趙氏の接点はほぼない。

実は趙氏と習氏との接点は父親にある。習氏の父親の習仲勲

出身
陝西省西安市（青海省西寧市生まれ）

学歴
北京大学哲学部、中央党校（2002－05年）

ポスト
全国人民代表大会常務委員会委員長・中央政治局常務委員

経歴
青海省党委書記→陝西省党委書記→中央政治局員・中央書記処書記・中央組織部長→中央規律検査委員会書記・中央政治局常務委員→全国人民代表大会常務委員会委員長・中央政治局常務委員

氏は１９４９年の新中国建国直後、陝西省西安市に西北人民革命大学を設立して校長を務めた。その部下を務めたのが趙氏の父親だった。当時の同僚が後年、習仲勲氏との交流を回顧する本を出版した際、出版社社長を務めていた趙氏の父親は自ら出版を支援したという。

趙氏と習氏のもう一つの接点は、習仲勲氏の陵墓にある。趙氏は07年に陝西省党委書記に就くと、習仲勲氏の生まれ故郷、陝西省富平県にあった墓を巨大な陵墓に改造した。同陵墓は今や習氏ゆかりの地として多くの人が訪れる場所になっている。陵墓の建設にあたり、趙氏は習氏との間で様々な打ち合わせの機会があったと推測できる。

習氏と趙氏は経歴に共通点もある。2人とも知識青年が農村に向かう「上山下郷」運動で農村で長い時間を過ごした後、「工農兵学員」として習氏は清華大学、趙氏は北京大学にそれぞれ入学した。

２０１７年に中央政治局常務委員に昇格すると、習氏の盟友である王岐山氏のあとを継いで「反腐敗闘争」を担う中央規律検査委員会書記に就いた。習政権1期目ほどの「大虎」の立案・処分はなかったものの、趙氏がトップを務めた5年間で、司法・公安部門を牛耳っていた有力高官らをはじめ、中央が管轄する次官級以上幹部１２２人を処分した。

全国政治協商会議主席

王滬寧

ワン・フーニン／Wang Huning（67歳）

無派閥

政権の理論を支える「三代帝師」

中国共産党のイデオロギーの支柱として、江沢民元国家主席、胡錦濤前国家主席、習近平国家主席の3人に仕えた。かつての皇帝の師や知恵袋に喩えて「三代帝師」と呼ばれる。江政権では「3つの代表」重要思想、胡政権では「科学的発展観」など各政権を代表する理論をまとめ、習政権下では「中国の夢」や広域経済圏構想「一帯一路」、「習近平の新時代の中国における特色ある社会主義思想」などを主導した。「中国共産党の政治化粧師」との別名もある。

原籍は山東省だが、上海生まれの上海育ちといわれる。上海師範大学を卒業後、市の出版局や研究機関への勤務を経て復旦

出身
山東省莱州市

学歴
復旦大学法学修士、教授

ポスト
全国政治協商会議主席・中央政治局常務委員

経歴
復旦大学法学院院長→中央政策研究室政治組組長→中央書記処書記・中央政策研究室主任→中央政治局員・中央政策研究室主任・中央全面深化改革領導小組弁公室主任→中央政治局常務委員・中央書記処書記・中央全面深化改革委員会副主任→全国政治協商会議主席・中央政治局常務委員

大学国際政治学部で修士号を獲得した。学者の道に入ると、先進的な論文や書籍を次々と執筆し、雑誌の表紙を飾るなど新進気鋭の国際政治学者として脚光を浴びた。1993年にはシンガポールで開かれた中国語の国際ディベート大会に復旦大学チームを率いて参加して優勝し、国民のスター的な存在になった。94年に復旦大学法学院院長に就いた。

こうした目覚ましい活躍が当時の呉邦国副首相や曽慶紅・中央弁公庁主任に伝わり、1995年、王氏は政権の理論や思想をつくる中央政策研究室の政治組組長に抜擢され、2002年には同研究室の主任に就任した。同研究室は「共産党の頭脳」とも呼ばれるが、王氏はその後、20年に至るまで同ポストで各政権の理論づくりやスピーチライターを担当した。

学術面では『資本論』研究の権威といわれる陳其人氏に師事し、学者時代には中央の権威の重要性や西側の民主主義への疑念などを説いた。

中央政策研究室に入って以降は、「古い友人ともほとんど会わない」といわれるほど慎重に行動してきた。しかし、2021年1月6日、王氏個人が脚光を浴びる事件が発生した。米国の首都ワシントンで連邦議会襲撃事件が起きた余波だ。米国民主主義の殿堂で繰り広げられた醜態に世界は驚愕したが、中国の知識人の間では別の驚きが走っていた。王氏が1988年に執筆した絶版本『米国が米国に反対する』が米社会に内在する要因がもたらす将来の混乱や対立を的確に予言していたためだ。ブルームバーグの報道によれば、事件直後、同書籍は古書販売サイトで1万6666元（約30万円）の値段がついた。

習政権下では中央全面深化改革委員会副主任や中央全面依法治国委員会副主任、中央軍民融合発展委員会副主任など習氏がトップを務める組織で要職を担い、党・軍改革の推進役を担った。3期目政権では、台湾の平和統一に向けて「一国二制度」を発展させた新たな統治思想の構築も主導している。

中央書記処書記（筆頭）・中央弁公庁主任

蔡奇

ツァイ・チー／Cai Qi（67歳）

習派（福建・浙江閥）

フォロワー1000万超の過去を持つ北京冬季五輪の立役者

習氏が浙江省党委書記だった時代に衢州市や台州市のトップを務めた。福建省三明市長時代も習氏の赴任時期と重なっており、そこでも接点があった可能性がある。

蔡氏が全国的にも有名になったきっかけは2010年、浙江省党委組織部長という機密の多い役職にいながら、中国版SNS「微博（ウェイボ）」で発信を始めたことだ。フォロワーからの質問へのユニークな回答や率直な語り口で人気を博し、1000万を超えるフォロワーを獲得した。「人民政協網」の報道によると、蔡氏は当時、ネット発信の目的を「微博は民意。

出身
福建省尤渓県（永安市生まれ）

学歴
福建師範大学、経済学博士（1998－2001年）

ポスト
中央書記処書記（筆頭）・中央弁公庁主任・中央政治局常務委員

経歴
福建省三明市長→浙江省衢州市党委書記→台州市党委書記→杭州市長→省党委組織部長→副省長→中央国家安全委員会弁公室副主任→北京市党委書記・中央政治局員→中央書記処書記（筆頭）・中央弁公庁主任・中央政治局常務委員

相互信頼の強化に役立つ。人民へのサービスの質を高め、様々な矛盾の解消も容易となる」と説明した。組織部長を離任する際には微博で真っ先に人事を公表し、賛否を巻き起こしたこともある。

こうした話題を通じ、新しいものを積極的に取り入れる蔡氏の気質が習氏の目に留まったとみられる。2014年、蔡氏は習政権下で新設された中央国家安全委員会弁公室の副主任に抜擢された。同委員会は主席を習氏が務め、国家安全保障や治安を一貫して管轄する組織で、習政権の集権体制を強化する重要な役割を担った。

2017年に北京市党委書記となった蔡氏は22年の北京冬季五輪の組織委員会トップも務め、国内外の注目を集めた。だが、北京市政においてはいくつかの問題も発生した。特に出稼ぎ労働者の流入を抑えるため安価な集合住宅を真冬に取り壊した政策は、「人々を低級国民扱いしている」とネットなどで批判が相次いだ。北京中心部における看板や広告の設置を禁止した政策もうまくいかなかった。

習氏を称える言動では定評がある。3期目政権では、中央書記処の筆頭書記と中央弁公庁主任を兼務して党の実務や運営を一手に担う。特に中央弁公庁主任は「官房長官」にも喩えられる要職で、習氏の外国訪問にも付き添う。さらに中央政治局常務委員が中央弁公庁主任を担うのは、中国共産党の歴史でめったにない事例であり、蔡氏は党内で大きな権力を握ることになる。

副首相（筆頭）

丁薛祥

習派（新上海閥）

ディン・シュエシアン／Ding Xuexiang（60歳）

習氏に付き添う中南海の元「執事長」

技術者から上海市の党委員会秘書長、そして中央の筆頭副首相へとめざましい出世を遂げた中国共産党切っての「シンデレラ・ボーイ」。習氏3期目政権の中央政治局常務委員に最年少で名を連ねた。

優秀ぶりは経歴からも滲み出る。わずか16歳で東北重型機械学院（現・燕山大学）に入学し、機械工程学部で鍛造技術などを学んだ。20歳で上海材料研究所に就職し、34歳で所長となった。37歳の時に行政分野に転身したが、習氏が約半年間、上海市党委書記に就いた時期に上海市党委員会の秘書長として習氏

出身
江蘇省南通市

学歴
東北重型機械学院機械工程学部
復旦大学理学修士（1989－94年）

ポスト
副首相（筆頭）・
中央政治局常務委員

経歴
上海材料研究所長→上海市党委秘書長→中央弁公庁副主任・国家主席弁公室主任→中央書記処書記・中央弁公庁主任・国家主席弁公室主任・中央政治局員→副首相（筆頭）・中央政治局常務委員

のサポート役を務めたことから、習政権でめざましい出世を遂げることになった。

習氏2期目政権では中央書記処書記・中央弁公庁主任・国家主席弁公室主任を兼ねる異例の役割を担った。中央書記処書記は、党の日常業務の実行部隊であり、あらゆる情報を集約する重要ポストだ。中央弁公庁主任は、党総書記の秘書長として習氏の動向に関する情報をすべて把握する。さらに丁氏は国家主席弁公室主任まで一手に担っており、習政権の内部をすべてとりまとめる「大内総管（執事長）」と呼ばれた。習氏が国内外の視察に赴く際には必ず丁氏が影のように付き添い、「習近平あるところに丁薛祥あり」ともいわれた。

3期目政権では、筆頭副首相を任された。李強首相が中央を経験せずに首相に就いたため、党と政権の双方を仕切った経験を持つ丁氏が李氏を支えて政権を切り盛りする役割を期待されたとみられる。

習氏は、なぜわずか半年しか共に過ごさなかった丁氏をこれほどまでに登用したのか。その一端を丁氏が2008年に「秘書工作」という雑誌に寄せた文章から垣間見ることができる。

「弁公庁（室）の人員は、職位は低くても指導者の意識で大局を見て仕事をすべきだ。文章1つ書くにしても、指導者の考えと共鳴・共振し、指導者の決定に資する『直行便』とならなくてはならない」

「弁公室は各方面との協調において『長い袖で舞を舞う』ごとくでなくてはならない。上には連携を強化し、内には管理を強め、外にはよく協調し、下にはよくサービスする」

「誠実で堂々としている必要はあるが、偉そうではいけない」

丁氏は、習氏が好む人材である「有能なテクノクラート」「黙っていてもやりたいことを実現してくれる秘書」「技術者出身」というすべての条件を兼ね備えている。年齢の若さや習氏の寵愛ぶりから、将来の後継者候補ではないかとの噂も囁かれている。

中央規律検査委員会書記

李希

リー・シー/Li Xi (66歳)

習派(陝西閥)

習氏の心の故郷を「聖地化」

李氏は直接、習近平氏とともに仕事をしたことはないが、代表的な習派に名を連ねる。

習氏とのつながりの一つは、甘粛省両当県という李氏の生まれ故郷にある。習氏の父親の習仲勲氏が共産党創成期に「両当起義」という蜂起を起こした地だが、小規模な蜂起であったため、中国国内でもあまり知られていなかった。李氏は地元の生まれとしてこの史実をよく知っており、同蜂起の「聖戦化」を図った。甘粛省党委宣伝部での経験などが寄与しているとみられる。

わずかだが、甘粛省には習仲勲氏とつながる人脈もあるとい

出身
甘粛省両当県

学歴
西北師範学院文学部、清華大学経済管理学修士(2008-11年)

ポスト
中央規律検査委員会書記・中央政治局常務委員

経歴
甘粛省党委秘書長→陝西省延安市党委書記→上海市党委副書記→遼寧省党委書記→広東省党委書記・中央政治局員→中央規律検査委員会書記・中央政治局常務委員

う。習仲勲氏の古い部下だった李子奇氏が甘粛省党委書記を務めていた時、李希氏は省党委員会で宣伝部や秘書の仕事をしており、李子奇氏の引き上げが習氏につながったとの見方もある。

陝西省延安市党委書記時代には、習氏が15歳から7年間「上山下郷」運動で暮らしていた梁家河村という小さな村の「聖地化」も手掛けた。習氏が上海市党委書記になると、梁家河村の村人たちの手紙を習氏に届けるなどして習氏との交流を図った。村人の手紙は、習氏が党総書記になった後も続いたという。こうした実績を通じて、李氏は習派の仲間入りを果たし、出世への切符を手に入れた。

2017年には中央政治局員に選ばれ、出世コースである広東省党委書記に就いた。経済発展の中心地であり、改革開放の発祥の地である広東省のトップは先進的な経済政策を打ち出したり、外資系企業のトップと交流を深めることが多いが、李氏の動きはあまり目立たないことから「習氏に忠実で安全志向の強い政治家」との評価もある。

3期目政権では、中央規律検査委員会の書記に就いた。党内に睨みを利かす権限の大きな重要ポストだが、大規模な反腐敗闘争は一段落しており、かつての王岐山氏のような存在感はないのが実情だ。

新疆ウイグル自治区党委書記

馬興瑞

習派（宇宙系）

Ma Xingrui（63歳）

新疆トップに転身した宇宙工学第一人者

中国の有人宇宙飛行計画や月探査計画の嫦娥《じょうが》計画に携わった中国宇宙工学の第一人者。習近平氏との直接の接点は見当たらないが、科学技術分野を重視する習氏は宇宙分野の有力者を党や政府で重用しており、その代表格といえる。

習夫人の彭麗媛氏の出身地である山東省鄆城県を原籍とすることから、彭麗媛氏の同郷グループの1人ともみなされている。「北京青年報」の報道によると、生まれは黒竜江省双鴨山市の貧しい家庭で、父も2人の兄も炭鉱労働者だったという。優秀な成績でハルビン工業大学博士課程に進み、中国航天科技集団の総経理や中国宇航学会の理事長を務めた。

出身
山東省鄆城県（黒竜江省双鴨山市生まれ）

学歴
ハルビン工業大学工学博士

ポスト
新疆ウイグル自治区党委書記・中央政治局員

経歴
ハルビン工業大学副校長→中国航天科技集団総経理→国家航天局長・国家原子力エネルギー機構主任・国家国防科技工業局長→広東省党委副書記・深圳市党委書記→省長→新疆ウイグル自治区党委書記・中央政治局員

2013年に政府に転じてからは工業情報化省の次官や国家航天局長を歴任し、2015年からは広東省深圳市党委書記や広東省長など経済発展が進む地域の地方トップとして経験を積んだ。

2021年12月に新疆ウイグル自治区の党委書記に任命された。前任の党委書記はウイグル族への抑圧で米国から査証（ビザ）発給制限などの制裁を受けている。

中央外事工作委員会弁公室主任

王毅

Wang Yi （69歳）

無派閥

世界を飛び回る「戦狼外交」の旗手

習政権の外交を1期目から担った「習近平外交」の旗手。かつてはソフト路線の外交官と思われていたが、2013年に習近平政権下で外相に就くと、米国などに一歩も譲らぬ姿勢を前面に打ち出す「戦狼外交」方針に転じた。常に世界中を飛び回る。

中学校を卒業後、知識青年としてソ連との国境にある黒竜江省黒河地区で働いた経験を持つ。北京に戻って以降、北京第二外国語学院アジアアフリカ語学部日本語学科で学んだ。

在日本中国大使をはじめ日本勤務が長い日本通。流暢な日本語を話し、日本駐在時代には、政治家だけでなく企業経営者ら

出身
北京市

学歴
北京第二外国語学院日本語学科、南開大学経済学（1996－98年）

ポスト
中央外事工作委員会弁公室主任・中央政治局員

経歴
駐日本中国大使→中央・国務院台湾事務弁公室主任→国務委員・外相→中央外事工作弁公室主任・政治局員

ともゴルフなどを通じて幅広く付き合う、気さくで有能な大使として知られた。だが、2022年10月に中央政治局員に昇格した際、新華社などが発表した経歴からは「日本語学科」への言及が消えた。今の中国における「日本通」の政治的立場の難しさが垣間見える。

胡錦濤政権下では、中央台湾工作弁公室主任兼国務院台湾事務弁公室主任を約5年間務めた。当時の台湾は国民党の馬英九政権下にあり、中台関係は良好だった。王氏は経済や交通、人の往来など様々な方面で中台の交流拡大策を進めた。

習近平政権下では、習氏の広域経済圏構想「一帯一路」の実現に向けた外交も推進した。米国に強く対峙する姿勢も打ち出したほか、2023年3月にサウジアラビアとイランが突然の国交正常化を果たして世界を驚かせた際には、中国の外交担当トップとして両国の仲介を主導した。

習氏と習氏の外交思想を称賛する論文を党の主要メディアにたびたび寄稿している。21年10月に人民日報に寄せた「習近平外交思想の輝かしい旗を高く掲げよ」という論文では、「習近平」という言葉を57回、同年11月に党の理論誌「求是」に掲載された「習近平外交思想を深く学び貫徹せよ」という論文では47回言及し、回数の多さが中国国内で話題となった。新華社によると、習氏が22年9月に中央アジアを訪問した際にも、「大国、大党の領袖としての責任感を示した」と位置づけ、習氏への忠誠心の高さを示した。

北京市党委書記

尹力

Yin Li （60歳）

無派閥

米ハーバード大で学んだ公衆衛生専門家

医学一家に生まれた公衆衛生分野のテクノクラート。ロシアで医学博士号を獲得し、国務院（政府）研究室の職員となった。米ハーバード大学にも派遣された。

中国メディアの報道によると、尹氏は当初、臨床医学を学んでいたが、「医者は目の前の1人1人しか救えない」と感じ、より多くの人々を救うために公共衛生の分野に進むことを決めたという。ロシア留学から帰国すると、衛生分野に関係のある職場から次々とスカウトの声がかかったが、国務院研究室のトップがわざわざ山東省を訪れて尹氏と会い、研究室に引き入れた。

2002年に中国で重症急性呼吸器症候群（SARS）が発

出身

山東省徳州市臨邑県（済南市生まれ）

学歴

山東医科大学衛生学修士

ロシア医学科学院医学博士

ポスト

北京市党委書記・中央政治局員

経歴

衛生省国際協力局長→衛生省弁公庁主任→四川省長→福建省党委書記→北京市党委書記・中央政治局員

生すると、尹氏は衛生省に急きょ招集され、弁公庁副主任として陣頭指揮を執った。専門的な対応が高く評価され、その後、国際協力局長として世界保健機関（ＷＨＯ）などとの窓口を務めた。

２００８年には衛生次官に就任し、工業用材料を使ったカプセル薬の問題を解決するなど能力を発揮した。

２０１５年になると、四川省に異動して党委宣伝部長に就き、政治の世界に入った。翌16年には四川省長に任命された。

四川省でも、尹氏は専門家としての能力を生かした。中国で新型コロナウイルスの感染拡大が始まると、尹氏は四川省のコロナ対策を指揮し、医学系サイトでも「教科書級の対応」と称賛された。湖北省武漢市への医療支援隊の組織などの動きも早く、高い評価を得た。その後、２０２０年になると、習氏にゆかりの深い福建省党委書記に抜擢された。

3期目政権では、首都北京のトップに抜擢された。北京市党委書記は重慶市や上海市と並び、中央政治局常務委員への登竜門といわれている。年齢もまだ若く、尹氏が今後さらに出世の階段を上る可能性も囁かれている。

中央統一戦線工作部長・中央書記処書記

石泰峰

Shi Taifeng (66歳)

習派（中央党校）

習氏の中央党校校長時代の部下

山西省の技術学校で学び、一時は工場労働者として働いたが、22歳のときに北京大学法学部に合格し、法学修士となった。北京大学では李克強（リー・クォーチャン）前首相と同じ学年、同じ学部で学んだ。

卒業後は、中央党校の教師となった。2002年に副校長に就任。07年からは中央党校校長となった習氏の部下として約3年間働くことになった。2010年に石氏は教育の世界を離れ、江蘇省の党委組織部長として政治の世界に転身した。江蘇省長や寧夏回族自治区党委書記を経て、19年に内モンゴル自治区党委書記に就任した。

出身
山西省楡社県

学歴
北京大学法学修士

ポスト
中央統一戦線工作部長・中央書記処書記・中央政治局員

経歴
中央党校副校長→江蘇省長→寧夏回族自治区党委書記→内モンゴル自治区党委書記→中国社会科学院院長→中央統一戦線工作部長・中央書記処書記・中央政治局員

内モンゴルでは、習政権にとって重要方針である少数民族への漢語の教育政策などを実施した。チベット自治区や新疆ウイグル自治区と同様、内モンゴルでも20年9月から中小学校でのモンゴル語の授業を減らし、中国語の標準語での授業を増やすことを義務化した。モンゴル族の住民らは反発して、大規模な抗議活動を起こした。

内モンゴルの在任期間中には、20年間にわたる炭鉱業の汚職事件も発覚した。多くの官僚が調査や処分を受けた。

22年に中国政府のシンクタンクである中国社会科学院の院長に就任し、一線からは退いたとみられていたが、中央政治局員に抜擢され、再び政治の最前線に返り咲いた。さらに、中央統一戦線工作部長という要職に就き、海外での中国の影響力拡大や国内での思想工作に向けた重要任務を担うこととなった。

副首相

劉国中

Liu Guozhong　(60歳)

習派(栗戦書氏と関係)

習氏旧友の黒竜江省時代の部下

華東工程学院(現・南京理工大学)砲弾学部を1982年に卒業すると、黒竜江省ハルビン建設機械工場で幹部職に就いた。3年後にハルビン工業大学に入学し、金属材料・工芸学部で学び、修士号を得た。1990年に黒竜江省政府に就職し、公務員としての人生を歩み始めた。2003~04年に同省研究室主任、04年には同省鶴岡市党委書記、2007年には省党秘書長に就いた。

注目すべき点は、03~10年に前中央政治局常務委員で全国人民代表大会常務委員会委員長の栗戦書氏が省の党委副書記として赴任してきたことだ。劉氏は直接の部下だったわけではない

出身
黒竜江省望奎県

学歴
華東工程学院(現・南京理工大学)砲弾学部、ハルビン工業大学工学修士

ポスト
副首相・中央政治局員

経歴
黒竜江省党委秘書長→副省長→中華全国総工会副主席→四川省党委副書記→吉林省長→陝西省党委書記→副首相・中央政治局員

が、8年間同じ省の組織で働くなかで交流を深めた可能性は高い。栗氏は習近平氏の最初の地方赴任地である河北省正定県の隣県で党委書記をしていたとき以来の習氏の「酒友」という。

栗氏が黒竜江省を離れた後、劉氏は副省長に昇任し、13年からは中国唯一の全国規模の労働組合連合である中華全国総工会の副主席として中央で働く機会を得た。その頃、栗氏も北京で中央政治局員・中央弁公庁主任として習近平政権を支える要職に就いていた。

劉氏はその後、四川省党委副書記、吉林省長を経て、20年に陝西省党委書記に就いた。陝西省は中国共産党の聖地である延安市があるだけでなく、習氏が若い頃に「下放」されていた梁家河村や、習氏の父親で八大元老の一人である習仲勲氏の巨大な陵墓など、習政権の「聖地」を抱える地でもある。

中国メディアの報道によると、劉氏は18年に陝西省代理省長に任命される前日に梁家河村に赴き、「陝西省は中華文明発祥の地であり、中国の革命の聖地であり、習近平総書記が知識青年として7年を過ごした心のふるさとでもある。陝西省で働けて本当に光栄だ」と語った。

中央組織部長・中央書記処書記

李幹傑

Li Ganjie　(58歳)

無派閥

清華大卒で原子力行政27年の専門家

習近平国家主席が抜擢したテクノクラートの中でも群を抜く専門家。17歳の誕生日を前に清華大学に入学し、同大核エネルギー技術研究所で原子炉工学と安全性に関する修士号を得た。卒業後は、すぐに国家核安全局北京核安全センターに就職した。

それから27年間に渡って原子力行政に携わり、２００６年からの10年間は国家核安全局長を務めた。現在の政策や法制度には李氏が直接手掛けたものが少なくない。フランスへの留学や大使館勤務を通じ、中仏の原子力技術協力にもかかわった。留学時代にはフランスの放射線防護・原子力安全研究所で1年間学び、大使館では科学技術担当の一等秘書官を担った。

出身
湖南省長沙市望城区

学歴
清華大学工学修士

ポスト
中央組織部長・中央書記処書記・中央政治局員

経歴
環境保護省次官・国家核安全局長→環境保護相→生態環境相→山東省党委書記→中央組織部長・中央書記処書記・中央政治委員

李氏が2022年に指導部入りを果たした際、海外では「核兵器の開発を率いた人物」との見方も出た。しかし、李氏が属した組織は一貫して環境系省庁傘下であり、兵器開発に携わるのは考えにくい。専門性の高い学歴や職歴から鑑みても、純粋に原発行政で頭角を現したリーダーとみるべきだろう。

2017年からの7か月間、河北省党委員会副書記として地方行政を経験した後、環境保護相（途中から生態環境相）兼党委書記に就いた。実は、このわずか7か月間の河北省勤務において、李氏は原発以外の功績をあげると同時に習氏とのつながりも得た。第一に、北京周辺の大気汚染の改善に大きな役割を果たした。当時、北京市はPM2・5（微小粒子状物質）汚染に悩んでいた。李氏は大気汚染の要因でもあった河北省で特別プロジェクトを立ち上げ、環境改善に向けた制度の基礎を築いたという。

第二に、2017年4月に正式決定された国家的大事業「雄安新区」に関係した。新都心「雄安新区」は「生態優先、緑色発展」をスローガンに、世界でもまだないエコ都市・スマート都市をゼロから築くという壮大な構想で、習氏の歴史的偉業をめざすプロジェクトだ。環境・生態保護は欠かせない柱となる。

中国メディア「澎湃新聞」の掲載記事によると、李氏は2017年5月に環境保護相に就くと自ら組長となって「推進雄安生態環境保護工作領導小組」を立ち上げ、事業の立ち上げメンバーとなった。そこで習氏に評価された可能性が高い。中国の報道によれば李氏の人物評は「謹厳実直」であり、いかにも習氏の好みに叶いそうだ。

2020年には山東省に赴任し、翌年から当時最年少の党委書記に就いた。3期目政権では中央組織部長に抜擢された。同ポストは党の人事や組織を差配する権力の根幹だ。前任の陳希氏は習氏の清華大学時代のルームメートで、習氏から絶大な信頼を置かれていた。清華大卒の李氏は、陳氏が築いた習派清華閥の一員ともいえる。今後、習氏を支える懐刀であることは間違いない。

中央宣伝部長・中央書記処書記

李書磊

Li Shulei (59歳)

習派（中央党校）

習氏の新たな「スピーチライター」

北京大卒の文学修士。14歳で北京大学に入学し、「神童」と呼ばれた。中央党校で長く教鞭をとっており、2007年に国家副主席になった習近平氏が中央党校校長に就いた時、李氏も副校長となった。そこで3年間近く習氏と交流する機会を得て、習氏にその頭脳と文才を見出された。中央政治局常務委員の王滬寧氏に次ぐ、新たな習氏の「スピーチライター」といわれている。

習氏が党総書記になると、李氏は2014年に福建省党委宣伝部長に転出した。指導部に引き上げるために必要なキャリアを踏ませたとみられるが、転出先が習氏ゆかりの福建省である

出身
河南省原陽県

学歴
北京大文学部修士

ポスト
中央宣伝部長・中央書記処書記・中央政治局員

経歴
中央党校副校長→福建省党委宣伝部長→北京市規律検査委員会書記→中央規律検査委員会副書記→中央宣伝部日常業務担当副部長→中央宣伝部長・中央書記処書記・中央政治局員

点には注目が必要だろう。習氏が李氏を重視していたことがうかがえる。中央に戻ってきてからは、中央規律検査委員会副書記など重要ポストを歴任した。

3期目政権では、党と習氏のプロパガンダを担当する中央宣伝部長に就いた。これまで習思想の確立や普及、浸透のための戦略立案は、江、胡、習三代政権に仕えた王滬寧氏と前中央宣伝部長だった黄坤明氏が担っていた。王氏は頭脳、黄氏は行動力で習氏の期待に応えた。李氏は新ブレーンとして王氏と黄氏を兼ね備えた役割を期待されているとみられる。3期目政権では習氏の個人崇拝の推進と統治の強化が進むとみられ、李氏が果たす役割は大きい。

『重読古典』などいくつもの著作を持ち、文化評論界で名前を知られる文士でもある。「李書磊といえば『宦読人生』」といわれるほど、知識層で一世を風靡した文章があるほどだ。同文章で李氏は、官吏が書を読み思索を深める重要性を高雅な文章で描写した。李氏のこうした才能も、中華民族の歴史や文化に対する再教育を重視する習氏にとっては、中央宣伝部長の新たな任務に適していると思わせたとみられる。

全国人民代表大会常務委員会副委員長

李鴻忠

Li Hongzhong （66歳）

習派（その他）

「習氏核心論」先導で存在感をアピール

かつては江沢民派とみられていたが、圧倒的な習氏礼賛を展開し、習派の一角を占めるようになった。

有名になったのは、李氏が湖北省党委書記を務めていた2016年1月の党の会議における演説だ。「湖北日報」によると、李氏は「習近平総書記は党中央の指導の核心だ。党の権威を進んで守るためには、習近平総書記による指導の核心を守ることが必要だ」と語った。

第20回党大会では「二つの確立（習主席の『党中央の核心としての地位』と『習氏の新時代の中国における特色ある社会主義思想の指導的地位』の確立）」が強調されたが、当時はまだそ

出身
山東省昌楽県（遼寧省瀋陽市生まれ）

学歴
吉林大学歴史学部

ポスト
全国人民代表大会常務委員会副委員長・中央政治局員

経歴
広東省深圳市党委書記→湖北省党委書記→天津市党委書記・中央政治局員→全国人民代表大会常務委員会副委員長・中央政治局員

うした考え方や用語は普及していなかった。党幹部のなかでも大々的に「習核心論」の口火を切ったのは李氏だといわれている。

２０１６年に天津市党委書記に就いてからも、李氏は習氏を称える運動に力を入れてきた。習夫人の彭麗媛氏とは山東省の同郷でもある。21年に市で開いた勉強会は、彭麗媛氏が米ジュリアード音楽院の天津校開校の際に寄せたお祝いの手紙をもとに、「彭教授の祝賀の手紙精神に学ぶ」というテーマを取り上げた。指導者の夫人を政治的に取り上げることは避けられており、中国内でも同勉強会の是非が話題となった。

中央軍事委員会副主席

何衛東

He Weidong （65歳）

習派（福建閥・旧第31集団軍）

「台湾海峡閥」の代表格

習氏の信頼が厚い上将の一人であり、「台湾海峡閥」の代表格。習近平氏との直接の接点は不明だが、習氏のかつての赴任地、福建省厦門市を拠点とする旧南京軍区第31集団軍（現・東部戦区第73集団軍）で要職を務めてきた。同地は台湾が支配する金門島も管轄する要衝で、台湾統一をめざす習氏が特に重視している。

習氏は17年間を過ごした福建省時代に福建の軍人らと積極的に交流を深めた。特に第31集団軍への思い入れは深く、福建省を去った後も10回以上も第31集団軍を訪問したとの報道もある。同集団軍たたき上げの何氏と交流する機会は多かったことが推

出身
江蘇省東台市

学歴
陸軍指揮学院、国防科学技術大学（2001年）

ポスト
中央軍事委員会副主席・中央政治局員・上将

経歴
中国人民解放軍南京軍区第31集団軍副軍長→南京軍区副参謀長→江蘇省軍区司令員→上海警備区司令員→西部戦区副司令員→東部戦区司令員→中央軍事委員会副主席・中央政治局員・上将

測できる。

何氏は40年近く福建省の現場で軍歴を積んでおり、台湾海峡や上陸作戦などに精通した軍人とみられている。第31集団軍で参謀長や副軍長を務めていたが、習氏が党総書記に就いて以降、急速に軍上層部でめざましい出世を重ねた。

2019年からは台湾を作戦区域に含む東部戦区のトップである司令員に任命された。22年1月に東部戦区司令員をはずれた後は一時、役職が明らかになっていなかったが、同年9月に習氏が総指揮を務める統合作戦指揮センターの章を付けているところを目撃されている。同年8月にペロシ米下院議長が台湾を訪問した際には指揮センターの中核として大規模演習を指揮したとみられる。

これまで中国人民解放軍では中央軍事委員会の制服組ツートップである副主席は、作戦系と政治系のそれぞれから登用されるのが慣例だった。習氏3期目政権では、何氏と張又俠氏の双方が作戦系から選ばれており、「台湾シフト」とみられている。

副首相

何立峰

習派（福建閥）

He Lifeng　（68歳）

経済政策を支える厦門時代の側近

2期目政権では経済政策を担う国家発展改革委員会の主任を務め、習近平氏の地方視察に必ず同行する側近として知られていた。

習派福建閥の筆頭格で、側近のなかでも習氏との付き合いの長さでは群を抜く。1985年、習氏が初めて福建省厦門《アモイ》市に副市長として赴任した時に財政局副局長を務めていた。福建省に不慣れな習氏を食事に誘うなどして親交を深めたという。当時はまだ両氏ともに30代前半であり、文化大革命時代に知識青年として農村で暮らした経験も共有するなど共通点も多く、気の置けない仲を築いたとみられる。

出身
広東省興寧市（福建省永定県生まれ）

学歴
厦門大学経済学部、
経済学博士（1995－98年）

ポスト
副首相・中央政治局員

経歴
福建省厦門市財政局長→福州市党委書記→厦門市党委書記→天津市党委副書記→国家発展改革委員会主任→副首相・中央政治局員

何氏はその後も福建省の地方幹部としてキャリアを続けていたが、習氏が党中央政治局常務委員会入りを果たした後、天津市党委副書記に抜擢された。２０１４年には国家発展改革委員会の副主任に引き上げられ、習政権２期目からは主任に昇格した。習氏３期目政権ではマクロ経済の司令塔を担う副首相に就いた。

学生時代は厦門大学経済学部に学び、修士号を得た。その後、福建省泉州市で幹部を務めていた１９９８年に厦門大学の経済学博士号を在職で取得している。経済学や金融を専攻したとはいえ、米ハーバード大学ケネディスクールに学んだ前任副首相の劉鶴氏などと比べると海外経験の不足は否めない。国家発展改革委員会主任時代も、理論を重視する学者タイプというよりも、記者会見などでどんな厳しい質問も巧みに捌く政治家タイプとして存在感を発揮した。

何氏の台頭をきっかけに、中国政府の金融分野において急速に「厦門閥」が拡大した。財政相の劉昆氏は、何氏とは厦門大学の入学年次が同じ同窓生だ。中国人民銀行副総裁の劉国強氏も同時期に在学した。何氏の後任として国家発展改革委員会主任に就いた鄭柵潔氏も、在職で工商管理の修士号を取得している。中国の金融界では一時、官民ともに欧米への留学組が増えていたが、海外留学経験のない人物が出世上で有利となる状況が加速すれば、西側陣営とのコミュニケーションに距離が生じる恐れも深まる。

中央軍事委員会副主席

張又俠

Zhang Youxia　（72歳）

習派（旧友・父親関連）

中越戦争戦歴を持つ「革命二代」の習氏旧友

68歳で党指導部から退任する中国共産党の従来の慣例を大きく破り、72歳で中央政治局員に留任した。習近平氏とは父親同士が戦友であり、本人同士も子供の頃から旧知の仲という。習氏が政権内でもっとも信頼する人物といえる。

北京市に生まれ、18歳で人民解放軍に入隊した。1979年の中越戦争を戦い、84年に発生したベトナムとの国境紛争では歩兵第119団の団長として指揮を執った。現在の人民解放軍では、数少ない実戦経験を持つ上将だ。

2007年にロシアや北朝鮮と国境を接する瀋陽軍区司令員

出身
陝西省渭南市（北京市生まれ）

学歴
軍事系大学

ポスト
中央軍事委員会副主席・中央政治局員・上将

経歴
北京軍区副司令員→瀋陽軍区司令員→上将→中央軍事委員会委員・装備発展部首任部長→中央軍事委員会副主席・中央政治局員→中央軍事委員会副主席・中央政治局員・上将

となり、中ロ合同軍事演習や北朝鮮訪問などの実績を残した。習政権下では軍事委員会の委員や副主席として、習氏の軍掌握に重要な役割を果たした組織改革を支えた。

父は張宗遜上将。習氏の父でのちに八大元老となった習仲勲氏とはいずれも陝西省渭南市出身の同郷であり、抗日戦争や国共内戦を共に戦った。その2人の息子である習近平氏と張又俠氏は、生まれ育った環境が近いだけではなく、『革命二代』としての誇りや意識など互いに相通ずるものが多いとみられる。

副首相

張国清

習派（軍工系）

Zhang Guoqing　（58歳）

稼げる軍事産業めざした兵器大手トップ

戦闘車両やミサイル、対空防衛システムなど陸軍兵器を手掛ける中国兵器工業集団の総経理から、政治分野に転身した。習氏との直接の関係はないとみられるが、軍事や科学技術を重視する習氏の意向により引き上げられた「軍工系」の一人。

大学で電子エンジニアリングなどを学んだあと、前身の企業を含め中国兵器工業集団に30年間近く勤め、総経理としては兵器の現代化やＩＴ化、企業の収益体制の改善に取り組んだ。ニュースサイト「新浪財経」の２０１０年のインタビューで張氏はこう語っている。「私の目標は、軍事工業が国家の負担には

出身
河南省羅山県

学歴
長春光学精密機械学院（現長春理工大学）、清華大学経済学博士（２０００－04年）

ポスト
副首相・中央政治局員

経歴
中国兵器工業集団総経理→重慶市長→天津市長→遼寧省党委書記→副首相・中央政治局員

ならないようにすることだ。軍民両用技術に軸足を置く企業となる」

13年に重慶市長に抜擢され、政治の世界に転じた。天津市長を経て、20年に遼寧省党委書記に就いた。その当時で最年少の省党委書記だった。就任後は、遼寧省と兵器工業集団の提携なども手掛けている。

習氏3期目政権では、副首相として習氏が対米政策上もっとも力を入れる科学技術分野の「自立自強」や「軍民融合」の推進役となるとみられている。年齢もまだ若く、習氏の評価が高い軍工系人材であることから、今後さらに出世の階段を上る可能性は十分にある。

中央政法委員会書記・中央書記処書記

陳文清

Chen Wenqing （63歳）

無派閥

秘密のベールに包まれた情報機関トップ

陳氏に関する情報は多くない。中国の法曹界向けの雑誌によると、警察官だった父親の影響を受けて四川省の公安に就職し、街の派出所の警官から公安人生をスタートしたという。

四川省では、省国家安全庁の庁長や省人民検察院検察長に昇進した。福建省党委副書記を経て中央入りし、2015年から国家安全部党委書記に就任し、16年に国家安全相を兼務した。18年からは、中央国家安全委員会弁公室日常業務担当副主任を務めるようになった。同組織は治安から安全保障まで国家安全全般を統括する組織で、習政権下で新たに設立された。

出身
四川省仁寿県

学歴
西南政法学院法学部

ポスト
中央政法委員会書記・中央書記処書記・中央政治局員

経歴
四川省人民検察院検察長→福建省党委副書記→国家安全相・党委書記・中央国家安全委員会弁公室日常業務担当副主任→中央政法委員会書記・中央書記処書記・中央政治局員

国家安全省とは中国の情報機関で、国内外の情報収集や台湾・香港・マカオへの情報工作、スパイ捜査、外国人の監視などを手掛ける。

習氏3期目政権では、警察・公安・司法を束ねる中央政法委員会書記に就いた。同委員会のトップに国家安全省出身者が就くのは異例。さらに中央書記処書記にも国家安全省出身者が就いたのは初で、陳氏は異例ずくめの人材として注目を浴びた。

習氏は「国家安全」という概念を全面に打ち出し、統治や監視を強化している。陳氏が習政権のなかで果たす役割は大きいとみられる。

上海市党委書記

陳吉寧

Chen Jining （59歳）

習派（清華大閥）

習氏の大学ルームメートの愛弟子

習派内「清華大閥」の主要人物として知られる。陳吉寧氏が直接のつながりを持つのは習氏ではなく、習氏2期目政権で中央政治局員兼中央組織部長を務めた陳希氏だ。陳希氏は習氏が清華大学の学生だった頃の寮のルームメートで、清華大の党委書記にまでなったが、習政権下で党の人事をとりまとめる中央組織部長に抜擢された。3期目に入ると指導部からは引退したが、一般の党員でありながら中央党校の校長は続けており、政権内で陳希氏を起点とする清華大出身者のグループが広がりつつある。

陳吉寧氏は陳希氏が清華大党委書記を務めていた時の副校長であり、愛弟子だ。清華大切っての秀才であると同時に、学者

出身
吉林省梨樹県

学歴
清華大学土木・環境工程学部、英インペリアル・カレッジ・ロンドン（ＩＣＬ）工学博士

ポスト
上海市党委書記・中央政治局員

経歴
清華大学校長→環境保護相→北京市長→上海市党委書記・中央政治局員

の枠にとどまらない人材としても知られている。

陳吉寧氏が清華大に入学したのは17歳の時だ。土木・環境工程学部で学び、修士号を得たのちは、英国に10年間留学し、インペリアル・カレッジ・ロンドン（ICL）で博士号を獲得した。当時の留学仲間が後年、中国の雑誌「中国新聞周刊」に語ったところによると、彼らは哲学から科学技術、経済学に至る英国の幅広いアカデミックの伝統と歴史に啓発され、おおいに影響を受けたという。

帰国後は清華大で教鞭を振るい、2012年に校長に就任した。当時、陳吉寧氏は弱冠48歳。1949年の新中国建国以来最年少の校長誕生となっただけでなく、すでに水質汚染改善の第一人者として名を馳せていたとはいえ、まだ「院士」（理系学者の最高称号）でもない段階での校長就任として物議を醸した。

校長に就任した陳吉寧氏は、英国仕込みのセンスを生かし、年功序列を排した人事制度改革や大規模公開オンライン講座の開講、教育改革など果敢な大学改革に取り組んだ。大胆な改革ぶりは「急進派」と呼ばれ、学内の様々な抵抗も受けたが、反対派を抑え込みながら改革を定着させたという。その一方で、自転車で学校に通う気さくな校長としても話題になるなど、型破りなエピソードを次々と残した。

51歳となった2015年には環境保護相に起用され、1960年以降の生まれを意味する「60後」初の閣僚としても話題を呼んだ。習政権2期目では北京市長に就任し、2022年の北京冬季五輪を指揮した。こうした人事の背景には、愛弟子の将来を見据えて行政の経験を積ませようとした中央組織部長・陳希氏による意向が強く働いていたのは間違いない。

3期目政権で中央政治局員入りを果たし、上海市党委書記に就いた。同ポストは習近平氏や李強氏が務めた要職中の要職で、中央政治局常務委員への登竜門だ。陳吉寧氏が今後、さらに出世の階段を上る可能性は十分にある。

天津市党委書記

陳敏爾

Chen Min'er　（62歳）

習派（浙江閥）

習氏のコラム連載を支えた宣伝部長

浙江省紹興市で役人人生をスタートした。人生の最初の変化のきっかけは、39歳の時に省の党機関紙である「浙江日報」の社長となったことだ。この経験を経て、陳氏は省の党委宣伝部長に転身した。その直後の2002年、習近平氏が浙江省に赴任し、省党委書記に就いた。

プロパガンダや情報発信を重視する習氏は、「哲欣」というペンネームで浙江日報に「之江新語」というコラムを連載することになり、陳氏はその編集作業を直接手掛けた。習氏が約5年間の浙江時代に連載したコラムは232本に達する。この功績により、習氏は陳氏を高く評価したという。

出身
浙江省諸曁県

学歴
紹興師範専科学校文学部、中央党校研究生（1995－98年）

ポスト
天津市党委書記・中央政治局員

経歴
浙江省寧波市党委副書記→浙江日報報業集団社長・党委書記→浙江省党委宣伝部長→副省長→貴州省党委書記→重慶市党委書記・中央政治局員→天津市党委書記・中央政治局員

習氏が2007年3月に上海市に異動した後、陳氏は副省長に引き上げられた。その後も陳氏は貴州省党委書記、重慶市党委書記と要職を重ねた。

貧困地域が多い貴州省では、経済成長で実績を残した。習氏は2015年6月に貴州省を視察した際、当時、貴州省長だった陳氏に「他の省とは異なる新たな発展の道を切り開くように」と指示した。陳氏は中国におけるビッグデータ産業の成長を踏まえ、土地代が安く気候が涼しい貴州省に国内外の巨大IT企業のデータセンターの誘致を進めており、習氏の意向にかなう政策だった。貴州は「データセンターの都」と呼ばれるようになり、経済成長率のランキングでも上位を占めるようになった。

重慶市党委書記に就いた後も、当初は大手IT企業の相次ぐ誘致など新風を吹き込んでいたが、次第に目立つ政策は打ち出さず、習氏が力を入れる貧困対策などに注力するようになった。

陳氏が支援した浙江日報のコラム名「之江新語」は、浙江閥の別名「之江新軍」の語源ともなっており、陳氏は浙江閥の代表格といえる。年齢も若いため、「ポスト習」ともみられてきた。ただ、習氏は終身の指導者をめざすとの見方もあり、「ポスト習」は陳氏よりも後の世代へとスキップされる可能性もある。習氏3期目政権では重慶市党委書記から天津市党委書記に横滑りし、中央政治局常務委員会には入れなかったため、「ポスト習」の第一線からは退いたとの見方もある。

重慶市党委書記

袁家軍

Yuan Jiajun（60歳）

習派（軍工・宇宙系）

初の有人宇宙飛行船「神舟」の立役者

習派のなかでも、「航天系（宇宙系）」として輝かしい経歴を誇る。

航空や宇宙の技術を研究する北京航空学院（現・北京航空航天大学）を卒業後、宇宙開発を手掛ける政府傘下の研究所に参画し、中国の宇宙開発の最前線で働くことになった。

中国の有人宇宙飛行船「神舟」プロジェクトには、立ち上げ当初から深く関わってきた。33歳で「神舟1号」プロジェクトの副総指揮となり、38歳以降は「神舟2号」から「神舟5号」に至るプロジェクトを総指揮として率いた。5号では、中国初の有人宇宙飛行を成功に導いた。若き日のその活躍ぶりから、

出身

吉林省通化市

学歴

北京航空学院（現北京航空航天大学）飛行機設計、工学博士（2001－06年）

ポスト

重慶市党委書記・中央政治局員

経歴

中国航天科技集団副総経理→寧夏回族自治区政府常務副主席→浙江省党委書記→重慶市党委書記・中央政治局員

「航天少帥（宇宙の青年将校）」と持て囃された。

中国の宇宙開発は、人民解放軍と一体の「軍工集団」と呼ばれる国有の軍系企業が手掛けており、袁氏はその1社である中国航天科技集団の副総経理を務めた。２０１２年からは政治分野に転身した。寧夏回族自治区を経て、14年に浙江省に赴任した。当時の浙江省長は習氏3期目政権で首相となった李強氏で、袁氏は副省長として李氏の傘下で働いた。

中国メディアによると、袁氏の両親は教師で、兄は日本留学の経験もあるという。１９８９年6月の天安門事件の時はドイツに留学していたが、帰国して宇宙開発を続けたとされる。

重慶市党委書記は、かつては中央政治局常務委員への登竜門ともいわれた重要ポスト。袁氏は年齢も比較的若く、中国が将来を委ねる宇宙開発や軍民融合への造詣も深い。一大プロジェクトを率いる指導力や能力、党への忠誠心も評価されているため、今後、中央で活躍する可能性も秘めている。

広東省党委書記

黄坤明

Huang Kunming（66歳）

習派（福建・浙江閥）

福建たたき上げの役人から習氏個人崇拝の「伝道師」へ

福建省の県の役人から中国共産党のプロパガンダを一手に引き受ける中央宣伝部長にまで上り詰め、広東省党委書記に就いた。習氏との出会いによって大きく運命を変えた人物の代表格。

18歳から3年間、人民解放軍の兵役に就いた後、地元の県で役人人生をスタートした。そこで福建省に赴任してきた習氏と偶然の出会いを果たすこととなった。黄氏の生まれ故郷や勤務地近辺は革命聖地が多く、福建省に赴任した習氏は何度も視察したという。その頃に黄氏と出会った可能性が高い。習氏が福建省党委副書記だった1998年、黄氏は龍岩市長に就任した。

出身

福建省龍岩市上杭県

学歴

清華大学管理学博士（2005－08年）

ポスト

広東省党委書記・中央政治局員

経歴

福建省龍岩市長→浙江省湖州市長→嘉興市党委書記→省党委宣伝部長→杭州市党委書記→中央宣伝部副部長→中央宣伝部長・中央政治局員→広東省党委書記・中央政治局員

黄氏はその翌年、浙江省湖州市に転勤するが、習氏も2002年に浙江省党委書記に就いたため、再び習氏の傘下に入った。

習氏と黄氏の当時の交流を示すエピソードはあまり伝わっていないが、習氏がなぜ黄氏を評価したかを推察できる事例がある。中央人民ラジオ網の報道によると、習氏は浙江省に赴任して11日目に嘉興市を視察した。同市は1921年7月に毛沢東らが上海市から追っ手を逃れ、南湖に浮かぶ船のうえで第1回共産党大会を継続した党の「聖地」だ。当時、湖州市長だった黄氏は、習氏にとってこの史実や「紅船」と呼ばれるようになった船の存在がいかに重要かを理解し、嘉興市党委書記に就くとすぐ「紅船精神」を広めるための「南湖革命記念館新館」の準備に着手した。人民網によると、起工式に訪れた習氏は「記念館新館は『紅船精神』を広めるうえで意義のある場所となる」と称賛し、プロパガンダにおける黄氏の実力を評価した。

習氏と黄氏を精神的につなぐもう一つの要素は、黄氏が福建省龍岩市上杭県生まれであることだ。同地は毛沢東が「党が軍を指導する」原則を確立した「古田会議」の開催地だ。習氏は2014年、軍幹部400人以上を引き連れて古田で「全軍政治工作会議」を開いた。古田も習氏の「聖地」であり、福建時代に黄氏との交流につながった可能性がある。

党中央宣伝部長になってからの黄氏は、「習近平の新時代における中国の特色ある社会主義思想」の普及と習氏の個人崇拝を推進した。

国家副主席

韓正

無派閥→習派

Han Zheng（68歳）

上海時代の習氏を支えた労働者出身の上海市長

上海生まれの上海育ち。同市徐匯区のクレーンなどを扱う倉庫の管理員として、社会人人生をスタートした。その後、中国共産主義青年団の仕事を兼務しながら、市の化学工業部門やゴム靴工場に勤めた。韓氏が後年、朱鎔基元首相の回顧本の出版記者会見で語ったところによると、韓氏がゴム工場で党委書記・副工場長として働いていた1988年、上海市長だった朱鎔基氏が突然工場に視察に訪れ、韓氏ら労働者たちと意見交換したという。そこで韓氏は朱氏に見いだされたとみられている。韓氏は共青団上海市委員会書記に抜擢された後、上海市政府で仕事

出身
浙江省慈渓市（上海市生まれ）

学歴
華東師範大学、経済学修士（1991－94年）

ポスト
国家副主席

経歴
上海大中華ゴム工場党委書記・副工場長→共青団上海市委員会書記→上海市市長→市党委書記・中央政治局員→筆頭副首相・中央政治局常務委員→国家副主席

を始め、めきめきと頭角を現した。2003年には市長に就任した。

韓氏の運命がふたたび変わったきっかけは2007年3月、習近平氏が市党委書記として赴任してきたことだ。

習氏にとって、上海市は決して働きやすい場所ではなかった。前党委書記が権力闘争により失脚した直後であり、市政府や党は混乱していた。さらに「大都会」である上海は伝統的に他地域や田舎出身の人間に冷たいといわれ、北京生まれといえども農村や地方生活が長い習氏にとって居心地のよい場所ではなかった。さらに韓氏は習氏の異動が決まるまで次期党委書記の前提で代理党委書記を務めており。本来ならば習氏に反感を抱いてもおかしくない立場だった。

しかし、韓氏は上海に不慣れな習氏に付き添い、親切にサポートしたという。また、上海は江沢民派の牙城だが、韓氏は江派の幹部らに仕えつつも共青団出身でもあるためか、派閥色が薄かったといわれている。こうした事情から、韓氏は習氏と過ごした8カ月間で習氏から信頼と好感を勝ち得たという。上海市党委書記を経て、習氏の第2期である2017年から最高指導部入りを果たし、筆頭副首相に上り詰めた。

習氏3期目政権では中央政治局からは外れたが、国家副主席に就任した。国家副主席は序列こそ8番目だが、国家主席がなんらかの理由で職務を担えなくなった時には国家主席を継承する重要ポストでもある。

国務委員・外相

秦剛

Qin Gang（57歳）

無派閥

習外交を陰で支えた「戦狼外交官」の代表格

１９９２年に中国外務省に入り、一貫して英国畑を歩んだ。駐英国大使館には３回赴任し、合計８年間駐在した。最後は公使も務めた。

外務省報道局におけるスポークスマンの経験も長い。副報道局長として５年間、報道局長として３年間にわたって連日の外務省記者会見をこなし、対外的に厳しい発言をする「戦狼外交官」の代表格として名をはせた。

２０１４年から外務省で外交儀礼などを取り仕切る礼賓局長に就いた。そこで習近平国家主席の外交に常に付き添うように

出身
河北省懐来県

学歴
国際関係学院国際政治学部

ポスト
国務委員・外相

経歴
北京外交人員服務局→外務省西欧局→駐英国大使館→外務省副報道局長→駐英国大使館公使→外務省報道局長→外務省礼賓局長→外務次官（欧州・報道・礼賓工作担当）→駐米大使→国務委員・外相

なり、習氏の側近中の側近として頭角を現した。

礼賓局長時代の秦氏の功績を垣間見ることができるのが、2015年の習氏の英国訪問だ。習氏は103発の祝砲で迎えられ、エリザベス女王とともに王室の馬車に乗り込んで、バッキンガム宮殿までパレードした。さらにバッキンガム宮殿に宿泊したうえ、英議会で演説し、キャメロン首相（当時）がマンチェスターまでエスコートしたり、パブでもてなしたりするなど異例の厚遇が展開された。背景には中国の投資をあてにする英国の事情などもあったが、この厚遇を勝ち取るうえで英国畑の秦氏も陣頭指揮をとり、重要な役割を果たしたという。その後、外務次官に出世するが、21年7月に駐米大使に就くまで礼賓担当を続けた。

駐米大使時代には米国内の22州を訪れ、米国との関係構築に努め、22年12月末に就任後わずか1年5カ月で離任した。当時から「習氏が秦氏を外相に抜擢するため、英国駐在の経歴しかない秦氏に米国の経験を積ませた」とみられていた。

外相就任後の23年1月、米紙ワシントン・ポストに「安定した中米関係は両国民と地球の未来に関わる」との論文を寄稿し、「中米関係は勝つか負けるか、勃興するか衰退するかのゼロサムゲームであるべきではない。地球には中国と米国のそれぞれの発展と共同発展を受け入れるに十分な広さがある。中米それぞれの成功は互いにとって機会であり、挑戦ではない。偏見や誤った認識が、両国民の間に対立や衝突を招くことがあってはならない」と訴えた。

テニスの腕前はプロはだしで、英国時代には公式試合の審判も務めた経験を持つという。外相に就任後、わずか3カ月後の全国人民代表大会（全人代）で国務委員に選出された。前任の王毅氏や前々任の楊潔篪氏は外相を1期5年務めた後にようやく国務委員になれただけに習氏からの信頼の厚さが伝わる。

付録　習近平氏の歩みと中華人民共和国の歩み

習近平氏の軌跡

1953年	北京市に生まれる（6月、原籍は陝西省富平県）。当時、父・仲勲氏は中央宣伝部長などを務めていた。 幼年時は名門幼稚園「北海幼児園」に寄宿
1959年	幹部の子弟が通う「八一学校小学部」に入学
1962年	父・仲勲氏が「小説『劉志丹』事件」に連座して失脚
1965年	「八一学校初中部」に進学
1966年	文化大革命が始まり、反党分子の子息として迫害を受ける
1968年	八一学校が閉鎖となり、北京第25中学に転校
1969年	毛沢東が提唱した「上山下郷運動」に15歳で参加 陝西省延安市の梁家河村に赴く
1974年	10度目の申請で中国共産党への入党を認められる
1975年	「工農兵学員推薦制」により清華大学化工学部に入学 北京に帰る
1979年	清華大学を卒業、国務院弁公庁及び中央軍事委員会弁公庁で父の親友であり中央軍事委常務委員だった耿飈氏の秘書（現役軍人）を務める
1982年	河北省正定県に党委員会書記として赴任
1985年	米国視察旅行で米アイオワ州の一般家庭にホームステイ 福建省厦門市に副市長として赴任

中華人民共和国の歩み

1949年	毛沢東（中国共産党主席）が中央人民政府主席として天安門で建国を宣言（10月1日）
1950年	中国が朝鮮戦争に参戦（１９５３年休戦協定締結）
1954年	全国人民代表大会を設立。憲法を制定し、社会主義建設を目指す方針を明記。 毛沢東が国家主席に就任
1956年	「百花斉放百家争鳴運動」を開始
1957年	「反右派闘争」を開始
1958年	「大躍進政策」を開始
1959年	毛沢東が大躍進政策失敗の責任をとり、国家主席は劉少奇に交代
1966年	毛沢東が文化大革命を開始
1968年	毛沢東が「上山下郷運動」を提唱
1972年	日中国交正常化
1976年	9月に毛沢東が死去。文化大革命が終結。華国鋒が党主席に就任
1978年	第11期中央委員会第3回全体会議（3中全会）で鄧小平が実権を掌握。改革開放路線を決定
1979年	中越戦争が発生 広東省深圳市などに経済特区を設置
1981年	鄧小平が「建国以来の党の若干の歴史問題に関する決議」で文革を「誤り」と総括

1987年　人民解放軍の国民的歌手だった彭麗媛氏と結婚
1988年　福建省寧徳市に党委員会書記として赴任
1990年　福建省福州市に党委員会書記として赴任
1996年　福建省党委員会副書記に就任
1999年　福建省副省長に就任
2000年　福建省長に就任
2002年　父・仲勲氏が死去
浙江省党委員会書記に就任
2007年　上海市党委員会書記に就任（3月）
中央政治局常務委員（序列6位）に就任（10月）
2008年　国家副主席を兼任
2010年　中央軍事委員会副主席を兼任
2012年　11月の第18期中央委員会第1回全体会議（1中全会）で党総書記、中央軍事委員会主席に選出
2013年　3月の全国人民代表大会で国家主席に就任
2017年　10月の第19期中央委員会第1回全体会議（1中全会）で党総書記、中央軍事委員会主席に再任
2018年　3月の全国人民代表大会で国家主席に再任
2022年　10月の第20期中央委員会第1回全体会議（1中全会）で党総書記、中央軍事委員会主席の3期目続投が決定
2023年　3月の全国人民代表大会で3期目の国家主席に就任

1982年　華国鋒が党主席を辞任。胡耀邦が党主席、趙紫陽が首相、鄧小平が中央軍事委員会主席を務める鄧小平体制が発足
党主席制が廃止され、胡耀邦は党総書記に就任
1984年　英中両首相が香港返還を定めた共同声明に調印
1987年　胡耀邦が党総書記を解任され、趙紫陽が後任として就任
1989年　天安門事件（6月4日）が発生
趙紫陽が党総書記を解任され、江沢民が後任として就任。
中央軍事委員会主席も鄧小平から継承
1992年　鄧小平が「南巡講話」を実施し、改革開放路線を確立
1993年　江沢民が国家主席も兼任、
「社会主義市場経済」のもとで経済成長路線を推進
1997年　鄧小平が死去
香港返還
2002年　胡錦濤が党総書記に就任（2003年に国家主席、2004年に中央軍事委員会主席を兼任）
2008年　北京夏季五輪
2012年　習近平が党総書記に就任
（中央軍事委員会主席も同時に就任、2013年に国家主席を兼任）
2018年　全国人民代表大会が国家主席の任期を「2期10年」とする憲法の規制を撤廃
2021年　習近平が「党の100年奮闘の重大な成果と歴史的経験に関する決議」で「習時代」の歴史的意義を宣言
2022年　北京冬季五輪
習近平が3期目の党総書記に就任（中央軍事委員会も同時に就任、2023年に国家主席も続投）

44. 「中共中央国務院の出産政策の最適化による人口のバランスの取れた長期的発展の促進に関する決定について」

http://www.gov.cn/zhengce/zhengceku/2021-07/30/content_5628356.htm（2021-7-30、中央人民政府サイト）

45. 「中華人民共和国人口・計画出産法」

http://www.npc.gov.cn/npc/c30834/202109/9ab0af08773c465aa91d95648df2a98a.shtml（2021-9-3、全国人民代表大会サイト）

46. 「国務院の3歳以下の乳幼児にかかる養育費用を個人所得税の控除対象とする通知」

http://www.gov.cn/zhengce/content/2022-03/28/content_5682013.htm（2022-3-28、中央人民政府サイト）

47. 「積極的出産の支援措置のさらなる整備と実施に関する指導意見」

http://www.gov.cn/zhengce/zhengceku/2022-08/16/content_5705882.htm（2022-8-16、中央人民政府サイト）

21. 「世界の2022年の半導体売上高は3.3％増：米国半導体工業会（SIA）」
https://www.semiconductors.org/global-semiconductor-sales-increase-3-2-in-2022-despite-second-half-slowdown/ （2023-2-3、米国半導体工業会サイト）
22. 「銀行業・保険業による高水準の科学技術の自立自強に対する支援に関する指導意見」
http://www.gov.cn/zhengce/zhengceku/2021-12/04/content_5655806.htm（2021-12-4、中央人民政府サイト）
23. 「現在の関連企業は12.04万社：2021年半導体企業ビッグデータ分析」
http://wap.seccw.com/document/detail/id/11041.html（2022-4-26、深圳市電子協会サイト）
24. 「ファーウェイ、中国半導体再興を支援　政府系企業と連携」
https://www.nikkei.com/article/DGXZQOGM29A1F0Z21C22A1000000/（2022-11-30、日本経済新聞電子版）
25. 「総書記は3度の視察で光バレーに発展の方向性を明示した」
https://baijiahao.baidu.com/s?id=1737039723964958507&wfr=spider&for=pc（2022-6-30、新華網）
26. 「集成電路・光電芯片学院」ホームページ
https://icoc.sztu.edu.cn/
27. 中華人民共和国民法典
http://www.npc.gov.cn/npc/c30834/202006/75ba6483b8344591abd07917e1d25cc8.shtml（2020-6-2、全国人民代表大会サイト）
28. 「2019年中国都市部世帯の資産負債状況調査：世帯当たり総資産318万」
https://baijiahao.baidu.com/s?id=1665040698572997369&wfr=spider&for=pc（2020-4-26、新浪財経）
29. 「中華人民共和国土地管理法」
http://www.npc.gov.cn/npc/c30834/201909/d1e6c1a1eec345eba23796c6e8473347.shtml（2019-9-5、全国人民代表大会サイト）
30. 「中国地方政府の隠れ債務はGDPの半分の規模に：ゴールドマン・サックス報告」
https://www.scmp.com/economy/china-economy/article/3150556/china-hidden-local-government-debt-rises-over-half-gdp-us82（2021-9-29、サウスチャイナ・モーニングポストがブルームバーグを転載）
31. 「国務院の地方政府債務管理の強化に関する意見」
http://www.gov.cn/zhengce/content/2014-10/02/content_9111.htm（2014-10-2、中央人民政府サイト）
32. 「中国地方政府債券の発行市場における市場メカニズム」
https://www.boj.or.jp/research/wps_rev/wps_2021/data/wp21j14.pdf（2021-11、日本銀行）
33. 「両部門が不動産会社への融資ルール策定に向け座談会を開催」
https://baijiahao.baidu.com/s?id=1675787323976058616&wfr=spider&for=pc（2020-8-23、新京報）
34. 「World Population Prospects 2022」
https://population.un.org/wpp/Download/Standard/MostUsed/（国連）
35. 「中国年金精算報告2019-2050」（中国社会科学院）
36. 「中国公的年金、積み立て不足の懸念　細る現役世代」
https://www.nikkei.com/article/DGXZQOGM0316F0T01C21A1000000/（2021-11-4、日本経済新聞電子版）
37. 「2020年中央社会保険基金決算情況の説明について」
http://yss.mof.gov.cn/2020zyjs/202106/t20210629_3727288.htm（2021-6-29、中国財政省サイト）
38. 「企業年金のカバーを高め、多層的な養老保険システムの発展を促そう」
https://baijiahao.baidu.com/s?id=1727874729770565397&wfr=spider&for=pc（2022-3-21、人民資訊、工人日報より転載）
39. 「国務院弁公庁の個人年金の発展推進についての意見」
http://www.gov.cn/zhengce/content/2022-04/21/content_5686402.htm（2022-4-21、中央人民政府サイト）
40. 国務院「第14次五カ年計画国家高齢者事業発展・高齢者養老サービス体系計画に関する通知」の発表について
http://www.gov.cn/zhengce/zhengceku/2022-02/21/content_5674844.htm（202-2-21、中央人民政府サイト）
41. 「国防部のスポークスマンが2022年下半期の兵士募集状況について回答」
https://baijiahao.baidu.com/s?id=1742145345090588664&wfr=spider&for=pc（2022-8-25、新華社）
42. 「中共中央の全面深化改革における若干の重大問題に関する決定について」
http://www.scio.gov.cn/zxbd/nd/2013/Document/1374228/1374228.htm（2013-11-15、国務院新聞弁公室サイト）
43. 「中国共産党第18期中央委員会第5次全体会議公報」
http://www.nhc.gov.cn/xcs/s3574/201510/daca64e3fa9c442ea0ae94e0ebcef44b.shtml（2015-10-29、中国政府網）

38. 『擺脱貧困』（福建人民出版社）P80~89
39. 『擺脱貧困』（福建人民出版社）P148~158

第4章

1. 「四史上の今日（1949年12月31日）」
https://mp.weixin.qq.com/s?__biz=MzA5MzQxNDgyNA==&mid=2650182644&idx=6&sn=75c925dfdaa294160d70db61b4b5df36&chksm=885c0733bf2b8e25e62bc5b05197303732d78855d58842013309acc13affa31b432a60b66620&scene=27（西安図書館微信公式アカウント）
2. 「『台湾同胞に告ぐ書』発表40周年記念会上の習近平の講話」（新華社）
http://www.gov.cn/gongbao/content/2019/content_5358673.htm（2019-1-2、中央人民政府サイト）
3. 「江沢民の八項目主張」
http://tga.mofcom.gov.cn/article/zyjh/200603/20060301697644.shtml（中国商務省サイト）
4. 「共に一つの川の水を飲む両岸の一家族～福建は正式に金門島に水の供給を開始」
https://baijiahao.baidu.com/s?id=1607973334203909334&wfr=spider&for=pc（2018-8-5、新華社）
5. 「国家総合立体交通網計画綱要」
http://www.gov.cn/zhengce/2021-02/24/content_5588654.htm（2021-2-24、中央人民政府サイト）
6. 「2035年に台湾に行こう」
https://baike.baidu.com/item/2035%E5%8E%BB%E5%8F%B0%E6%B9%BE/58584379?fr=aladdin（百度百科）
7. 「『融合発展』が台湾政策の主軸に」
https://baijiahao.baidu.com/s?id=1578285107031634375&wfr=spider&for=pc（2017-9-12、環球網）
8. 「中共中央が『中国共産党統一戦線工作条例』を発表」
http://www.gov.cn/zhengce/2021-01/05/content_5577289.htm（2021-1-5、中央人民政府サイト）
9. 「習近平国家主席が2023年の新年のメッセージを発表」
https://baijiahao.baidu.com/s?id=1753727979535804938&wfr=spider&for=pc（2022-12-31、新華社）
10. 「新任の台湾事務弁公室主任・宋涛氏の新年メッセージからは重要な信号がみてとれる」
https://baijiahao.baidu.com/s?id=1753911005648217268&wfr=spider&for=pc（2023-1-2、北京青年報社）
11. 「CIA長官が習近平氏の台湾への野望を警告」
https://www.reuters.com/world/cia-chief-says-chinas-xi-little-sobered-by-ukraine-war-2023-02-02/（2023-2-3、ロイター）
12. 「中国軍事力報告書、中国政府の戦略の変化を検証」
https://www.defense.gov/News/News-Stories/Article/Article/3230682/china-military-power-report-examines-changes-in-beijings-strategy/（2022-11-29、米国防総省）
13. 「米将軍、中国の極超音速実験を『スプートニクの瞬間』に例える」
https://www.bloomberg.com/news/articles/2021-10-27/milley-likens-china-s-hypersonic-weapon-test-to-sputnik-moment（2021-10-27、ブルームバーグ）
14. 「中国の選択」
https://csbaonline.org/uploads/documents/CSBA8310_（Chinas_Choices_report）_FINAL_web.pdf
（2022年、米戦略予算評価センター）
15. 「中国の潜水艦戦力概観」
https://www.iiss.org/online-analysis//military-balance/2017/10/china-submarine-force（2017-10-4、IISS）
16. 「台湾独立勢力への『門を閉めて犬を打つ』軍事演習は常態化する」
http://news.china.com.cn/2022-08/18/content_78377508.htm（2022-8-18、中国網）
17. 「中国海事レポートNO.4」
https://digital-commons.usnwc.edu/cmsi-maritime-reports/4/（2019-12、米海軍大学校）
18. 「台湾海峡有事と自国民保護～海上民兵としての中国商船～」
https://www.spf.org/iina/articles/yamamoto_09.html（2021-11-5、笹川平和財団）
19. 「中国安全保障レポート2023」
http://www.nids.mod.go.jp/publication/chinareport/pdf/china_report_JP_web_2023_A01.pdf（2022-11-25、防衛研究所）
20. 「令和3年版防衛白書」
http://www.clearing.mod.go.jp/hakusho_data/2021/w2021_00.html（防衛省）

10. 「習近平など第18期中央政治局常務委員が内外記者と会見」
http://cpc.people.com.cn/18/n/2012/1115/c350821-19591246.html（2012-11-15、人民網—中国共産党新聞網）
11. 「十八大以来の党内集中教育/党の大衆路線を巡る教育実践活動」
https://www.gdzz.gov.cn/zgxc/zysy/content/post_16132.html（2022-7-11、共産党員網広東組織工作サイト）
12. 「党の大衆路線を巡る教育実践活動工作会議での習近平の重要講話（2013年6月18日）」http://qzlx.people.com.cn/n/2013/0726/c365007-22344078.html（2013-7-26、群衆路線網）
13. 「第14次五カ年計画及び2035年遠景目標綱要」
http://www.gov.cn/xinwen/2021-03/13/content_5592681.htm（2013-3-13、中央人民政府サイト）
14. 「中国共産党の100年にわたる奮闘の重大な成果と歴史的経験についての決議」
http://www.gov.cn/zhengce/2021-11/16/content_5651269.htm（2021-11-16、中央人民政府サイト）
15. 第20回中国共産党大会活動報告
http://www.news.cn/politics/cpc20/2022-10/25/c_1129079429.htm（2022-10-25、新華網）
16. 「習近平は延安革命記念館に敬意を表し延安精神の継承を強調」
http://politics.people.com.cn/n1/2022/1027/c1024-32553370.html（2022-10-27、人民網）
17. 「習近平は第一回党大会跡地に敬意を表し党の奮闘の歴史を心に刻み初心を忘れるなと強調」
http://www.gov.cn/xinwen/2017-10/31/content_5235889.htm（2017-10-31 中央人民政府サイト）
18. 「中央軍事委は『紅い遺伝子の伝承実施要綱』を発表」
http://www.xinhuanet.com/politics/2018-06/18/c_1122999691.htm（2018-6-18、新華網）
19. 『閩山閩水物華新～習近平の福建での足跡』（人民出版社）P52-53
20. 「習近平：自分の命を大事にするように文化遺産をしっかり保護する」
http://www.xinhuanet.com/politics/2015-01/06/c_1113897353_2.htm（2015-1-6、新華網）
21. 「習近平同志が福建の老区の建設と発展を支えた記録」
https://news.12371.cn/2014/11/01/ARTI1414819442591340.shtml?from=groupmessage（2014-11-1、共産党員網）
22. 「南湖革命記念館の3人の館長に紅船の物語を聞く」
https://baijiahao.baidu.com/s?id=1584815527566908387&wfr=spider&for=pc（2017-11-23、浙江日報サイト）
23. 「習近平は第一回党大会跡地に敬意を表し党の奮闘の歴史を心に刻み初心を忘れるなと強調」
http://www.gov.cn/xinwen/2017-10/31/content_5235889.htm（2017-10-31 中央人民政府サイト）
24. 『習仲勲伝（上）』（中央文献出版社）P211~212
25. 『習仲勲伝（上）』（中央文献出版社）P217
26. 『習仲勲伝（上）』（中央文献出版社）P353
27. 『習仲勲伝（下）』（中央文献出版社）P315
28. 『習仲勲伝（下）』（中央文献出版社）P333
29. ①②③　習近平が福建時代に国防と軍隊の強化を支援した記録
https://news.12371.cn/2014/08/01/ARTI1406864402446529.shtml?from=groupmessage（2014-8-1、福建日報より共産党員網が転載）
30. ①②　『習近平在福建』（中共中央党校出版社）P232~270
31. ①②③　「王書茂：命をかけて祖国の南大門を守る」https://m.gmw.cn/baijia/2022-03/15/35586321.html（2022-3-15、光明網）
32. 「王書茂は漁民を引き連れて南シナ海の島を建設した」
https://www.hainan.gov.cn/hainan/5309/202107/23c250f6084944b48e9bd1461394ae96.shtml（2021-7-6、海南省政府サイト）
33. 「王書茂は赤誠の心をもって祖国の海を守る」
https://baijiahao.baidu.com/s?id=1746047017386375046&wfr=spider&for=pc（2022-10-8、光明日報）
34. 「愛国軍援の国家模範である王書茂：『祖先の海』の防衛に参加するのは輝かしい使命だ」http://www.81.cn/yw_208727/10063180.html（2021-7-17、中国軍網）
35. 「『苦難は天下一』の西海固はかつてなぜそのように貧しかったのか？」
https://i.ifeng.com/c/8EanYtgOt8Z（2022-3-23、鳳凰網）
36. ①②③　「習近平の山海情」http://www.news.cn/politics/leaders/2022-07/23/c_1128858191.htm（2022-7-23、新華網）
37. 「1000万人近くの移住・脱貧困を支援する任務を完遂」
http://www.gov.cn/xinwen/2021-01/29/content_5583417.htm（2021-1-29、中央人民政府サイト）

24. 「嘉峪関市公安局の教育整頓で講演を実施」
https://www.thepaper.cn/newsDetail_forward_9172593（2020-9-14、澎湃新聞）
25. 「新時代の〝延安整風〟をめざす霊宝モデル」
https://m.thepaper.cn/baijiahao_8736981（2020-8-14、民主法制時報）
26. 「第一回の全国政法隊伍教育整頓は四段階の成果を得た」
https://m.thepaper.cn/baijiahao_13081735（2021-6-10、澎湃新聞）
27. 「孫力軍政治グループ」7人判決報道
・孫力軍元公安次官
http://www.xinhuanet.com/legal/2022-09/23/c_1129026014.htm
・傅政華元司法相
https://www.spp.gov.cn/zdgz/202209/t20220922_578653.shtml
・王立科・元江蘇省政法委員会書記
https://baijiahao.baidu.com/s?id=1744714365460713348&wfr=spider&for=pc
・龔道安・元上海副市長兼公安局長
http://www.xinhuanet.com/legal/2022-09/21/c_1129020162.htm
・劉新雲・元山西省副省長兼公安庁長
https://baijiahao.baidu.com/s?id=1744570898295799070&wfr=spider&for=pc
・鄧恢林・元重慶副市長兼公安局長
http://www.xinhuanet.com/legal/2022-09/21/c_1129020017.htm
・劉彦平・国家安全省元党委員会委員
http://www.xinhuanet.com/2023-01/10/c_1129271210.htm28
28. 『擺脱貧困』（福建人民出版社）P47-56
29. 「習近平氏が共青団を『重度の四肢麻痺』と強烈に批判」
https://www.mingpaocanada.com/tor/htm/News/20151025/tcaa3_r.htm（2015-10-25、明報）
30. 「中央第二査察チームは共青団中央に特別査察状況を報告」
https://www.ccdi.gov.cn/special/zyxszt/2015dsl_zyxs/fgqg_2015dsl_zyxs/201602/t20160219_74595.html（2016-2-4、中央規律検査委員会・監察省サイト）
31. 「共青団中央改革プランを発表」https://m.huanqiu.com/article/9CaKrnJWQgy（2016-8-3、環球網）
32. 共青団中央2016年部門予算
https://www.gqt.org.cn/notice/201604/t20160415_757233.htm（中国共青団サイト）
33. 「共青団の2016年部門予算は50%以上減少」
https://news.ifeng.com/a/20160501/48651360_0.shtml（2016-5-1、鳳凰資訊）

第３章

1. 「総書記が思想政治の教室にやってきた」
https://baijiahao.baidu.com/s?id=1678176222536954856&wfr=spider&for=pc（2020-9-18、環球網）
2. 「習近平の赤いネッカチーフ」
https://baijiahao.baidu.com/s?id=1734429759299328907&wfr=spider&for=pc（2022-6-1、央視網）
3. 『習近平の知識青年としての7年の歳月』（中共中央党校出版社）
4. 「習近平は新年のあいさつにより出世しても昔の恩を忘れないことを示した」
http://cpc.people.com.cn/pinglun/n/2015/0216/c241220-26576395.html（2015-2-16、人民網—中国共産党新聞網）
5. 「学習小組：習近平の入党承諾書」
https://baijiahao.baidu.com/s?id=1706084482719805469&wfr=spider&for=pc（2021-7-23、海外網）
6. 『習近平の知識青年としての7年の歳月』（中共中央党校出版社）
7. 「二つの歴史的時期の深いつながり」
http://www.qstheory.cn/zhuanqu/2021-03/12/c_1127203379.htm?ivk_sa=1024320u（2021-3-12、求是網）
8. 『鄧小平文選　第二巻』（人民出版社）P126~128
9「毛沢東同志の生誕120周年を記念した座談会での習近平氏の演説」
http://www.gov.cn/ldhd/2013-12/26/content_2554937.htm（2013-12-26、中央人民政府サイト）

注

第２章

1.　「習近平が自ら提案し『新・古田会議』を開催
http://dangshi.people.com.cn/n/2014/1103/c85037-25961094.html（2014-11-3、人民網－中国共産党新聞網）
2.　「軍隊反腐敗：十八大以来全軍1.3万余人を処分」
https://baijiahao.baidu.com/s?id=1579053543771351899&wfr=spider&for=pc（2017-9-20、新京報）
3.　中央規律検査委員会・国家監察委員会記者会見
https://www.moj.gov.cn/pub/sfbgw/jgsz/gjjwzsfbjjz/zyzsfbjjzgdtp/202102/t20210223_187200.html（2017-10-19、中央規律検査委員会・国家監察委員会合同サイト）
4.　「ゆるみを糺し厳格に」http://dangjian.people.com.cn/GB/n1/2017/1009/c117092-29575277.html（2017-10-9、中国共産党新聞網）
5.　「劉源氏インタビュー：徐才厚は私を訪ね、こう語った」
https://baijiahao.baidu.com/s?id=1609202191614514740&wfr=spider&for=pc（2018-8-19、新京報）
6.　「習近平が中央軍事委員会改革工作会議で改革と強軍戦略の全面実施を強調」
http://news.12371.cn/2015/11/26/VIDE1448541002661489.shtml（2015-11-26、共産党員網）
7.　「新時代の改革強軍における偉大な実践」
https://baijiahao.baidu.com/s?id=1744667611018805945&wfr=spider&for=pc（2022-9-22、新華網）
8.　「全軍政治工作会議が古田で閉幕　範長龍と許其亮が出席し演説」
http://www.gov.cn/govweb/xinwen/2014-11/03/content_2774196.htm（2014-11-3、中央人民政府サイト）
9.　「許其亮：徐才厚、谷俊山らは軍隊のイメージを大きく損なった　厳しく軍を統治する」
http://opinion.people.com.cn/n/2014/1104/c1003-25969411.html（2014-11-4、人民網）
10.　「解放軍報：軍事委主席の指導と指揮で全国武装力量を必ず堅持せよ」
http://news.cntv.cn/2015/01/28/ARTI1422395758601321.shtml（2015-1-28、中国中央テレビ網）
11.　「中央軍事委が『軍事委員会主席責任制の全面的で踏み込んだ貫徹に関する意見』を発表」http://www.xinhuanet.com/politics/2017-11/05/c_1121908242.htm（2017-11-5、新華網）
12.　「小組はどのように大国を治めるのか」http://news.sohu.com/s2013/dianji-1154/（2013-5-30、捜狐網）
13.　『鄧小平文選第2巻』（人民出版社）P320-343
14.　2018年「党と国家機構の改革深化プラン」
http://www.xinhuanet.com//zgjx/2018-03/21/c_137054755.htm（2018-3-21、新華網）
15.　2018年「国務院工作規則」
http://www.gov.cn/zhengce/content/2018-07/02/content_5302908.htm（2018-6-25、中央人民政府サイト）
16.　2023年「国務院工作規則」
http://www.gov.cn/zhengce/content/2023-03/24/content_5748128.htm（2023-3-18、中央人民政府サイト）
17.　2023年「党と国家機構の改革プラン」http://www.gov.cn/zhengce/2023-03/16/content_5747072.htm?dzb=true（2023-3-16、中央人民政府サイト）
18.　「打倒〝金融エリート論〟の背景」
https://baijiahao.baidu.com/s?id=1759149209325455972&wfr=spider&for=pc（2023-3-1、中国新聞周刊サイト）
19.　『従厳治党に関する習近平の論述集（2021年版）』（中央文献出版社）P158
20.　2007年10月24日人民日報一面「党の新たな中央指導部の誕生記録」
21.　「党の新たな中央指導部の誕生記録」http://www.gov.cn/zhuanti/2017-10/26/content_5234621.htm（2017-10-26、中央人民政府サイト）
22.　「党のメディアが党の姓を名乗るための3つのカギをどう把握するか」
http://theory.people.com.cn/n1/2016/0309/c40531-28185505.html（2016-3-9、中国共産党新聞網）
23.　「陳一新：刃を内に向け、骨から毒を削ぎ落す自我革命を実行せよ」
https://baijiahao.baidu.com/s?id=1671627794603152243&wfr=spider&for=pc（2020-7-8、中国長安網）

著者略歴

桃井裕理（ももい・ゆり）

日本経済新聞社中国総局長。1995年東京大学経済学部卒、日本経済新聞社入社。電機、商社、自動車、インターネットなど各種業界の企業取材を担当。2003年から4年間、胡錦濤政権下の中国で、本土から台湾、香港にまたがる大中華経済圏や政治・外交分野の取材に従事。2010年から政治記者として民主党、自民党両政権における永田町取材を担当。2021年4月から現職。

日本経済新聞社
データビジュアルセンター

記者、編集者、デザイナー、エンジニア、フォトグラファーらで構成する編集部門の組織。最新のデジタル技術とデータ、写真、映像、グラフィックスを駆使し、わかりやすく説得力のある報道をめざす。

習近平政権の権力構造

1人が14億人を統《す》べる理由

2023年8月7日　第1版第1刷発行

著者　桃井裕理＋日本経済新聞社データビジュアルセンター
発行者　中川ヒロミ
発行　株式会社日経BP
発売　株式会社日経BPマーケティング
〒105-8308　東京都港区虎ノ門4-3-12
https://bookplus.nikkei.com/
装丁　新井大輔
製作　マーリンクレイン
印刷・製本　中央精版印刷

 ISBN978-4-296-00158-3

本書に関するお問い合わせ、ご連絡は左記にて承ります。
https://nkbp.jp/booksQA